J'INTÈGRE
LES MÉTIERS DU SOCIAL

TOUT-EN-UN
2023-2024

DEME

DIPLÔME D'ÉTAT DE MONITEUR ÉDUCATEUR

J'INTÈGRE
LES MÉTIERS DU SOCIAL

TOUT-EN-UN
2023-2024

DEME

DIPLÔME D'ÉTAT DE MONITEUR ÉDUCATEUR

Vincent Pagès

DUNOD

LES + EN LIGNE

Pour aller plus loin et mettre toutes les chances de votre côté, des ressources complémentaires sont disponibles sur le site www.dunod.com.

Connectez-vous à la page de l'ouvrage (grâce aux menus déroulants, ou en saisissant le titre, l'auteur ou l'ISBN dans le champ de recherche de la page d'accueil). Sur la page de l'ouvrage, sous la couverture, cliquez sur le lien « LES + EN LIGNE ».

Maquette intérieure : Caroline Joubert
Couverture : Dominik Raboin
Illustration de couverture : goodluz © Shutterstock

Mise en page : Belle Page

11 rue Paul Bert, 92240 Malakoff
www.dunod.com
ISBN : 978-2-10-084174-5

Table des matières

Domaine 4

Implication dans les dynamiques institutionnelles

Introduction

Devenir moniteur éducateur. Voilà un choix professionnel assurément porté par des valeurs humanistes, que vous souhaitez enfin pouvoir mettre en œuvre. Intervenir auprès de personnes dépendantes en institutions du secteur du handicap, d'enfants pris en charge dans le cadre de la protection de l'enfance ou d'adultes en difficulté d'insertion sociale n'a rien de banal. Le chemin est souvent long et difficile, semé d'embûches qu'il s'agit d'apprendre à décrypter. En tant que professionnel du quotidien, vous vous trouverez au centre d'une relation éducative où vous vous enrichirez des rencontres que vous ferez mais où, également, vous devrez accepter de vous exposer à la résistance de ceux que vous accompagnez. C'est pour cette raison qu'il est nécessaire de comprendre les mécanismes en jeu dans cette relation, afin de mieux la gérer.

Si vos valeurs humanistes sont importantes, elles ne suffisent pourtant pas : l'exercice du métier de moniteur éducateur suppose l'acquisition de compétences, de connaissances constituant des repères précis pour mieux comprendre, analyser et évaluer les problématiques que vous rencontrerez au quotidien. En cela, la démarche de formation en travail social, et peut-être plus particulièrement dans la filière éducative, constitue souvent chez les étudiants une « déformation », une (re)mise en question des présupposés, un chamboulement des représentations. Les étudiants, en fin de parcours de formation, s'en trouvent « transformés ». En interrogeant leurs représentations, leur compréhension, leurs actions, en intégrant des connaissances, des outils méthodologiques, des cadres de références, les moniteurs éducateurs accèdent plus aisément à la « part de l'autre ».

Cet ouvrage ne vise pas, loin s'en faut, à fournir des réponses ou des solutions à l'ensemble des problématiques rencontrées. En revanche, en nous appuyant sur notre expérience de la formation de moniteur éducateur, sur la sélection d'ouvrages de référence en éducation spécialisée ainsi que sur les référentiels issus de l'arrêté instituant le diplôme d'État de moniteur éducateur, nous vous proposons une vision d'ensemble des connaissances à acquérir, des questionnements à initier pour vous préparer au diplôme d'État de moniteur éducateur.

Cette préparation au diplôme d'État de moniteur éducateur se fait tout au long de votre formation. Cet ouvrage, « compagnon de route » de votre parcours de formation, vient ainsi en complément des cours dispensés en centre de formation et, s'il ne peut en aucun cas remplacer votre formation pratique et votre expérience professionnelle, peut-être peut-il, modestement, l'éclairer.

En outre, cet ouvrage s'adresse également au candidat au DEME par la validation des acquis de l'expérience (VAE) en quête de cadres d'analyses et de références pour la constitution de leur Livret 2.

Cet ouvrage s'appuie sur la nouvelle définition réglementaire de l'activité et des compétences attendues des moniteurs éducateurs. Il est structuré à partir de l'articulation Domaines de formation/Domaines de compétences/Référentiels de certifications. Le domaine de formation 1, constituant près de la moitié (400 heures de formation théorique sur 950 heures) de la formation théorique et posant les « fondements » de l'accompagnement social et éducatif spécialisé, constitue le chapitre le plus important de cet ouvrage. Le DF/DC 4, en présentant les politiques sociales, supports à la compréhension et à l'articulation du cadre institutionnel, comportera de nombreuses informations précieuses pour le lecteur. Pour autant, loin de nous l'idée de minimiser les DF/DC 2 et 3, tant les apports méthodologiques et réflexifs les constituant sont importants. Ils seront également largement abordés.

Enfin, chaque chapitre consacré aux domaines de formation se finalise par une présentation précise des épreuves de certification et une préparation à celles-ci. La préparation aux certifications du DF 4 est enrichie d'annales d'épreuves corrigées.

Présentation du métier de moniteur éducateur

Contrairement aux idées reçues, le moniteur éducateur n'est pas un « sous »-éducateur spécialisé. Ce métier ne trouve d'ailleurs pas sa source dans l'éducation spécialisée, mais dans l'éducation dite populaire. En effet, la Seconde Guerre mondiale, de par ses déportés, ses morts au combat, ses dégâts collatéraux, a apporté son lot de désœuvrés, de personnes en errance et d'orphelins… C'est pour faire face à ce lot de blessures et de souffrances qu'ont germé les prémices du métier de moniteur éducateur.

À la libération, les orphelins furent nombreux à intégrer des lieux d'accueil et d'hébergement. Ces lieux nécessitaient des professionnels qui puissent prendre en charge l'ensemble des activités du quotidien. Les centres d'entraînement aux méthodes d'éducation active (CEMEA), qui avaient, dès 1936, mis en place une formation pour les moniteurs de colonies de vacances dans le but d'accueillir des enfants de travailleurs bénéficiant des premiers congés payés créés par le Front populaire, furent alors sollicités par le Gouvernement pour former des moniteurs de maisons d'enfants.

Le moniteur éducateur s'apparente alors davantage au moniteur d'internat et de camps de vacances qu'à l'éducateur spécialisé, qui trouve son origine dans la prise en charge des enfants handicapés. Le terme même de moniteur éducateur est issu de l'association du statut de moniteur de centre de vacances et de celui d'éducateur auprès d'enfants inadaptés émergeant à l'issue de la Seconde Guerre mondiale.

C'est seulement en mars 1958 que l'Union nationale des associations de la sauvegarde de l'enfance et de l'adolescence (UNAR) et l'Association nationale des éducateurs de jeunes inadaptés (ANEJI), dans une volonté de reconnaissance d'un champ spécifique d'intervention, instaurent le statut d'éducateur spécialisé, fixent les conditions d'embauche, de formation, de reconnaissance de diplôme et les conditions de rémunération. Mais ce statut, issu d'un accord de travail signé par des organisations employeurs, n'a pas encore de valeur officielle.

Le 3 octobre 1962, le décret n 62-1198, puis l'arrêté ministériel du 12 août 1963 créent la fonction puis le certificat d'aptitude aux fonctions de moniteur éducateur d'internat et maisons d'enfants, sous la double autorité de l'Éducation nationale et de la jeunesse et des sports. Officiellement, la fonction de moniteur éducateur précède donc celle d'éducateur spécialisé. Nous pouvons comprendre ici que les deux statuts portés, pour l'un, par les grandes associations du secteur de l'enfance, pour l'autre, par l'État, furent, quasiment d'emblée, sources de concurrence. Nous comprenons également que la rivalité, souvent rencontrée dans ses deux métiers, trouve sa source dans son fondement historique.

En 1966, une convention collective nationale définissant les conditions de travail et de salaire dans les établissements et services pour personnes inadaptées et handicapées est signée entre les syndicats nationaux d'employeurs (SNASEA, SOP et SNAPEI) et les syndicats employés (CFTC, CGT-FO, CGC puis SNAEI). Cette convention (CCNT66) est encore en vigueur dans nombre d'institutions employant moniteurs éducateurs et éducateurs spécialisés. En outre, cette convention, en définissant le métier d'éducateur spécialisé, fit émerger un mouvement important de salariés, soutenu par les syndicats et les associations gestionnaires, afin de permettre aux personnes exerçant des fonctions éducatives, mais n'ayant pas le niveau requis pour suivre une formation d'éducateur spécialisé, d'obtenir un statut clairement identifiable.

En 1970, le statut de « moniteur éducateur » est officiellement reconnu.

Paradoxalement, alors que le statut de moniteur éducateur (d'internat et maisons d'enfants) fut prioritairement retenu par l'État, c'est celui d'éducateur spécialisé qui, le premier, se voit instaurer un diplôme d'État : en 1967, est créé le diplôme d'État d'éducateur spécialisé (DEES). Trois ans plus tard, est créé le certificat d'aptitude aux fonctions de moniteur éducateur (CAFME).

Il faudra attendre vingt ans avant que les deux diplômes ne soient remaniés. La définition du métier de moniteur éducateur est alors clairement établie par le décret et les arrêtés de juillet 1990 :

> « Moniteur-éducateur [est] un métier du secteur de l'éducation spécialisée. Le moniteur éducateur exerce auprès d'enfants, d'adolescents, d'adultes [inadaptés, handicapés ou dépendants] et participe à un travail d'équipe pluriprofessionnelle. Ces fonctions originales l'amènent à intervenir de façon privilégiée au plan des groupes et de leur animation. Le moniteur éducateur est particulièrement formé à l'organisation de la vie quotidienne au sein d'établissements ou de services des champs éducatif et social. »

Dans cette définition, les fonctions liées à l'animation et à la vie quotidienne sont au cœur du métier. Elle intègre également clairement le moniteur éducateur dans le secteur de l'éducation spécialisée. La réforme de 1990 a eu son lot de débats sur la pérennisation du métier de moniteur éducateur, tant les fonctions d'éducateur spécialisé et celles de moniteur éducateur, dans la réalité de leur quotidien, s'enchevêtrent. Les raisons économiques ont, semble-t-il, été déterminantes dans la pérennisation de ce métier. Toutefois, si la réforme de 1990 intègre clairement le métier de moniteur éducateur dans le secteur spécialisé, elle ne clarifie en rien les responsabilités respectives de l'un ou l'autre métier.

La réforme de la formation de 2007, en remplaçant le CAFME par le diplôme d'État de moniteur éducateur (DEME), a largement contribué à cette clarification en quittant une logique disciplinaire par unité de formation (UF) pour entrer dans une logique de compétences par domaine de compétences (DC). Les contenus de formation ont été harmonisés entre les deux diplômes (DEES et DEME) les rendant ainsi plus lisibles et, par là même, rendant les compétences spécifiques à chaque métier plus visibles. Cette réforme, qui a touché l'ensemble des diplômes liés à l'action sociale, médico-sociale et sanitaire, avait pour objectifs d'inscrire le DEME dans le cadre de la validation des acquis de l'expérience et de permettre ainsi une reconnaissance de fonctions éducatives préalablement exercées. En outre, l'instauration du DEME clarifie et facilite les passerelles entre le DEME et le DEES[1].

1. Ouvrage de référence : Gaberan Ph., Perrard P. (2004), *Moniteur Éducateur, un professionnel du quotidien*, Érès.

La formation

La formation de moniteur éducateur se déroule sur deux années. Le volume global, de 1 930 heures, est réparti en :

- 980 heures de formation pratique (soit 28 semaines de 35 heures) ;
- 950 heures d'enseignement théorique.

1 Présentation générale

Elle est organisée en quatre domaines de formation (DF) :

- DF 1 – Accompagnement social et éducatif spécialisé : 400 heures ;
- DF 2 – Participation à l'élaboration et à la conduite du projet éducatif spécialisé : 300 heures ;
- DF 3 – Travail en équipe pluriprofessionnelle : 125 heures ;
- DF 4 – Implication dans les dynamiques institutionnelles : 125 heures.

Chaque domaine de formation se réfère à des compétences spécifiques qu'il s'agit d'intégrer durant la durée de la formation tant en théorie qu'en pratique.

Les compétences visées sont les suivantes :

DF 1 – Accompagnement social et éducatif spécialisé (400 heures) :

- instaurer une relation ;
- aider à la construction de l'identité et au développement des capacités ;
- assurer une fonction de repère et d'étayage dans une démarche éthique ;
- animer la vie quotidienne de l'établissement ou du service ;
- concevoir et mener des activités de groupe.

Afin d'intégrer les compétences visées dans le cadre du DF 1, l'étudiant doit intégrer les connaissances (les savoirs) et les compétences (les savoir être et savoir-faire) se référant au programme suivant (dont nous développerons pour ce DF et pour l'ensemble des DF suivants, des éléments préparant au DEME) :

- la personne de la naissance à la fin de vie ;
- les conditions de la participation à la vie sociale et ses freins ;
- le fonctionnement collectif et la place de la personne ;

- l'action éducative : les fondements ;
- l'action éducative : les supports ;
- l'accompagnement de l'élaboration d'une posture et d'une méthodologie professionnelles (que l'on retrouve dans chacun des DF suivants).

DF 2 – Participation à l'élaboration et à la conduite du projet éducatif spécialisé (300 heures) :

- observer, rendre compte et contribuer à l'évaluation des situations éducatives ;
- participer à la mise en œuvre d'un projet éducatif.

Les compétences visées dans le cadre du DF 2 se réfèrent au programme suivant :

- l'approche globale de la notion de projet ;
- la construction des différents projets ;
- l'accompagnement du projet éducatif de l'usager ;
- les supports et les cadres de l'action éducative ;
- la place des familles dans l'action éducative ;
- l'accompagnement de l'élaboration d'une posture et d'une méthodologie professionnelles.

DF 3 – Travail en équipe pluriprofessionnelle (125 heures) :

- s'inscrire dans un travail d'équipe ;
- élaborer, gérer et transmettre de l'information.

Les compétences visées dans le cadre du DF 3 se réfèrent au programme suivant :

- la compréhension de l'organisation des établissements et services sociaux et médico-sociaux ;
- les enjeux de la communication au sein de l'institution ;
- l'accompagnement de l'élaboration d'une posture et d'une méthodologie professionnelles.

DF 4 – Implication dans les dynamiques institutionnelles (125 heures) :

- établir une relation professionnelle avec les partenaires ;
- situer son action dans le cadre des missions de l'institution et de son projet ;
- veille professionnelle : s'informer et se former pour faire évoluer ses pratiques.

Les compétences visées dans le cadre du DF 4 se réfèrent au programme suivant :

- cadre institutionnel, administratif, juridique et politique des dispositifs éducatifs et d'action sociale ;
- approche des politiques sociales, médico-sociales, éducatives et d'insertion professionnelle ;
- approche des cadres juridiques ;
- approche du fonctionnement partenarial et en réseau ;
- l'accompagnement de l'élaboration d'une posture et d'une méthodologie professionnelles.

2 La formation pratique

Comme le stipule l'article 6 de l'arrêté du 20 juin 2007 relatif au diplôme d'État de moniteur éducateur :

> « La formation pratique, délivrée au sein de sites qualifiants[1], est l'un des éléments de la qualité du projet pédagogique de l'établissement de formation. Elle participe à l'acquisition des compétences dans chacun des domaines identifiés au sein du référentiel professionnel au même titre que la formation théorique et ne saurait être dissociée de cette dernière. »

Pour les candidats effectuant la totalité de la formation, la formation pratique, d'une durée totale de 28 semaines (980 heures) est effectuée sur au moins deux sites qualifiants différents.

Au moins l'un des sites qualifiants retenus doit permettre au stagiaire d'intervenir dans une structure recevant du public en situation d'hébergement.

Les candidats en situation d'emploi de moniteur éducateur effectuent au moins un stage d'une durée minimale de 8 semaines (280 heures) hors structure employeur auprès d'un public différent. La structure employeur, désignée comme site qualifiant, devient également une structure dispensant des apprentissages. Comme pour les étudiants en voie directe, les personnes en situation d'emploi doivent intervenir dans, au moins, une structure (site qualifiant) recevant du public en situation d'hébergement.

Pour les candidats n'ayant pas à valider les quatre domaines de compétences du diplôme, une période de stage minimale de 8 semaines (280 heures) est associée à chacun des domaines de formation constitutif de leur programme individualisé de formation.

Les stages sont référés aux domaines de formation du diplôme d'État de moniteur éducateur.

Le projet d'accueil du stagiaire ou du groupe d'étudiants est défini de façon concertée entre l'établissement de formation et le référent professionnel du site qualifiant. Une « convention cadre de site qualifiant » valide la cohérence de la proposition du site qualifiant avec le projet pédagogique de l'établissement.

Par ailleurs, chaque stage fait l'objet d'une convention de stage entre l'établissement de formation, le stagiaire et le responsable du stage. Cette convention précise les modalités de déroulement du stage, ses objectifs, les modalités d'évaluation, les noms et qualifications du référent professionnel et les modalités d'organisation du tutorat.

3 Le diplôme d'État de moniteur éducateur

Le référentiel de certification est composé de quatre domaines de certification correspondant aux quatre domaines de compétences et de formation.

1. Le site qualifiant est considéré comme une structure professionnalisante tant de la pratique professionnelle que de l'acquisition de savoirs et de connaissances complémentaires. Il s'inscrit dans le champ de l'intervention sociale et propose une offre d'accueil dans un ou plusieurs des domaines de compétences du référentiel professionnel.

Domaines de compétences évalués	Modes de validation	Temps
DC 1 – Accompagnement social et éducatif spécialisé	Épreuve organisée *par l'établissement de formation* (conformément à la procédure établie dans la convention de site qualifiant) Évaluation par le site de stage des capacités du candidat à conduire des activités à destination d'un groupe (grille du livret de formation) Note sur 20 (coefficient 1)	Défini par le projet pédagogique de l'établissement de formation
	Épreuve organisée en centre d'examen *par le rectorat* Soutenance orale d'une note de réflexion Oral sur 20 (coefficient 1) Écrit sur 20 (coefficient 1 – note attribuée avant l'audition du candidat)	Entretien : 20 minutes
DC 2 – Participation à l'élaboration et à la conduite du projet éducatif spécialisé	Épreuve organisée en centre d'examen *par le rectorat* Entretien avec deux membres du jury qui porte sur l'expérience des différents stages du moniteur éducateur à partir du dossier de stages comprenant : – les projets de stages du moniteur éducateur – les évaluations des stages réalisées par les terrains de stages – le compte rendu de la visite de stage – un écrit du moniteur éducateur pour chaque stage rendant compte de sa participation à la mise en œuvre du projet éducatif (environ 5 pages) Note sur 20 (coefficient 1)	Entretien : 30 minutes
DC 3 – Travail en équipe pluriprofessionnelle	Épreuve organisée *par l'établissement de formation* (conformément à la procédure établie dans la convention de site qualifiant) Évaluation par un site de stage des capacités du candidat à travailler en équipe pluriprofessionnelle (grille du livret de formation) Note sur 20 (coefficient 1)	Défini par le projet pédagogique de l'établissement de formation
	Épreuve organisée en centre d'examen *par le rectorat* Entretien à partir d'un dossier, élaboré par le candidat, se rapportant à un domaine professionnel abordé sous divers angles (le dossier ne devra pas excéder 20 pages) Oral sur 20 (coefficient 1) Écrit sur 20 (coefficient 1)	Entretien : 20 minutes

Domaines de compétences évalués	Modes de validation	Temps
DC 4 – Implication dans les dynamiques institutionnelles	Épreuve organisée *par l'établissement de formation* Évaluation d'un écrit sur le repérage du cadre institutionnel et la position du moniteur éducateur par rapport aux missions de l'institution à partir d'une expérience de terrain (stage ou exercice professionnel) Note sur 20 (coefficient 1)	Défini par le projet pédagogique de l'établissement de formation
	Épreuve organisée en centre d'examen *par le rectorat* Épreuve écrite d'étude d'une situation proposée au candidat relative aux politiques sociales et aux cadres juridiques et institutionnels (20 lignes maximum) Note sur 20 (coefficient 1)	Écrit : 1 h 30

En résumé

Le DEME, diplôme de niveau IV, comprend sept épreuves de certification pour valider quatre domaines de compétences (DC).

Deux épreuves valident le DC 1, « Accompagnement social et éducatif spécialisé » (400 heures) :

- évaluation par un site de stage des compétences « animer la vie quotidienne de l'établissement ou du service » et « Concevoir et mener des activités de groupe » (épreuve en cours de formation, coefficient 1) ;
- présentation et soutenance d'une note de réflexion (épreuve terminale en centre d'examen, coefficient 2).

Une seule épreuve orale valide le DC 2, « Participation à l'élaboration et à la conduite du projet éducatif spécialisé » (300 heures) :

- entretien sur l'expérience de stages du moniteur éducateur à partir du dossier de stages (épreuve terminale en centre d'examen).

Deux épreuves valident le DC 3, « Travail en équipe pluriprofessionnelle » (125 heures) :

- évaluation par un site de stage des capacités du candidat à travailler en équipe pluriprofessionnelle (épreuve en cours de formation, coefficient 1) ;
- entretien à partir d'un dossier thématique (épreuve terminale en centre d'examen, coefficient 2).

Deux épreuves valident le DC 4, « Implication dans les dynamiques institutionnelles » (125 heures) :

- composition sur le cadre institutionnel et la position du moniteur éducateur (épreuve en cours de formation organisée par l'établissement de formation, coefficient 1) ;
- épreuve écrite sur les dynamiques institutionnelles (épreuve terminale en centre d'examen, coefficient 1).

4 Les allégements et dispenses de formation

L'arrêté du 20 juin 2007 prévoit que des allégements et des dispenses de formation théorique ou pratique soient accordés aux étudiants justifiant de diplômes ou certificats universitaires ou professionnels antérieurs.

Les confusions étant courantes entre les termes d'« allégement » et de « dispense », il convient, dans un premier temps, de bien distinguer les deux termes :

a. La dispense

Les dispenses sont de droit et s'appliquent, au minimum, à un domaine de formation complet. Elles permettent à l'étudiant, qui peut en disposer, d'être donc non seulement dispensé de suivre le programme d'un domaine de formation (DF 1, 2, 3 ou 4), mais également d'une ou plusieurs épreuves de certification du DEME. Les compétences liées au domaine de formation sont considérées comme acquises du fait de diplômes ou certificats universitaires ou professionnels antérieurs ou d'une reconnaissance par la validation des acquis d'expériences (VAE).

b. L'allégement

Si l'arrêté du 20 juin 2007 relatif au diplôme d'État de moniteur éducateur prévoit que des allégements de formation théorique ou pratique soient accordés aux étudiants justifiant de diplômes ou certificats universitaires ou professionnels antérieurs, ces allégements ne sont pas de droit : ils sont soumis à une commission d'allégements organisée par le centre de formation qui décide du volume horaire et des contenus de cours dont l'étudiant pourra être allégé (les personnels des centres de formation disent souvent « dispensé », ce qui entretient pleinement la confusion susnommée) et, élément important, ces allégements ne dispensent en aucun cas des épreuves de certification du DEME. Autrement dit, l'étudiant peut être « dispensé » de suivre une partie des cours ou être allégé d'une partie de sa formation pratique (stage sur sites qualifiants) mais doit, comme tous les autres étudiants suivant un parcours complet, passer les épreuves de certification du DF concerné.

Que l'étudiant puisse prétendre à un allégement ou à une dispense, la réussite à la sélection de la formation de moniteur éducateur est un préalable à son entrée en formation.

Les dispenses et allégements possibles et maximums par DF sont définis par l'annexe 3 de l'arrêté du 20 juin 2007 relatif au diplôme d'État de moniteur éducateur et récapitulés dans le tableau ci-contre.

Dispenses et allégements possibles

Diplômes détenus par le candidat	Baccalauréat professionnel services en milieu rural	Baccalauréat professionnel services aux personnes et aux territoires	Titre professionnel technicien médiation services	BEATEP* spécialité activité sociale et vie locale BP JEPS** animation sociale	Mention complémentaire aide à domicile	Baccalauréat professionnel services de proximité et vie locale	Baccalauréat professionnel accompagnement, soins et services à la personne
Ministère responsable de la certification	Agriculture et alimentation	Agriculture et alimentation	Travail	Sports	Éducation nationale	Éducation nationale	Éducation nationale
DF 1 Accompagnement social et éducatif spécialisé				Allégement			
DF 2 Participation à l'élaboration et à la conduite du projet éducatif spécialisé					Allégement		
DF 3 Travail en équipe pluriprofessionnelle	Dispense	Dispense	Dispense	Dispense	Allégement	Dispense***	Dispense
DF 4 Implication dans les dynamiques institutionnelles	Allégement	Allégement	Dispense	Allégement	Allégement	Allégement	Allégement

Diplômes détenus par le candidat	Diplôme d'État de technicien de l'intervention sociale et familiale	Diplôme d'État d'accompagnant éducatif et social	Diplôme d'État d'auxiliaire de vie sociale	Diplôme d'État d'assistant familial	Diplôme d'État d'aide médico-psychologique
Ministère responsable de la certification	Solidarités	Solidarités	Solidarités	Solidarités	Solidarités
DF 1 Accompagnement social et éducatif spécialisé		Allégement			Allégement
DF 2 Participation à l'élaboration et à la conduite du projet éducatif spécialisé	Dispense	Allégement	Allégement		Allégement
DF 3 Travail en équipe pluriprofessionnelle	Allégement	Allégement	Allégement	Allégement	Allégement
DF 4 Implication dans les dynamiques institutionnelles	Dispense	Allégement	Allégement		Allégement

* Brevet d'État d'animateur technicien de l'éducation populaire.

** Brevet professionnel de la jeunesse, de l'éducation populaire et du sport.

*** Uniquement pour les candidats ayant préparé les secteurs d'activité « Activités de soutien et d'aide à l'intégration » et « Activités participant à la socialisation et au développement de la citoyenneté ».

5 L'accès à la formation

Aucun diplôme n'est exigé pour se présenter à la sélection pour l'entrée en formation de moniteur éducateur.

Il n'y a pas de programme officiel sur lequel les épreuves portent. Cependant, l'article 2 de l'arrêté du 20 juin 2007 relatif au diplôme d'État de moniteur éducateur stipule :

> « Les épreuves d'admission en formation, mentionnées au dernier alinéa de l'article D. 451-74 du Code de l'action sociale et des familles, comprennent une épreuve d'admissibilité et une épreuve orale d'admission. »

Le cadre, ainsi défini, laisse une liberté relativement importante à chaque établissement de formation qui va créer son propre système de sélection (décrit dans son dossier de déclaration préalable et agréé par les ministères compétents).

Quel que soit l'établissement de formation, l'ensemble du processus de sélection comprend deux étapes :

- une épreuve écrite d'admissibilité ;
- une épreuve orale d'admission obligatoire.

La réussite à l'épreuve écrite d'admissibilité est un préalable, sauf dispense (voir ci-dessous), à l'accès à la deuxième étape du processus de sélection qu'est l'épreuve orale d'admission.

Ces épreuves ont pour objectifs de vérifier le niveau de culture générale, les aptitudes à l'expression écrite, l'aptitude et la motivation du candidat pour l'exercice de la profession, compte tenu des publics pris en charge et du contexte de l'intervention.

Sont dispensés de l'épreuve écrite d'admissibilité les candidats à la formation au DEME titulaires d'un diplôme, certificat ou titre homologué ou inscrit au répertoire national des certifications professionnelles au moins au niveau IV (*cf.* www.cncp.gouv.fr) ou d'un des diplômes suivants : diplôme d'État de technicien de l'intervention sociale et familiale (DETISF), baccalauréat professionnel services de proximité et vie locale, baccalauréat professionnel services en milieu rural, brevet d'État d'animateur technicien de l'éducation populaire (BEATEP) spécialité activité sociale et vie locale ou brevet professionnel de la jeunesse, de l'éducation populaire et du sport (BP JEPS) animation sociale, diplôme d'État d'auxiliaire de vie sociale (DEAVS) ou mention complémentaire aide à domicile, diplôme d'État d'assistant familial (DEAF), diplôme d'État d'aide médico-psychologique (DEAMP) ou d'un baccalauréat ou d'un diplôme européen ou étranger réglementairement admis en dispense du baccalauréat. Depuis le 27 octobre 2014 (arrêté du 27 octobre 2014 modifiant l'arrêté du 20 juin 2007 modifié relatif au diplôme d'État de moniteur-éducateur paru au Journal Officiel n 0265 du 16 novembre 2014), les lauréats de l'Institut de l'Engagement (*cf.* www.engagement.fr) sont également dispensés de l'épreuve écrite d'admissibilité.

a. L'épreuve écrite d'admissibilité

Elle a pour objectifs de vérifier le niveau de culture générale et les aptitudes à l'expression écrite.

Elle peut se présenter sous des formes diverses : un questionnaire à choix multiples (QCM), un commentaire de texte, un résumé ou encore un questionnaire sur ouvrage.

Certains établissements de formation cumulent les exercices.

Quelles que soient les modalités, les critères portent essentiellement sur la culture générale et plus particulièrement sociale, culturelle et politique ainsi que sur les capacités de compréhension, d'expression, voire d'argumentation écrite du candidat.

Certains établissements de formation ont recours à des tests psychotechniques afin d'évaluer les aptitudes de raisonnement logique d'une personne, ainsi qu'à des tests projectifs visant à déterminer la personnalité du candidat.

À l'issue de cette (ou ces) épreuve(s) d'admissibilité, une commission finale des épreuves d'admissibilité détermine le nombre de points nécessaires pour accéder à la seconde phase :

l'épreuve orale d'admission. Seuls les candidats reçus aux épreuves d'admissibilité pourront ainsi accéder à l'épreuve orale d'admission.

b. L'épreuve orale d'admission

L'épreuve orale d'admission vise à vérifier les aptitudes et la motivation du candidat pour l'exercice de la profession, compte tenu des publics pris en charge et du contexte de l'intervention, ainsi que l'adéquation entre le projet pédagogique de l'établissement de formation et le profil du candidat.

Comme pour les épreuves d'admissibilité, l'épreuve orale peut revêtir différentes formes ou, à l'intérieur d'une même épreuve orale, différentes étapes :

1. Un entretien avec un référent pédagogique, un référent professionnel et un psychologue (au minimum deux d'entre eux) portant :
   - sur l'élaboration du projet de formation et évaluant la connaissance qu'a le candidat du métier de moniteur éducateur, de son champ d'intervention, de la formation (contenu), des épreuves de certification (modalités)… ;
   - sur l'argumentation du projet de formation : en quoi le projet du candidat fait lien avec son parcours antérieur, ses acquis, ses expériences de groupe et interrogeant ses connaissances et représentations des problèmes éducatifs et sociaux…
   - sur la forme de l'entretien : qualité de l'expression, capacité d'écoute et de compréhension, d'ouverture, de remise en question…
2. Un échange oral avec un référent pédagogique, un référent professionnel et un psychologue (au minimum deux d'entre eux) portant sur un thème relatif à un problème social ou éducatif ou bien une situation éducative.

Que ce soit dans l'entretien ou dans l'échange oral, la forme de l'épreuve orale, le savoir-être que présente le candidat ne doit pas être négligé : la qualité de l'expression, la capacité d'écoute et de compréhension, d'ouverture, de remise en question sont autant d'éléments déterminants pour l'entrée en formation du candidat.

Conseils pour réussir l'épreuve orale

- Se renseigner sur les modalités de sélection spécifiques à l'établissement de formation.
- Se présenter et produire un discours cohérent.
- Avoir travaillé son argumentation en s'appuyant sur des connaissances avérées (éviter les flous).
- Avoir un comportement adapté à la situation de l'entretien.
- Avoir une écoute attentive.
- Être dans un échange constructif avec vos interlocuteurs.
- S'assurer de la bonne compréhension des questions ou consignes qui vous sont données.
- Être soi-même afin de personnaliser son discours : il n'y a pas d'étudiant type comme il n'y a pas de moniteur éducateur type.
- Sachez qu'il est normal d'être stressé dans une situation d'évaluation et que le jury ne vous en tiendra pas rigueur tant que vous maîtriserez vos émotions.

L'épreuve orale n'est rien d'autre qu'une évaluation du potentiel du candidat à suivre la formation et à exercer le métier. Il est nécessaire, dans un temps court, d'être convaincant : les candidats sont nombreux au départ ; en proportion, peu seront admis. Cet entretien doit absolument être préparé afin de faire apparaître sa plus-value éducative et pédagogique et ce, quels que soient l'âge et l'expérience du candidat. Dans une formation de moniteur éducateur se côtoient des étudiants de 50 ans en reconversion professionnelle et des jeunes étudiants sortant d'un BEP carrières sanitaires et sociales ; l'un comme l'autre ont su faire valoir le petit plus qui leur a permis d'entrer en formation.

Certains établissements de formation proposent une épreuve collective. Cette épreuve réunit plusieurs candidats (5 à 12) sur une durée allant de 1 h 30 à 3 heures afin d'appréhender une réalisation collective (un résumé, un slogan, une œuvre…) ou bien un sujet social, avec ou sans supports (écrits, matériels…), permettant à chacun d'intervenir.

Les aptitudes repérées dans cette épreuve portent entre autres sur les capacités à :

- intervenir et se positionner dans un groupe ;
- respecter la parole de l'autre ;
- contrôler ses émotions ;
- énoncer des propositions selon la situation du groupe ;
- s'adapter aux situations nouvelles ;
- faciliter les prises de décision.

Deux professionnels (un référent pédagogique et un référent professionnel) observent et évaluent les candidats selon les critères ci-dessus à l'aide d'une grille d'évaluation.

Il est fréquent qu'un entretien individuel suive l'épreuve collective. Le candidat doit expliquer aux membres du jury d'admission ce qu'il a compris des éléments de dynamique de groupe qui ont émergé pendant l'épreuve collective afin d'évaluer sa capacité à observer et analyser ce qui a été vécu. Souvent, cet entretien individuel compte pour autant de points que l'épreuve collective.

c. La réussite aux épreuves d'admission en formation

La note finale est celle obtenue à l'épreuve orale d'admission.

Les dossiers de l'ensemble des sessions de sélection sont examinés lors d'une commission finale d'admission instituée dans chaque établissement de formation.

Elle a pour mission de s'assurer de la conformité des épreuves au règlement (agréée par le directeur régional des affaires sanitaires et sociales).

Cette commission est généralement composée du directeur du centre de formation ou de son représentant, du formateur référent de la formation de moniteur éducateur du centre de formation et d'un professionnel titulaire du DEME.

Après examen des dossiers et des notes, il est donné un avis favorable (admis) ou défavorable (refusé) à l'admission. Il est ensuite procédé à un classement des candidats admis en fonction de leurs résultats.

Définition de la profession et du contexte de l'intervention (selon l'arrêté du 20 juin 2007)

Le moniteur éducateur participe à l'action éducative, à l'animation et à l'organisation de la vie quotidienne de personnes en difficulté ou en situation de handicap, pour le développement de leurs capacités de socialisation, d'autonomie, d'intégration et d'insertion, en fonction de leur histoire et de leurs possibilités psychologiques, physiologiques, affectives, cognitives, sociales et culturelles.

Il élabore son intervention avec l'équipe de travail et son encadrement dans le cadre du projet institutionnel répondant à une commande sociale éducative exprimée par différents donneurs d'ordre et financeurs, en fonction de leurs champs de compétences : intervention individuelle (administrative ou judiciaire), collective ou territorialisée. Il intervient dans une démarche éthique qui contribue à créer les conditions pour que les enfants, adultes, familles et groupes, avec lesquels il travaille, aient les moyens d'être acteurs de leur développement et de renforcer les liens sociaux et les solidarités dans leurs lieux de vie.

Le moniteur éducateur assure une relation éducative au sein d'espaces collectifs et favorise l'accès aux ressources de l'environnement (sportives, culturelles, citoyennes…). Il peut ainsi mettre en place et encadrer des médiations éducatives et des activités de soutien scolaire, d'insertion professionnelle ou de loisirs. Il veille à la qualité de l'animation des structures dans lesquelles les personnes vivent. Les actes de la vie quotidienne sont un support essentiel à son intervention. Il contribue, dans le cadre d'équipes pluriprofessionnelles, à la mise en œuvre au quotidien de projets personnalisés ou adaptés auprès des personnes accompagnées. Grâce à sa connaissance des situations individuelles, il contribue à l'élaboration de ces projets personnalisés et participe au dispositif institutionnel.

Le moniteur éducateur intervient dans des contextes différents.

Il peut contribuer à l'éducation d'enfants ou d'adolescents ou au soutien d'adultes présentant des déficiences sensorielles, physiques ou psychiques ou des troubles du comportement. Dans ce contexte, il assure une relation éducative avec ces personnes, organise et anime leur quotidien, en les accompagnant dans l'exécution des tâches quotidiennes. Il contribue ainsi à instaurer, restaurer ou préserver leur autonomie.

Il peut également intervenir auprès d'enfants, d'adolescents ou d'adultes en difficulté d'insertion. Par son accompagnement quotidien, conduit dans une visée de socialisation et d'intégration, le moniteur éducateur aide à améliorer l'adaptation sociale de ces personnes.

Les moniteurs éducateurs interviennent principalement, mais sans exclusivité, dans les institutions du secteur du handicap, de la protection de l'enfance, de la santé et de l'insertion sociale, assurant une prise en charge collective des publics. Il est employé par les collectivités territoriales, la fonction publique et des associations et structures privées.

1 Les lieux d'intervention

Afin de faciliter la lecture et la compréhension des lieux d'intervention du moniteur éducateur, nous séparerons ceux-ci en trois champs : Enfance – Famille/Maladie – Handicap/Insertion. Cette liste n'est en aucun cas exhaustive. La réalité nous montre tous les jours que de nouveaux champs s'ouvrent à la fonction de moniteur éducateur. Cette évolution est principalement liée à la réforme de la formation et la clarification des champs de compétences du moniteur éducateur afférents à celle-ci.

a. Enfance – Famille

Les maisons d'enfants à caractère social (MECS)

Les maisons d'enfants à caractère social accueillent pour des séjours de durée variable des enfants et des adolescents dont les familles se trouvent en difficulté momentanée ou durable et ne peuvent, seules ou avec le recours de proches, assumer la charge et l'éducation de leur(s) enfant(s). Les enfants et adolescents sont confiés par le service de l'aide sociale à l'enfance (ASE), par le juge des enfants, ou par la famille.

Les foyers de l'enfance

Ce sont des institutions publiques, essentiellement départementales, qui ont pour objet l'accueil de mineurs nécessitant une aide urgente. Ils constituent des lieux d'observation, de diagnostic et d'hébergement d'enfants confiés par le service de l'ASE de la zone géographique où ils sont implantés.

Les centres maternels

Un centre maternel est un établissement accueillant et accompagnant des mères qui ont un enfant de moins de 3 ans ou de futures mères rencontrant des difficultés d'ordre social. L'accompagnement est administratif, social et éducatif (relation mère-enfant).

b. Maladie – Handicap

Les structures pour enfants

Les instituts médico-éducatifs (IME), médico-pédagogiques (IMP) et médico-professionnels (IMPro)

Les IME accueillent des enfants et adolescents déficients intellectuels ou inadaptés (annexe 24) ou polyhandicapés (annexe 24 *ter*) de 3 à 20 ans orientés par la maison départementale des personnes handicapées (MDPH). Ils peuvent être des internats ou des externats.

Les IME constituent des centres de soin et d'éducation spéciale adaptés aux besoins des enfants accueillis.

Ils peuvent englober des instituts médico-pédagogiques (IMP) dont la spécificité est d'accueillir des enfants de 3 à 14 ans et des instituts médico-professionnels (ImPro) dont la spécificité est d'accueillir des enfants de 14 à 20 ans et de leur dispenser des apprentissages autonomisants et professionnalisants.

Les instituts thérapeutiques, éducatifs et pédagogiques (ITEP)

> « Les instituts thérapeutiques, éducatifs et pédagogiques accueillent les enfants, adolescents ou jeunes adultes qui présentent des difficultés psychologiques dont l'expression, notamment l'intensité des troubles du comportement, perturbe gravement la socialisation et l'accès aux apprentissages. Ces enfants, adolescents et jeunes adultes se trouvent, malgré des potentialités intellectuelles et cognitives préservées, engagés dans un processus handicapant qui nécessite le recours à des actions conjuguées et à un accompagnement personnalisé. »
>
> Décret du 6 janvier 2005 relatif aux ITEP

Les services d'éducation spéciale et de soins à domicile (SESSAD)

Les SESSAD sont des structures intervenant au domicile, dans différents lieux de vie ou dans ses propres locaux afin de dispenser un accompagnement de soin et des actions éducatives en favorisant le maintien de l'enfant dans son lieu de vie.

Les instituts d'éducation motrice (IEM)

L'IEM accueille des enfants et adolescents de 0 à 20 ans présentant une déficience motrice dans un régime d'internat complet, semi-internat ou externat. Comme pour les IME, les IEM constituent des centres de soin et d'éducation spéciale adaptés aux besoins des enfants accueillis.

Les centres médico-psycho-pédagogiques (CMPP)

Les CMPP sont des centres de consultation et de suivi qui ont pour objectifs de dépister et traiter les enfants de 0 à 20 ans dont l'inadaptation est liée à des troubles neuropsychiques, psychomoteurs, orthophoniques ou à des troubles du comportement, en vue de mettre en œuvre des actions éducatives et thérapeutiques tout en les maintenant dans leur milieu naturel (sans hospitalisation).

Les structures pour adultes

Les foyers d'accueil médicalisé (FAM)

Les FAM ont vocation à accueillir des personnes lourdement handicapées et polyhandicapées qui ont obligation de recourir à l'aide d'une tierce personne pour la plupart des actes de la vie quotidienne et nécessitent une surveillance médicale et des soins constants.

Les maisons d'accueil spécialisées (MAS)

Les MAS reçoivent des adultes handicapés qui ne peuvent effectuer seuls les actes essentiels de la vie quotidienne, et dont l'état nécessite une surveillance médicale et des soins constants. Toutefois, ces soins constants ne sont pas des thérapeutiques actives, ni des soins intensifs qui ne pourraient être dispensés que dans un établissement de soin. Il s'agit essentiellement de surveillances médicales régulières, des rééducations d'entretien, des soins de maternage et de nursing requis par l'état des personnes accueillies.

Les foyers de vie ou occupationnels

Ces établissements médico-sociaux accueillent sensiblement, sous ces deux appellations, la même population, c'est-à-dire des personnes qui ne sont pas en mesure de travailler mais qui, disposant d'une certaine autonomie physique ou intellectuelle, ne relèvent pas des maisons d'accueil spécialisées ou des foyers d'accueil médicalisé.

Les foyers d'hébergement

Les foyers d'hébergement assurent l'hébergement et l'accompagnement de travailleurs handicapés qui exercent une activité pendant la journée en entreprises adaptées (EA), en établissements et services d'aide par le travail (ESAT) ou en milieu ordinaire. Ils peuvent être publics ou privés. Une équipe composée de travailleurs sociaux assure l'encadrement des travailleurs hébergés au foyer le soir et le week-end. Les prestations médicales sont assurées par des médecins libéraux extérieurs à l'établissement.

Les établissements et services d'aide par le travail (ESAT)

L'appellation ESAT remplace celle de CAT (centre d'aide par le travail) depuis la loi du 11 février 2005.

Ces établissements médico-sociaux offrent des activités productives et un soutien médico-social à des adultes handicapés dont la capacité de travail est inférieure à un tiers de celle d'un travailleur valide. Ces « travailleurs handicapés » ne sont pas salariés mais perçoivent une rémunération ne pouvant excéder 110 % du SMIC. En raison de leur double vocation (mise au travail et soutien médico-social), les ESAT disposent de personnels d'encadrement pour des activités productives et de travailleurs sociaux assurant les soutiens éducatifs.

Les entreprises adaptées (EA)

L'appellation EA remplace celle d'AP (atelier protégé) depuis la loi du 11 février 2005.

Les entreprises adaptées sont conçues comme de réelles unités de production qui procèdent de la logique de l'entreprise et non de l'institution sociale comme les ESAT. Les entreprises adaptées s'inscrivent dans l'économie de marché en prenant en compte les potentialités des travailleurs handicapés et en adaptant le rythme de travail à celles-ci.

c. Insertion

Les structures pour adultes et enfants : les centres sociaux

Un centre social est, selon la charte fédérale des centres sociaux :

> « Un foyer d'initiatives porté par des habitants associés, appuyé par des professionnels capables de définir et mettre en œuvre un projet de développement social local pour l'ensemble de la population d'un territoire. »
>
> Texte adopté par l'assemblée générale de la Fédération des centres sociaux de France (FCSF) d'Angers, 17-18 juin 2000.

Associatif ou institutionnel (CAF/municipalité), le centre social est agréé, de par son projet, par la caisse des allocations familiales (CAF).

Ses actions sont variées : activités éducatives, actions d'insertion pour les jeunes, accueil petite enfance, projets intergénérationnels, loisirs.

Les structures pour adultes : les centres d'hébergement et de réinsertion sociale (CHRS)

Les CHRS ont pour mission d'assurer l'accueil, l'hébergement, l'accompagnement et l'insertion sociale des personnes en recherche d'hébergement ou de logement, afin de leur permettre de retrouver une autonomie personnelle et sociale (loi du 29 juillet 1998 relative à la lutte contre les exclusions). Les CHRS sont contrôlés par les DDASS et financés par l'aide sociale de l'État, et leur fonctionnement est :

- soit d'urgence. Il s'agit alors d'asiles de nuit ou de centres d'hébergement d'urgence (CHU) ou encore de centres d'accueil d'urgence (CAU), dont la mission est d'accueillir des personnes en situation d'errance pour des courtes durées (niveau I, l'accueil est limité à 1 nuit ; niveau II, l'accueil peut se prolonger jusqu'à 14 nuits).
- soit à plus long terme, auquel cas, l'hébergement est associé à un travail de réinsertion et de réadaptation sociale.

Les CHRS font partie du « dispositif hivernal d'accueil d'urgence », c'est-à-dire que leurs capacités d'accueil d'urgence doivent être augmentées en période hivernale.

2 Conditions d'emploi et passerelles

a. Conditions d'emploi

On compte actuellement près de 31 000 moniteurs éducateurs, employés principalement dans le secteur associatif.

Le secteur public emploie aussi les moniteurs éducateurs par concours d'accès.

Le champ d'activité des moniteurs éducateurs est en évolution et s'ouvre aux nouvelles politiques d'intervention sociale (insertion, médiation, etc.).

Les salaires et les carrières sont déterminés soit par des textes réglementaires, pour les salariés qui travaillent dans le secteur public, soit par des conventions collectives, pour ceux qui relèvent du secteur privé.

Pour exemple, les salaires bruts en 2020 sont (primes non comprises) :

- dans la fonction publique territoriale :
  - en début de carrière : 1 607 euros ;
  - en fin de carrière : 2 357 euros.
- dans la convention collective de l'enfance inadaptée (en externat) :
  - en début de carrière : 1 693 euros ;
  - en fin de carrière : 2 687 euros.

b. Les passerelles de formation

Textes de référence : arrêtés du 22 août 2018 relatifs aux diplômes d'État d'éducateur spécialisé, d'éducateur technique spécialisé, d'éducateur de jeunes enfants, d'assistant de service social.

Depuis le 28 août 2018 et le passage des formations d'éducateur spécialisé, d'éducateur technique spécialisé, d'éducateur de jeunes enfants, d'assistant de service social au niveau 2 (grade de licence universitaire, niveau 6 de la nomenclature européenne), les titulaires du diplôme d'État de moniteur éducateur ne disposent plus de dispenses de domaines de formation ou de certifications comme c'était le cas sur le diplôme d'État d'éducateur spécialisé.

Ils peuvent, suivant les projets pédagogiques des organismes de formation, obtenir un allégement de formation dans la limite d'un tiers de la durée de la formation. Cet allégement peut porter sur la période de formation en établissement ou sur la période de formation pratique.

Si la réussite aux épreuves de sélection est un préalable à l'entrée en formation sur ces diplômes d'État, l'obtention d'un DEME (ou d'un CAFME), diplôme de niveau 4, permet d'accéder, sans l'obtention d'un baccalauréat, à l'inscription à la plateforme Parcoursup et donc à la sélection de ceux-là.

De moniteur éducateur vers technicien de l'intervention sociale et familiale

Texte de référence : arrêté du 25 avril 2006 relatif DETISF.

Les titulaires d'un DEME, qui souhaitent suivre une formation préparatoire au diplôme d'État de technicien de l'intervention sociale et familiale, sont dispensés[1] :

- **du DF 1** – Conduite du projet d'aide à la personne (270 heures) ;
- **du DF 2** – Communication professionnelle et travail en réseau (100 heures) ;
- **du DF 6** – Accompagnement social vers l'insertion (130 heures) ;
- ainsi que des épreuves de certification s'y rapportant.

Ces dispenses équivalent à 500 heures de formation théorique sur un total de 950 heures d'enseignement. En outre, ils peuvent bénéficier d'allégements sur les DF suivants :

- **DF 4** – Transmission des savoirs et des techniques nécessaires à l'autonomie des personnes dans la vie quotidienne ;
- **DF 5** – Contribution au développement de la dynamique familiale.

1. La dispense d'un domaine de formation entraîne la validation du domaine de compétence correspondant et donc la dispense de l'épreuve de certification s'y rapportant.

Domaine 1

Accompagnement social et éducatif spécialisé

400 heures

1 Présentation
Le programme et les compétences

1 La présentation du domaine de formation 1

Le DF 1 s'inscrit directement dans la logique de la loi n 2002-2 du 2 janvier 2002 rénovant l'action sociale médico-sociale qui installe l'usager au cœur du dispositif et renforce les droits généraux des personnes accueillies, garantissant « le respect de sa dignité, de son intégrité, sa vie privée, de son intimité de sa sécurité », ainsi que « la participation directe [...] à la conception et à la mise en œuvre du projet d'accueil et d'accompagnement qui le concerne ».

De par son volume horaire (400 heures sur 950 heures au total), le DF 1 constitue la part la plus importante de la formation et, de ce fait, quant aux éléments du programme préparant au DEME, la part la plus conséquente de cet ouvrage. L'accompagnement social et éducatif spécialisé apparaît ainsi comme le cœur du métier de moniteur éducateur. Il en est l'essence.

Le DF 1 précise à la fois les attendus, les enjeux et les supports de l'accompagnement social et éducatif spécialisé.

En s'appuyant sur les connaissances de la population rencontrée, le moniteur éducateur fonde sa pratique professionnelle, il lui donne son sens. C'est en reconnaissant l'individu comme sujet et comme acteur de sa propre vie que le moniteur éducateur peut commencer à élaborer son accompagnement social et éducatif spécialisé. Quand vous travaillez, en tant que moniteur éducateur, auprès de Pierre, adolescent psychotique, vous devez tenir compte à la fois de sa personnalité psychotique (qu'est-ce que la psychose ?), de ce qui caractérise l'adolescence (qu'est-ce que l'adolescence ?) et de l'histoire du sujet, de ce qui le singularise, de ses habitudes et de son environnement (qu'est-ce que je sais de Pierre ?), pour pouvoir établir une relation éducative (développée dans le chapitre 3, « Le domaine de formation 2 – Participation à l'élaboration et à la conduite du projet éducatif spécialisé »).

Afin de faire vivre cette relation éducative, le moniteur éducateur doit saisir ce qui anime la vie quotidienne. L'objectif est d'éliminer la routine tout en répondant aux besoins des personnes accompagnées et en proposant des repères aux individus et aux groupes. En cela, le DF 1 met en tension l'individu et le groupe : il invite à considérer l'individu comme une entité et à utiliser le groupe comme vecteur créateur permettant au sujet de trouver une place, un sens et un équilibre en son sein.

Vous l'aurez compris, ce domaine de compétences vise, outre le fait d'aider le lecteur à travailler ses connaissances de base concernant la population accompagnée par les moniteurs éducateurs, à clarifier sa posture, son rapport à l'autre et à son environnement, tout en permettant aux usagers d'être acteurs de leur propre changement. En cela, il constitue une assise à la formalisation de l'identité professionnelle du moniteur éducateur. Il fonde ainsi son action dans un principe éthique afin d'en affirmer sa légitimité.

2 Le domaine de compétences

Le domaine de formation (DF) 1 est référé au domaine de compétences (DC) 1 : « **Accompagnement social et éducatif spécialisé** ». Les compétences référencées dans ce domaine sont :

- instaurer une relation ;
- aider à la construction de l'identité et au développement des capacités ;
- assurer une fonction de repère et d'étayage dans une démarche éthique ;
- animer la vie quotidienne de l'établissement ou du service ;
- concevoir et mener des activités de groupe.

Le DF 1, qui comporte 400 heures d'apports théoriques, aborde les thèmes suivants :

- la personne de la naissance à la fin de vie ;
- les conditions de la participation à la vie sociale et ses freins ;
- le fonctionnement collectif et la place de la personne ;
- l'action éducative : les fondements ;
- l'action éducative : les supports ;
- l'accompagnement de l'élaboration d'une posture et d'une méthodologie professionnelles.

3 La certification

La **certification** du DC/DF 1 se fait sur la base de **deux types d'épreuves**.

La première, organisée par l'établissement de formation, appelée « Évaluation par le site de stage des capacités du candidat à conduire des activités à destination d'un groupe » vise à évaluer les compétences du candidat à :

- animer la vie quotidienne de l'établissement ou du service ;
- concevoir et mener des activités de groupe.

Cette certification a lieu pendant la formation et, en fonction du projet de formation de l'établissement de formation, s'effectue indifféremment sur le premier stage (formation pratique sur site qualifiant) ou sur le second, voire sur les deux sites ; dans ce cas, la note proposée au jury plénier du DC 1 au rectorat est la moyenne des deux notes proposées sur chaque lieu.

Cette épreuve est coefficient 1.

La seconde, organisée par le rectorat, appelée « Épreuve de présentation et soutenance d'une note de réflexion », vise à évaluer les compétences du candidat suivantes :

- établir une relation ;
- aider à la construction de l'identité et au développement des capacités ;
- assurer une fonction de repère et d'étayage.

Cette certification est une épreuve terminale organisée par le recteur. Elle a lieu au centre d'examen du rectorat.

Il s'agit d'une épreuve orale d'une durée de 20 minutes sous forme d'un entretien avec deux membres de jury. Cette épreuve orale a comme support la note de réflexion écrite par le candidat et élaborée pendant sa formation. La note de réflexion, d'une quinzaine de pages, porte sur l'accompagnement social et éducatif spécialisé de personnes ou de groupes.

Le jury attribue une note à cet écrit avant l'audition du candidat.

Avant de répondre aux questions du jury, le candidat présente de manière synthétique en 5 minutes environ sa note de réflexion.

Oral : coefficient 1

Écrit : coefficient 1

Les modalités de ces épreuves et une aide à la préparation de celles-ci seront développées dans la partie « méthode » consacrée au DF1.

Cours

2 Les fondements de la relation éducative

La relation éducative qui s'établit entre l'éducateur, moniteur éducateur ou éducateur spécialisé, et la personne accompagnée, est, loin d'être accessoire, une condition essentielle à l'élaboration du mieux-être chez l'enfant ou l'adulte pris en charge. Cette relation se fonde sur un engagement réciproque et la responsabilité éducative de l'ensemble des acteurs qui gravitent autour du sujet accompagné.

1 Un espace intersubjectif

Il s'agit, pour l'éducateur, de créer un espace suffisamment bien délimité dans lequel il sera en capacité de faire des choix judicieux prenant en compte un certain nombre d'éléments, comme le met en avant Guy Dréano[1], à savoir :

- le poids de l'histoire ;
- la nature des difficultés des personnes accompagnées ;
- la compréhension qu'on peut en avoir ;
- les valeurs des représentations actuelles de la société ;
- les dispositions réglementaires qui président à son administration ;
- les moyens qu'on accorde à l'éducateur ;
- l'organisation et le fonctionnement institutionnel, etc.

Mais si ces éléments constituent des garde-fous à la relation éducative, il n'en demeure pas moins que cette relation est forcément (nécessairement, pourrions-nous dire) le jeu de forces socioaffectives bien plus complexes à dominer. La relation éducative est une relation intersubjective où interagissent les désirs et affects de chacun des deux sujets, l'éducateur et « l'éduqué » : l'identification, la projection, l'introjection, le transfert, etc., autant de mécanismes subjectifs présents chez les deux sujets de cette relation.

Il s'agit de trouver la bonne distance éducative ou, pourrions-nous dire, la juste proximité. Être ni trop près, ni trop loin. Être ni dans la fusion, ni dans le rejet de cette relation. Ni trop près, parce qu'une relation trop fusionnelle tend à créer, non pas de l'autonomie, ce vers quoi tend l'accompagnement, mais, bien au contraire, de la dépendance, de l'interdépendance. Ni trop loin, parce que le rejet ne peut, en aucun cas, être un terreau favorable à la reconstruction.

Si l'expérience favorise généralement l'instauration d'une juste proximité, la dimension socioaffective inhérente à celle-ci implique une analyse de cette relation de manière à comprendre les mécanismes que nous mettons en jeu dans celle-ci. C'est la fonction, notamment, des supervisions mises en place dans les cadres institutionnels.

1. Dréano G. (2002), *Guide de l'éducation spécialisée, op. cit.*, p. 312.

Nous entendons souvent, en centre de formation de travailleurs sociaux, les jeunes professionnels émettre des difficultés à travailler auprès d'adolescents dont l'âge est proche du leur. Tout autant, ces jeunes professionnels formulent les mêmes difficultés à travailler auprès de personnes bien plus âgées qu'eux. Si l'expérience, à condition d'être supervisée, joue dans l'instauration d'une juste proximité, la différence d'âge ne constitue en aucun cas une garantie ou un frein à l'instauration d'une relation éducative.

2 Un espace transférentiel

Selon Joseph Rouzel, la relation éducative a une fonction objectivante et intégrative. Partant de la psychanalyse, qui fonde sa pratique sur la relation et sur la parole, il considère que :

> « Si la relation engagée par un éducateur avec une personne en souffrance obéit aux aléas de toute relation humaine, cette rencontre singulière prend, en revanche, une tout autre dimension qu'une relation d'amitié ou de camaraderie. D'une part, elle prend en compte la demande singulière des personnes. D'autre part, elle s'inscrit dans un projet, obéit à une mission, est garantie et contrôlée par une institution étant elle-même sous la tutelle d'un organisme d'État ou d'une collectivité locale, lesquels développent le choix d'une politique sociale. […] Du coup, la relation éducative est au service de ces différents niveaux d'objectifs. […] La relation éducative est le moyen d'agir dans le sens d'un changement des personnes en vue d'une meilleure insertion pour elles dans la communauté des citoyens. »
>
> Rouzel J. (2004), *Le Travail d'éducateur spécialisé, Éthique et pratique, op. cit.*, p. 10.

Cette fonction objectivante de la relation éducative se réalise dans un environnement où, comme dans la relation thérapeutique, l'éducateur n'est pas neutre. L'éducateur, « au service d'une cause qui lui est extérieure et [dans laquelle] il professionnalise ses actes[1] », doit se munir d'outils essentiels à l'étude des transferts et contre-transferts en jeux dans la relation thérapeutique.

Selon Rouzel, comme la clinique analytique, la clinique éducative opère sous transfert, à une différence près que la clinique éducative s'applique dans le champ de la réalité sociale, des échanges sociaux. Il s'agit donc, pour l'éducateur, de « transférer le transfert[2] ». Il faut « accompagner en douceur mais aussi avec fermeté, le passage vers d'autres personnes, vers d'autres sources de questionnement d'intérêt ». Il s'agit de repérer comment et pourquoi ça accroche, comment et pourquoi ça ne marche pas, afin de déplacer la charge affective vers d'autres objets d'investissement : la création, l'expression, la formation, le lien social, le travail, etc.

Pour être objectivée, la relation éducative doit être distanciée.

La parole constitue évidemment un outil de premier ordre. À travers les groupes de parole, les supervisions, les réunions d'équipe, les différents acteurs peuvent échanger sur les

1. *Ibid.*, p. 11.
2. *Ibid.*, p. 43.

différents vécus de la relation éducative. Cette mise en mots, l'analyse, qui en découle, sont des éléments essentiels pour trouver la juste proximité.

L'écriture constitue un outil tout aussi important. L'écriture est la condition pour rendre visible sa pratique aux yeux d'un plus grand nombre. Que ce soit le « journal de bord », qui permet, au quotidien, de laisser une trace écrite des faits observés, de ses ressentis, des impressions des personnes gravitant autour de la situation observée, etc., le « cahier de liaison », qui laisse une trace chronologique, datée et nominative dans l'accompagnement et fait le lien entre les différents professionnels intervenant auprès du sujet ou bien encore la synthèse qui, par les voies de l'écriture mais aussi de la parole, devient le lieu où se réunissent, se confrontent les différents transferts des intervenants (assistants de service social, éducateurs, médecins, chefs de service, personnels de service...) et où se constitue l'assemblage des représentations : un puzzle, une photographie finalement assez proche de la réalité.

Enfin, selon Rouzel, le travail sur soi de l'éducateur est une condition incontournable du travail éducatif et donc de la relation éducative :

> « Travailler comme éducateur ne laisse pas tranquille ni indifférent, puisqu'il faut en permanence trouver en soi une position d'ouverture aux autres. [...] Comment accompagner les autres dans cette découverte, dans cette difficile acceptation de l'incomplétude de l'être, et que l'on ne peut combler sur le mode de l'avoir, si l'on ne s'est soi-même, en tant qu'éducateur, coltiné à cette part manquante en soi[1] ? »

3 La relation éducative, processus de transformation

Selon Philippe Gaberan, la relation éducative est un « enjeu de société » : elle ne doit en aucun cas être un processus de normalisation, ce vers quoi les politiques actuelles, dans un souci de résultat, nous poussent souvent : il ne s'agit pas de « fabriquer » un « éduqué » et de le conformer selon ses propres désirs, il s'agit de ne pas vouloir rendre l'autre normal à tout prix.

Nous devons, tout d'abord, être en capacité de renoncer à la toute-puissance et accepter de s'exposer à la résistance de celui qu'on accompagne. Philippe Gaberan nous dit :

> « Il y a en toute créature une force intérieure lui permettant de revendiquer le fait d'être elle-même et pas seulement ce qu'un autre a voulu qu'elle soit. »
>
> Gaberan Ph. (2003), *La Relation éducative. Un outil professionnel pour un projet humaniste*, Toulouse, Érès, p. 123.

En cela, la relation éducative constitue un temps et un espace où un éducateur, dont les compétences sont reconnues par une institution, accompagne une autre personne (enfant ou adulte) à passer du vivre à l'exister. « Vivre » c'est être là sans l'avoir voulu en subissant le temps qui passe et en dérivant parfois vers la « folie ». « Exister » c'est accéder à la possibilité de faire des choix, c'est se construire une histoire, c'est appartenir à soi-même et au monde. Se mettre en colère, c'est se donner la possibilité d'exister.

1. *Ibid.*

Ainsi, afin d'aider la personne accompagnée à être en capacité de faire ses propres choix, à se dépasser, à devenir actrice de sa vie, l'éducateur doit être, lui-même, en capacité d'accepter le transfert d'affects qui se met en jeu. En effet, il est un leurre de croire que l'on peut laisser ses affects sur le seuil de l'établissement. Ils font intrinsèquement partie de la nature humaine. Cette idée acceptée, il s'agit non pas d'essayer d'évacuer la dimension affective qui se joue dans la relation éducative, mais plutôt de la transformer. Ainsi, la relation éducative n'est en aucun cas un processus de fabrication, mais bien de transformation.

C'est aussi parce que cette relation éducative est un processus dynamique que l'éducateur doit être en capacité de manquer son objectif. C'est ainsi que Gaberan conçoit le projet non pas comme un but en soi, mais comme un espace de négociation où l'éducateur et l'usager définissent ensemble des objectifs à atteindre, les directions à prendre. En cela, l'éducateur ne peut être un prédicateur mais plutôt un accompagnateur capable de « dégager l'autre de la dette en inscrivant la relation éducative dans le don ». Les conditions à l'instauration d'une relation éducative positive et les fondements de la relation éducative

Dans son ouvrage *J'ai mal à ma mère*[1], Michel Lemay nous livre les conditions à l'instauration d'un climat relationnel privilégié :

- La première condition à réaliser est de ne pas faire peser sa propre affectivité. Toute intervention éducative est vouée à un échec retentissant si l'adulte, dans des élans de générosité, veut combler par une affection débordante le vide qu'il perçoit chez l'enfant ou l'adolescent. Il se produit inévitablement des demandes « anthropophagiques » qui entraînent un processus secondaire de rupture. Persiste alors un décalage important entre les attentes de l'enfant (« gouffre sans fin ») et les réponses possibles du parent réel ou substitutif. Il faut accompagner les mouvements de maternage tout en sachant maintenir une certaine distance.
- Être dans un proche rayon d'écoute et de vision. Le moteur le plus puissant de la relation éducative est la conviction chez l'éducateur, que malgré ses troubles, l'enfant demeure capable d'exprimer des messages et de poser des actes qui ont une valeur par eux-mêmes (du sens). L'enfant ressent cela au-delà des mots, dans le vécu quotidien, à travers la confiance que l'éducateur lui communique, à travers son approche positive. Si la capacité d'écoute s'enracine dans l'acceptation de la personne humaine, elle peut se développer et devenir l'une des forces déterminantes de l'action éducative. Un jeune ne progresse que s'il vit près d'un adulte percevant ses aptitudes et mettant tout en œuvre pour les actualiser avant même qu'elles ne soient possibles. Toutefois, l'éducateur ne doit pas tomber dans une sorte de moralisation qui sous-entendrait, comme nous le dit Gaberan, un sentiment de toute-puissance. Comme s'il disait à son insu : « Tu me déçois tellement que je te place dans le statut d'un sujet diminué dont l'évolution suppose une totale dépendance, où tu suivras pas à pas mes directives afin de devenir l'être humain dont j'ai, par anticipation, prédéfini l'image. » Cela équivaudrait à devenir un parent abusif. Pour l'enfant carencé, il s'agit d'affronter sa blessure (non pas de nier l'abandon), en découvrant que, malgré elle et à cause d'elle, il est à la fois appauvri et enrichi par des événements qui l'obligent à se découvrir une manière d'être particulière, dont l'éducateur favorisera l'émergence sans trop d'idées préconçues sur des résultats à longue échéance.
- La régularité de l'apport relationnel apparaît fondamentale. Quelles que soient les qualités humaines et professionnelles de l'éducateur, la modification dynamique du sujet est

1. Lemay M. (1979), *J'ai mal à ma mère*, Paris, Fleurus, nouv. éd. 1993.

illusoire, s'il n'y a pas une stabilité de présence. La permanence signifie également une constance dans ce qui est donné. La vie quotidienne crée souvent chez l'enfant carencé des états d'excitation ou de dépression qui se traduisent par des difficultés de comportement. Il sera souvent nécessaire d'individualiser des temps de prise en charge. Souvent, la question se pose par rapport aux autres : les faits démontrent que lorsque l'adulte peut, avec simplicité et clarté, poser une succession d'actes qui répondent de manière évidente aux besoins d'un enfant, les pairs s'étonnent puis acceptent les attitudes avec d'autant plus de facilité qu'ils perçoivent combien eux-mêmes bénéficient de quelques privilèges, non en raison de sautes d'humeur ou de quelques préférences injustes, mais par le souci affiché du moniteur éducateur d'être disponible à leurs attentes. La relation établie est donc dépendante des frustrations auxquelles l'enfant est confronté au cours de son quotidien.

Prolongeant le travail qu'il avait entrepris, Michel Lemay, en s'associant à Maurice Capul[1], nous dit que la relation éducative ne peut pas être objective car elle est profondément marquée par notre subjectivité et notre cadre de référence ainsi que par son caractère d'immédiateté (l'éducateur travaille dans « l'ici et maintenant »).

Au regard de ce contexte, Capul et Lemay nous proposent sept repères sur lesquels doit se fonder la relation éducative afin de se prémunir des tyrannies qui peuvent se mettre en place par l'absence de distance :

1. L'écoute. L'éducateur doit présenter une attitude d'écoute attentive. Par cette attitude, il transmet aux sujets qu'il écoute la conviction qu'ils ont une valeur, qu'ils sont dignes d'estime et en capacité d'influencer le cours de leur propre existence. Être à l'écoute, c'est aussi être en capacité de décoder les contenus latents, l'implicite.
2. L'acceptation de la personne dans ses richesses et ses limites. Il s'agit, sur ce point, de reconnaître les forces demeurées intactes à l'intérieur du sujet et de se décentrer des pathologies individuelles, familiales ou sociales. Il s'agit d'identifier les forces vives, le potentiel de l'autre et de le faire exister.
3. L'effort pour mettre en jeu des attitudes anticipatrices. Nombreux sont les exemples où l'évolution du sujet semble s'arrêter définitivement : nos attentes anticipatrices deviennent alors stériles. Le sujet ne devient plus un objet de désir, mais un objet de défense, un étranger stigmatisé dans son inertie. Il est important que l'éducateur se prémunisse de cette stigmatisation et, malgré les embûches qui jalonnent l'accompagnement, conserve cette force de conviction d'une évolution toujours possible du sujet. En effet, les forces destructrices sont tout aussi importantes dans l'accompagnement éducatif que les forces réparatrices.
4. Le contenant. Il s'agit ici pour l'éducateur, mais aussi pour l'institution et l'ensemble de ses acteurs, d'être contenant : avoir une approche suffisamment sécurisante et empathique pour mettre des mots sur ce qui est vécu, pour structurer un univers désorganisé, pour poser un cadre avec des droits et des devoirs. C'est à cette condition « qu'il devient possible de réduire ou d'éliminer certains passages à l'acte destructeur pour soi-même et pour autrui[2] ».

1. Capul M., Lemay M. (1996), *De l'éducation spécialisée, op. cit.*
2. Capul M., Lemay M. (1996), *De l'éducation spécialisée, op. cit.*, p. 121.

5. L'affirmation de la loi. Parce qu'un environnement, où les droits et les devoirs ne sont pas clairs, est un environnement insécurisant, parce que ce cadre est une condition à la structuration de la personnalité de l'usager, parce qu'il est important pour tout sujet de se distancier des objets désirés et d'accepter sa condition d'être humain castré, parce que c'est une condition à l'accès aux activités sublimées et donc créatrices, il est essentiel que l'ensemble des acteurs institutionnels soit en capacité d'affirmer clairement et posément la loi.

6. Le double regard. Si le travail éducatif oblige à être constamment dans l'écoute et l'observation de l'autre, il est essentiel d'être en capacité de porter un regard sur soi-même, de s'interroger sur ce que nous sommes, sur ce que nous faisons dans la rencontre avec l'autre. La psychanalyse personnelle constitue l'un des outils de mise à distance. Mais il existe d'autres approches thérapeutiques, individuelles ou collectives (art-thérapie, Gestalt, psychodrame, etc.) qui nous permettent également de nous regarder dans la relation à l'autre. Pour reprendre Capul et Lemay citant Rogers[1], les questions essentielles que doit se poser tout éducateur dans son action quotidienne sont :

- Puis-je arriver à être d'une façon qui puisse être perçue par autrui comme digne de confiance, comme sûre et conséquente ?
- Puis-je communiquer sans ambiguïté l'image de la personne que je suis ?
- Suis-je capable d'éprouver des attitudes positives envers l'autre : chaleur, attention, affection, intérêt, respect ?
- Ma sécurité interne est-elle assez forte pour permettre à l'autre d'être indépendant ?
- Puis-je me permettre d'entrer complètement dans l'univers des sentiments d'autrui et de ses conceptions personnelles ?
- Suis-je capable d'agir avec assez de sensibilité dans ma relation d'aide pour que mon comportement ne soit pas perçu comme une menace ?
- Suis-je capable de voir cet autre individu comme une personne qui est en devenir ou vais-je être ligoté par son passé et par le mien ?

7. La perspective systémique. Si la relation éducative paraît à première vue duelle, il n'en est pas moins vrai qu'elle mobilise une multitude de processus relationnels, tant dans la réalité que dans l'imaginaire des individus qui la composent. Les variables groupales, institutionnelles, familiales, sociales interfèrent dans cette relation. Aussi, l'éducateur doit être en capacité, pour le bien-être du sujet qu'il accompagne, de tenir compte de l'ensemble des acteurs, présents mais aussi absents, qui gravite autour de ce sujet. C'est une condition essentielle à l'épanouissement et à l'évolution du sujet, qui ne pourra se réaliser socialement qu'en considérant son environnement au sens large.

1. Rogers C. (1966), *Le Développement de la personne*, Paris, Dunod, nouv. éd. 2005, p. 39-45.

En résumé

La relation éducative est un processus complexe qui doit se réaliser dans un espace bien délimité, à la fois par le moniteur éducateur, mais également par l'ensemble des acteurs institutionnels. Parce que la relation éducative est une relation intersubjective où les affects, les transferts sont en jeu, il est essentiel que cette relation fasse l'objet d'une analyse par un et/ou plusieurs tiers (par une psychanalyse individuelle, des supervisions, etc.). La parole et l'écriture constituent des outils de premier ordre pour favoriser cette distanciation. La relation éducative implique que le moniteur éducateur soit, quelle que soit la problématique rencontrée, en capacité d'avoir une écoute bienveillante mais également de poser la loi quand cela est nécessaire.

Les compétences traitées

- Instaurer une relation :
  - savoir prendre en compte la situation de la personne ou du groupe ;
  - savoir observer les attitudes et comportements des usagers ;
  - savoir développer une écoute attentive et créer du lien ;
  - savoir identifier et réguler son implication personnelle.
- Aider à la construction de l'identité et au développement des capacités :
  - savoir repérer et mobiliser les potentialités de la personne ou du groupe ;
  - savoir repérer et respecter les déficiences, incapacités, handicaps et les facteurs qui font obstacle au parcours individuel des personnes ;
  - savoir proposer et mettre en œuvre des activités susceptibles de permettre la progression de la personne aidée dans le respect de ses droits et aspirations ;
  - savoir s'interroger et interroger les dimensions éthiques ou déontologiques impliquées dans les pratiques ;
  - savoir favoriser l'expression et la communication.
- Assurer une fonction de repère et d'étayage dans une démarche éthique :
  - savoir favoriser l'apprentissage des règles de vie collective ;
  - savoir utiliser des techniques de gestion de conflits ;
  - savoir se positionner auprès de la personne aidée en tant qu'adulte de référence.
- Animer la vie quotidienne au sein de l'établissement ou du service :
  - savoir utiliser les actes de la vie quotidienne et de la vie collective comme support des apprentissages ;
  - savoir repérer, apprécier en équipe les indices inquiétants concernant la santé ou la mise en danger des personnes confiées ;
  - savoir prévenir et repérer les situations de maltraitance ;
  - savoir inscrire la vie quotidienne de l'individu ou du groupe dans une dimension citoyenne.

Cours

3 La personne de la naissance à l'âge adulte

1 La psychologie

La perspective envisagée ici est de présenter brièvement les différentes approches possibles du fonctionnement mental de l'être humain afin de prendre en compte le sujet dans sa globalité à travers ce qu'il donne à voir, à entendre et à comprendre. En cela, cette compréhension de l'être humain devient, pour le moniteur éducateur, un outil d'aide à la décision, à la fois pour saisir ce qui se joue dans la relation, dans les symptômes qui se donnent à voir mais aussi pour permettre au professionnel de se dégager des émotions suscitées par les situations rencontrées tout au long de sa carrière.

Comprendre le fonctionnement psychique de l'autre permet de ne pas projeter sur lui ses propres sentiments, de se mettre à distance en ne prenant pas les réactions d'un usager comme étant contre soi ou pour soi mais pour ce qu'elles sont : une charge émotionnelle complexe construite à partir d'une histoire personnelle et unique. Aussi, en tant qu'éducateurs, nous ne sommes pas pris pour ce que nous sommes mais, la plupart du temps, pour ce que nous représentons. Ce transfert, qu'il soit positif ou négatif, est continuellement présent dans la relation éducative.

En outre, la psychologie et ses différents travaux constituent des outils concrets d'observation, des repères pour comprendre là où en est l'individu. En effet, quand vous êtes amenés à accompagner des individus présentant des maladies ou des handicaps mentaux, vous êtes amenés à appréhender cette anormalité au regard du versant normatif. Quand on dit de Jacques, adolescent de 13 ans, qu'il a un développement psychoaffectif d'un enfant de 3 ans, il est nécessaire que vous puissiez identifier quels sont les acquis attendus sur le plan psychoaffectif pour un enfant de 3 ans dans nos sociétés occidentales. Et c'est seulement à partir de là que vous pourrez commencer à élaborer avec l'aide de l'équipe pluridisciplinaire des actions permettant à Jacques de tendre vers le développement psychoaffectif d'un enfant de 4 ans… À condition que vous puissiez identifier quels sont les acquis attendus sur le plan psychoaffectif pour un enfant de 4 ans.

Il existe plusieurs champs en psychologie, les principaux sont les suivants : la psychologie clinique (psychanalyse), le courant constructiviste, la psychologie cognitive.

2 La psychanalyse

Sigmund Freud, né à Vienne en 1856 et décédé à Londres en 1939, est le premier à avoir compris l'importance de se saisir de *l'historicité du sujet* ; il fonde la psychanalyse au début du xxe siècle afin de poser une théorie sur le développement de l'enfant.

C'est parce qu'il souhaitait guérir des patientes dites hystériques qu'il fut le précurseur de l'utilisation d'une technique originale, les associations libres : il s'agit de laisser parler le plus librement possible la personne, sans tabou aucun et sur le sujet de son choix. Cette méthode permet d'accéder à des idées qui, à leur tour, en appelleront d'autres et ainsi de suite jusqu'à remonter en arrière dans le passé du malade, à des souvenirs profonds ancrés dans la première enfance et sources du malaise actuel car culpabilisants ou traumatisants.

Ainsi, la psychanalyse permet d'aller chercher, au plus profond de nous-mêmes, ce que nous avons enfoui dans notre inconscient.

La psychanalyse est une thérapie, ou plus exactement une psychothérapie, ce qui signifie littéralement « soin du psychisme ». En cela, elle constitue une méthode de traitement des troubles mentaux (névrose obsessionnelle ou dépression, par exemple), visant à faire remonter de l'inconscient vers la conscience un élément précis qui a été refoulé et qui est à l'origine d'un symptôme.

Parce qu'elle pose une théorie sur le développement de l'enfant, la psychanalyse est à la fois une thérapie et également une théorie sur la croissance psychique de la personne.

Les principaux éléments issus de la psychanalyse sont les suivants.

a. Le refoulement

L'idée de refoulement sous-entend que des événements, des situations, des traumatismes (les affects qui leur sont rattachés), des représentations conflictuelles ont été « stockés » quelque part mais que nous n'en avons pas ou plus conscience. Ce « quelque part », dans lequel on enfouit des moments de notre vie est appelé par Freud : inconscient.

Ces représentations conflictuelles restent toutefois actives tout en demeurant inaccessibles. Nous pouvons ainsi assister à un retour du refoulé dans la conscience par des voies détournées.

b. Le symptôme

Le symptôme est le signe d'un trouble. Sa manifestation est visible. Un ensemble où une association de plusieurs symptômes est appelée syndrome.

c. L'inconscient

Freud définit l'inconscient dans son ouvrage *L'Interprétation des rêves* (1905) de la manière suivante :

> « L'inconscient est pareil à un grand cercle qui enfermerait le conscient comme un cercle plus petit. Il ne peut y avoir de conscient sans stade antérieur inconscient, tandis que l'inconscient peut se passer de stade conscient et avoir cependant une valeur psychique. L'inconscient est le psychique lui-même et son essentielle réalité. Sa nature intime nous est aussi inconnue que la réalité du monde extérieur, et la conscience nous renseigne sur lui d'une manière aussi incomplète que nos organes des sens sur le monde extérieur. »

L'adjectif « inconscient » est parfois employé pour connoter l'ensemble des contenus non présents dans le champ actuel de la conscience.

Au sens de la première topique, « inconscient » désigne l'un des systèmes définis par Freud dans le cadre de sa première théorie de l'appareil psychique ; il est constitué de contenus refoulés qui se sont vu refuser l'accès au système préconscient-conscient par l'action du refoulement (refoulement originaire et refoulement après-coup).

Les caractères essentiels de l'inconscient sont que :

- ses « contenus » sont des « représentants » des pulsions ;
- ces contenus sont régis par les mécanismes spécifiques du processus primaire, notamment la condensation et le déplacement ;
- fortement investis de l'énergie pulsionnelle, ils cherchent à faire retour dans la conscience et dans l'action (retour du refoulé), mais ils ne peuvent avoir accès au système préconscient-conscient que dans des formations de compromis après avoir été soumis aux déformations de la censure.
- ce sont plus particulièrement des désirs de l'enfance qui connaissent une fixation dans l'inconscient.

Au sens de la deuxième topique : le terme « inconscient » est surtout employé sous forme adjective ; en effet, inconscient n'est plus le propre d'une instance particulière puisqu'elle qualifie le Ça et, pour une part, le Moi et le Surmoi.

Quand Freud cherche à définir l'inconscient comme système, il en résume ainsi les caractères spécifiques :

- c'est un processus primaire (mobilité des investissements, caractéristique de l'énergie libre) ;
- il y a, dans l'inconscient, absence de négation, de doute, de degré dans la certitude ;
- il apparaît une indifférence à la réalité, ainsi qu'une régulation par le seul principe de déplaisir-plaisir (celui-ci visant à rétablir par les voies les plus courtes l'identité de perception).

d. Le Moi

Le Moi est l'instance que Freud, dans sa seconde topique, distingue du Ça et du Surmoi. Si nous voulons simplifier la définition du Moi, nous dirions qu'il correspond au principe de réalité. En fait, sa réalité plus complexe et son autonomie ne sont que toutes relatives : le Moi est dans une relation de dépendance vis-à-vis des revendications du Ça, des impératifs du Surmoi ainsi que des exigences de la réalité. Le Moi représente le pôle défensif de la personnalité. Du point de vue économique, le Moi apparaît comme un facteur de liaison des processus psychiques.

e. Le Ça

Seconde instance de la personnalité, le Ça constitue le pôle pulsionnel de la personnalité. Ses contenus, expression psychique des pulsions, sont inconscients, pour une part héréditaires et innés, pour l'autre refoulés et acquis.

Pour Freud, le Ça est, du point de vue économique, le réservoir premier de l'énergie psychique. D'un point de vue dynamique, il entre en conflit avec le Moi et le Surmoi.

f. Le Surmoi

Le Surmoi est la troisième instance de la personnalité décrite par Freud dans le cadre de sa seconde théorie de l'appareil psychique. Son rôle est assimilable à celui d'un juge ou d'un censeur à l'égard du Moi. La conscience morale, les interdits sont des fonctions du Surmoi. Classiquement, le Surmoi est défini comme l'héritier du complexe d'Œdipe et se constitue, par intériorisation des exigences, les interdits parentaux.

g. Le transfert

Le transfert désigne, en psychanalyse, le processus par lequel les désirs inconscients s'actualisent sur certains objets dans le cadre d'un certain type de relations établies entre eux. Il s'agit d'une répétition d'éléments vécus lors de l'enfance s'inscrivant dans une réalité avec un profond sentiment d'actualité marquée. Dans la cure analytique, le transfert est classiquement reconnu comme le terrain où se joue la problématique de la cure elle-même, son installation, ses modalités, son interprétation et sa résolution. Mais au-delà de la cure analytique, le transfert est en jeu et présent dans nombre de fonctionnements relationnels et notamment dans le cadre de la relation éducative.

h. La libido

La libido est, selon Freud, le substrat des transformations de la pulsion sexuelle vis-à-vis de l'objet (déplacement des investissements), vis-à-vis des buts (sublimation par exemple), vis-à-vis de la source de l'excitation sexuelle (diversité des zones érogènes).

i. La pulsion

La pulsion est un processus dynamique qui, selon Freud, consiste dans une poussée (charge énergétique, facteur de motricité) qui fait tendre l'organisme vers un but. Une pulsion prend sa source dans une excitation corporelle (état de tension), son but étant de supprimer l'état de tension qui règne à la source pulsionnelle. C'est dans l'objet ou grâce à lui que la pulsion peut atteindre son but.

j. Le complexe d'Œdipe

Le complexe d'Œdipe désigne l'ensemble organisé du désir amoureux et hostile que l'enfant éprouve à l'égard de ses parents.

Sous sa forme dite positive, le complexe se présente comme dans l'histoire d'Œdipe roi : désir de la mort de ce rival qu'est le personnage du même sexe et désir sexuel pour le personnage de sexe opposé.

Sous sa forme négative, il se présente à l'inverse : amour pour le parent du même sexe et jalousie vis-à-vis du parent du sexe opposé. En fait, ces deux formes se retrouvent à des degrés divers dans la forme dite complète du complexe d'Œdipe.

Selon Freud, le complexe d'Œdipe est vécu entre 3 et 5 ans, lors de la phase phallique. Son déclin marque l'entrée dans la période de latence. Mais il connaît à la puberté une reviviscence qui est surmontée avec plus ou moins de succès dans un type particulier de choix d'objet.

Le complexe d'Œdipe joue un rôle fondamental dans la structuration de la personnalité et dans l'orientation du désir humain.

k. L'acte manqué

L'acte manqué est l'acte où le résultat explicitement visé n'est pas atteint et qui se trouve remplacé par un autre. On parle d'acte manqué non pas pour désigner l'ensemble des ratés de la parole, de la mémoire et de l'action, mais pour désigner les conduites que le sujet est habituellement capable de réussir, et dont il est tenté d'attribuer l'échec à sa seule inattention ou au hasard. Selon Freud, les actes manqués sont, comme les symptômes, des formations de compromis entre l'intention consciente du sujet et le refoulé.

l. La dénégation

La dénégation est un procédé par lequel l'individu, tout en formulant l'un de ses désirs, pensés, sentiments jusqu'ici refoulés, continue à s'en défendre en niant qu'il lui appartienne.

m. La contenance

La notion de contenance est un concept-clé pour l'ensemble des travailleurs sociaux et thérapeutes intervenant auprès d'enfants, adolescents ou adultes présentant des troubles du comportement, et particulièrement le syndrome autistique. Contenir, c'est empêcher le morcellement, c'est assurer l'unité, la cohésion.

Didier Anzieu, psychanalyste, a étudié les contenants psychiques à travers notre principale enveloppe, la peau. Selon lui, la peau n'est pas seulement une enveloppe physiologique, mais elle a aussi une fonction psychologique : elle permet de contenir, de délimiter, de mettre en contact. Elle a un rôle déterminant dans la relation à l'autre (ce qui fait tant défaut chez les personnes autistes).

Anzieu parle de Moi-peau :

> « Une figuration dont le Moi de l'enfant se sert au cours des phases précoces de son développement pour se représenter lui-même comme Moi contenant les contenus psychiques, à partir de son expérience de la surface du corps. Cela correspond au moment où le Moi psychique se différencie du Moi corporel sur le plan opératif et reste confondu avec lui sur le plan figuratif. »
>
> Anzieu D. (1985), *Le Moi-peau*, Paris, Dunod, 2e éd. 1995.

Ce concept est central dans la prise en charge des enfants autistes ou psychotiques notamment, sujets à des angoisses de morcellement : le cadre doit, peut-être plus ici qu'ailleurs, présenter une véritable contenance. C'est ce concept qui détermine certaines prises en charge telles que les enveloppements ou encore l'utilisation du groupe ou des sons comme enveloppe contenante.

3 Le développement de l'enfant du point de vue de la psychanalyse

Le point de vue psychanalytique sur l'enfance est lié aux travaux de Sigmund Freud et de ses principaux successeurs en ce qui concerne l'enfant, à savoir Anna Freud, sa fille, ainsi que, pour les plus connus, Melanie Klein et Donald Winnicott.

a. Sigmund Freud

Nous l'avons dit, la théorie psychanalytique intègre, comme un aspect essentiel, l'historicité du sujet. Sigmund Freud avance dans sa théorie sur la croissance psychique de la personne que l'enfant passe par différentes phases, différents « stades », caractérisés par des investissements préférentiels sur diverses zones érogènes du corps : la zone orale d'abord, anale ensuite, phallique (ou urétrale), et enfin génitale.

Les patients en cure analytique reviennent systématiquement, dans leurs associations verbales, sur des événements concernant leur passé, oublié, révoqué et reconstruit. De ses antécédents, les plus systématiquement évoqués concernent les relations ambivalentes aux parents, relation d'amour et de désir pour le sexe opposé, rivalité avec le parent du même sexe. Cette relation triangulaire appelée complexe d'Œdipe est située, dans la chronologie du développement, entre 3 et 5 ans environ, période où l'identité de l'enfant est suffisamment constituée pour donner lieu à des fantasmes de possession amoureuse du parent du sexe opposé. L'acceptation de la réalité, à savoir l'impossibilité de réaliser ce fantasme, est plus ou moins bien réussie, et constitue un aspect essentiel de la structuration de la personnalité, ainsi que des formes d'investissement libidinal ultérieur.

Les stades du développement selon Freud

Le stade oral (de la naissance à 12-18 mois)

Il s'agit du premier stade de l'évolution libidinale. Le plaisir sexuel est lié de façon prédominante à l'excitation de la cavité buccale. Le bébé éprouve le plaisir de téter le sein ou le biberon, puis commence à sucer son pouce. Vers 8-10 mois, l'activité orale devient, par la bouche, de plus en plus agressive. C'est l'époque où l'enfant peut communiquer un refus manifeste de la nourriture. Agressivité qui peut être aggravée par celle de la mère lorsque celle-ci tend à gaver l'enfant. C'est également l'âge où l'enfant en vient à mordre ses parents ou d'autres enfants. Dans tous les cas, c'est par la bouche que l'enfant entre en contact avec le monde qui l'entoure.

Le stade sadique-anal (de 18 mois à 3 ou 4 ans)

Deuxième stade de l'évolution libidinale qu'on peut situer approximativement entre 18 mois et 4 ans. Ce second stade commence avec le début du contrôle sphinctérien et se positionne sous le primat de la zone érogène anale. La relation d'objet est imprégnée de significations liées à la fonction de défécation (expulsion-rétention). L'enfant est intrigué par ces sensations et le produit (ses excréments) qui était lui, qui sort de lui, et qu'il peut offrir à sa mère. Le plaisir qu'il éprouve est manifeste lors des longues séances de pot, fréquentes au début de ce stade. Et c'est aussi la période où l'enfant va apprendre grâce à son entourage que cette matière est sale, qu'il ne faut pas la toucher et que l'on doit jeter ses excréments. Freud estime que c'est à ce stade qu'apparaissent chez l'enfant, les premiers sentiments agressifs ainsi que les notions de propriété, de pouvoir, de contrôle, de maîtrise et de possession.

Les perturbations à ce stade peuvent avoir des conséquences graves :

- l'excès de liberté peut être à l'origine d'un laisser-aller moral important ;
- l'excès de rigueur peut entraîner, à l'inverse, le culte de l'ordre, le fanatisme.

Le stade phallique (vers 4-5 ans)

Ce stade est caractérisé par une unification des pulsions partielles sous le primat des organes génitaux. C'est la période de la masturbation infantile directe ou indirecte, obtenue en se frottant les cuisses, par exemple. L'enfant fait la découverte de son sexe mais qu'il soit garçon ou fille, il ne connaît à ce stade qu'un seul organe génital, l'organe mâle, le pénis. En effet, le petit garçon remarque à cet âge l'absence de

Accompagnement social et éducatif spécialisé

pénis chez sa mère, ce qui suscite en lui la peur de perdre le sien : c'est l'angoisse de castration. La petite fille, quant à elle, n'a pas peur de perdre son sexe mais elle est jalouse. Elle aurait aimé avoir un pénis : c'est l'envie du pénis. Elle cherche auprès de son père à en acquérir un bout, tout du moins, à obtenir ce qu'elle ressent comme un équivalent : un enfant.

Cette découverte de la différence des sexes s'accompagne d'une grande curiosité sexuelle notamment, vis-à-vis du mystère que constituent les activités parentales dans la chambre. L'enfant imagine alors les rapports sexuels de ses parents comme une activité sadique et agressive, s'établissant dans un rapport de dominé/dominant : c'est le « fantasme de la scène primitive ».

Le stade phallique correspond au moment culminant et au déclin du complexe d'Œdipe.

Ce primat du pénis disparaît petit à petit jusqu'à devenir absent dans l'organisation génitale pubertaire.

Le stade de latence (6-7 ans)

C'est le stade de l'apprentissage, le moment où l'enfant entre à l'école. À ce stade, le complexe d'Œdipe doit être achevé afin que l'enfant puisse être disponible pour intégrer les apprentissages transmis à l'école. L'ensemble de la sexualité infantile, à ce stade, se fait silencieux.

Le stade génital (11-13 ans)

Ce stade se positionne sous le primat des zones génitales. C'est le temps de l'organisation génitale proprement dite qui s'institue à la puberté. C'est le moment où l'enfant va pouvoir aimer l'autre dans sa différence. Ce stade est enraciné dans tous les autres stades.

Comprendre les liens entre maladie mentale et les stades du développement selon Freud

Selon la théorie psychanalytique, la maladie mentale est une régression et une fixation au stade infantile. Les symptômes névrotiques ou psychotiques trouvent leurs origines dans les différents stades décrits par Freud. Pour n'en citer que quelques-uns :

- la mélancolie se fixerait dans le stade oral ;
- la paranoïa trouve son origine dans le premier sous-stade anal ;
- la névrose obsessionnelle se fixerait dans le deuxième sous-stade anal ;
- la névrose hystérique trouve son origine dans le stade phallique.

b. Mélanie Klein

Si Sigmund Freud a posé les bases de la compréhension du fonctionnement psychique du point de vue psychanalytique, c'est, entre autres, Mélanie Klein et Anna Freud qui vont développer de façon spécifique une psychanalyse des enfants.

Le matériel sur lequel se base Mélanie Klein pour développer son approche reste essentiellement celui recueilli dans le travail thérapeutique. Mais il change de nature, par la force des choses (nous avons ici affaire à des enfants), par rapport au travail de l'analyse des adultes. C'est dans le jeu, sa thématique et les verbalisations qui l'accompagnent que s'expriment chez l'enfant les désirs inconscients. L'un des apports de Klein fut de montrer que les relations œdipiennes, situées vers 3-5 ans par la psychanalyse classique, ont des précurseurs précoces. Dès le deuxième semestre de la première année, on voit à l'œuvre, dans les manifestations d'angoisse et les efforts déployés par enfant pour les maîtriser (les rites, par exemple), la coexistence d'une culpabilité progressive intériorisée et un système de séduction vis-à-vis des parents par des mécanismes d'introjection : l'enfant cherche à s'incorporer et, simultanément, à détruire le corps de la mère, origine du plaisir et de la frustration, objet de désir et de haine. Cette ambivalence fondamentale amène l'auteur à décrire une vie fantasmatique fort riche chez le très jeune enfant qui précède la pensée organisée.

c. Anna Freud

Pour Anna Freud, la cure psychanalytique n'est pas possible chez l'enfant. En revanche, la psychanalyse des enfants peut intégrer le conseil pédagogique et, plus précisément, l'aménagement volontaire des situations éducatives. La pratique psychanalytique s'en trouve ainsi modifiée. En effet, afin d'entamer une relation thérapeutique, le thérapeute fait apparaître l'intérêt qu'il a pour l'enfant et met en avant en quoi il peut être utile pour celui-ci. L'enfant s'aperçoit alors que ses parents prennent en considération les conseils du thérapeute et l'écoutent. Le thérapeute utilise les rêves de l'enfant afin de les interpréter, mais aussi ses rêveries diurnes et ses dessins.

Le maniement du transfert est radicalement différent puisque l'enfant vit dans le présent, « le pathologique » nous dit Anna Freud. Si chez l'adulte, le transfert repose sur l'éveil des affects antérieurement éprouvés, chez l'enfant, le transfert ne cherche pas reproduire une situation vécue mais à obtenir de l'analyste ce dont il est privé dans la réalité. L'analyste sert alors de Surmoi externe à l'enfant, représente une partie de son Ça en tolérant la liberté d'expression de l'enfant et enfin, lui sert de Moi, en lui permettant le contrôle et la maîtrise de ses désirs et des interdits.

Le but de l'analyse est ici purement éducatif.

d. Donald Winnicott et l'espace transitionnel

Donald Woods Winnicott (1896-1971) occupe une place particulière au sein du mouvement analytique tant par sa créativité que par son évitement de tout dogmatisme. Pédiatre de formation, Winnicott a su allier l'observation des enfants à une réflexion analytique poussée et originale.

Fortement impliqué dans les disputes entre les partisans de Melanie Klein et ceux d'Anna Freud, Winnicott deviendra le chef de file de ce qui s'appellera le *Middle Group* et qui regroupera des analystes ayant des visions assez disparates mais qui ne s'associent pas aux deux groupes déjà organisés.

Winnicott est le théoricien de l'espace transitionnel, ce qu'il va appeler « l'aire intermédiaire ». Cet espace transitionnel est, nous dit Winnicott, une « troisième aire », un espace paradoxal qui se situe entre la réalité extérieure et la réalité interne, entre le dedans et le dehors.

Le concept de l'espace transitionnel, développé en 1970, s'étaie sur une découverte qui, dès 1951, avait fait grand bruit dans l'univers psychanalytique : celle des objets transitionnels. En s'appuyant sur ses observations de pédiatre, Winnicott décrit un type d'objet qui, même s'il n'avait pas échappé à l'attention des mères, n'avait reçu jusque-là ni désignation, ni statut, dans la littérature analytique.

Winnicott invente le terme d'« objet transitionnel » pour décrire le petit bout de chiffon, le petit bout de couverture auquel le bébé (puis le petit enfant) s'attache passionnément, dès le début de sa vie, en même temps qu'il découvre la zone érogène orale et qu'il stimule cette zone avec son pouce ou une tétine. Winnicott remarque que l'enfant s'attache avec passion à cet objet et qu'il éprouve pour lui une véritable addiction. Il introduit alors les termes d'« objet transitionnel » et de « phénomène transitionnel » pour désigner cette « aire intermédiaire » qui se situe entre le pouce et le futur ours en peluche, entre l'érotisme oral et la véritable relation d'objet.

L'espace transitionnel désigne, lui, un espace, nous l'avons dit, qui se situe entre la réalité extérieure et la réalité interne, un espace paradoxal parce qu'il n'est ni dehors, ni dedans. Mais alors où est-il ?

L'hypothèse de Winnicott est d'affirmer qu'il existe un espace paradoxal entre la réalité interne et externe, entre le subjectif et l'objectif. Winnicott dit « entre le subjectivement conçu et l'objectivement perçu ».

Donald Winnicott va décrire un deuxième paradoxe fondamental : celui de l'objet trouvé/créé. Cette hypothèse s'étaie encore une fois sur les observations qu'il effectuait en tant que pédiatre. En effet, quand le nourrisson affamé crie pour que sa mère lui donne le sein, celle-ci, par une adaptation presque totale, en lui donnant immédiatement le sein, permet à son bébé d'avoir l'illusion que son sein, à elle, est une partie de l'enfant lui-même. Le sein est pour ainsi dire sous le contrôle magique du bébé. Grâce à cette illusion première, l'enfant a le sentiment d'être le créateur de l'objet. Winnicott écrit :

> « Le phénomène transitionnel représente les premiers stades de l'utilisation de l'illusion selon laquelle l'être humain n'accorde aucun sens à l'idée d'une relation avec l'objet. »

Le subjectif est donc premier.

Dans un deuxième temps, la mère, en désillusionnant progressivement le bébé de sa « toute-puissance », permet à celui-ci de se retirer de cet état d'illusion, à son rythme et selon ses capacités, afin de reconnaître l'existence de l'objet. L'investissement de l'objet transitionnel, le bout de chiffon que le bébé porte à sa bouche, est un événement prouvant la reconnaissance de l'existence de l'objet par l'enfant. Winnicott, dans *Jeu et Réalité* (1971), parle d'un voyage de l'enfant de la subjectivité vers l'objectivité.

L'illusion préalablement décrite est, selon Winnicott, une erreur fondatrice et génératrice de la possibilité d'expérimenter. C'est parce que le bébé croit à l'illusion qu'il pourra appréhender la réalité externe comme extérieure à lui. Plus tard, l'enfant, puis l'adulte ont la possibilité de faire l'expérience du jeu ailleurs que dans un contexte thérapeutique afin d'élaborer, puis d'élargir cet espace potentiel. Le joueur vit une expérience similaire à celle que vit le bébé, passant de l'illusion à la désillusion. En jouant, le sujet donne forme à une illusion résultant d'un équilibre privilégiant la réalité interne à la réalité externe.

Le jeu, support d'élaboration psychique chez l'enfant

Le jeu permet à l'enfant de supporter le poids de la réalité qu'il subit en devenant acteur. Il a ainsi la possibilité de jouer les méchants ou les gentils. Il s'identifie ainsi à son père ou à sa mère le punissant ou à son père et à sa mère le gratifiant. C'est essentiellement le jeu qui permet à un enfant d'intégrer et d'élaborer les événements de sa vie, ainsi que les relations qu'il entretient avec son entourage. Le jeu, comme le rêve, permet aussi à l'enfant d'évacuer une charge d'angoisse suscitée par les conflits qui animent sa vie psychique. Le jeu transforme son angoisse en plaisir : le plaisir de jouer. Les enfants jouent par plaisir et ce plaisir leur permet de renoncer au plaisir pulsionnel.

Un enfant qui ne peut accéder au plaisir du jeu est un enfant en souffrance psychique. Le jeu chez un enfant est un signe de bonne santé psychique.

Dans son œuvre, Winnicott amène un lien de continuité entre le jeu et la culture, et définit l'expérience culturelle comme une extension de l'idée des phénomènes transitionnels et de jeu. Il insiste sur la nécessité de s'appuyer sur la tradition, en tant qu'elle est une réalité, pour pouvoir développer les capacités créatives des individus.

Winnicott introduit la question de l'être en psychanalyse et, ce faisant, pose la question des fondements de la psyché.

e. Jacques Lacan et le stade du miroir

C'est le stade ultime du processus de séparation/individuation, c'est-à-dire de la constitution du « Je » chez l'enfant. Ce phénomène a été observé par Jacques Lacan. Il peut intervenir à partir de 6 mois mais conserve tout son sens jusqu'à 18 mois.

Trois étapes sont à distinguer.

- L'enfant perçoit son reflet dans le miroir comme un être de chair et d'os qu'il cherche à saisir ou à approcher.
- L'enfant comprend que son reflet n'est qu'une image. Il ne cherche plus à attraper au toucher son reflet.
- L'enfant comprend que son image est une image. C'est un moment de joie intense pour l'enfant. Il jubile. Cette compréhension lui permet de percevoir, puis de reconnaître également l'image des autres dans le miroir, et, en tout premier lieu, l'image de sa mère et de ses proches.

La reconnaissance de son image dans le miroir révèle que l'enfant a pris conscience de son identité corporelle. Ce processus lui permet d'accéder au « Je ». L'enfant, pour la première fois, peut s'assumer et se percevoir comme une personne unifiée et différenciée. On peut dire qu'il a constitué son Moi.

f. Le développement affectif de l'enfant selon René Spitz

L'approche de René Spitz a ceci d'original qu'elle associe les concepts psychanalytiques et les méthodes traditionnelles d'investigation psychologique et d'observation directe. Les stades de développement psychique décrits par Spitz sont assez proches de ceux de Piaget concernant la jeunesse de l'intelligence.

Convaincu de l'influence de l'environnement sur le développement de l'enfant, Spitz a mené des études comparées entre des nourrissons placés en institution : les premiers étaient en crèche pénitentiaire où leurs mères, emprisonnées, s'occupaient d'eux. Les seconds étaient en pouponnière, séparés de leurs mères, et bénéficiaient de l'hygiène et des soins médicaux assurés par un personnel qualifié. Les résultats montrèrent que le développement et la santé des nourrissons en prison étaient de loin meilleurs que ceux de la pouponnière. En effet, ces derniers dépérissaient sur le plan physique et intellectuel, présentant un véritable syndrome dépressif. Spitz mit rapidement en avant que cet état, nommé « hospitalisme » (voir également ci-dessous « Les carences affectives des soins maternels précoces »), était dû à la séparation précoce d'avec la mère et à son non-remplacement par un substitut convenable, car si les besoins corporels des bébés en pouponnière étaient comblés, le personnel, trop peu nombreux, ne pouvait répondre à leurs besoins et désirs affectifs et sociaux. Spitz montrait ainsi l'importance des relations intersubjectives entre l'enfant et sa mère (ou son substitut parental) dans les premiers mois de la vie dans le cadre du développement du sujet. C'est à partir de ces observations que René Spitz élabora sa théorie de la « construction du lien objectal ».

René Spitz distingue quatre stades de développement, marqués par trois indicateurs du psychisme du petit enfant et de sa maturation, qu'il baptise les « organisateurs du psychisme »

Jusqu'à 3 mois, le nouveau-né vit dans un état fusionnel. Ce stade, appelé stade anobjectal, correspond au stade narcissique primaire de Freud. À ce stade, le nourrisson ne différencie pas le milieu extérieur qui l'entoure de sa propre personne. L'extérieur, l'autre fait partie intégrante de lui. Cette perception confuse est appelée « syncrétique ».

Grâce à sa maturation physiologique, son système nerveux et ses organes perceptifs notamment, l'enfant va petit à petit entrer en communication avec le monde qui l'entoure. Spitz baptise cette phase le stade du précurseur de l'objet : après 3 mois, l'enfant prend plaisir à gazouiller car il se rend compte que ce gazouillis a un pouvoir sur l'environnement. L'enfant commence à reconnaître le visage de sa mère, lui sourit. Il est en capacité de suivre son regard. Le nourrisson passe progressivement d'une perception par le contact à une perception à distance. Ce sourire est le premier comportement actif du nourrisson. Spitz parle de « sourire intentionnel ». Ce sourire est le premier indicateur qui témoigne de l'existence d'organisateurs du psychisme grâce auxquels « les processus de maturation et de développement permettent l'évolution vers l'intégration » nous dit Spitz. Ce premier organisateur psychique ponctue le passage d'un stade à un autre.

L'enfant prend conscience de l'existence d'une réalité extérieure à travers sa mère ou, devrions-nous dire, « ses mères ». En effet, le nourrisson n'a pas conscience que la « mauvaise mère », celle qui refuse la satisfaction de ses désirs, et la « bonne mère », celle qui assouvit ses désirs et lui montre son amour, sont une seule et même personne. Mais, progressivement les frustrations deviennent supportables parce qu'elles annoncent une satisfaction ultérieure. Ce renoncement est à l'origine de l'intégration du principe de réalité.

La mère est donc le point de rencontre de sentiments opposés d'agressivité et d'amour de la part du nourrisson. Cette ambivalence est nécessaire car une mère qui essaierait d'éviter toute frustration à son enfant entraînerait systématiquement un état de dépendance lui empêchant de prendre contact avec la réalité.

Vers 8 mois, l'approche d'un inconnu ou le départ de la mère déclenchent une réaction de crainte, de repli et de pleurs. L'enfant ayant désormais conscience de sa mère, cet « objet privilégié », vit l'apparition d'un étranger comme une menace le privant de sa mère. C'est l'angoisse du huitième mois qui constitue le deuxième indicateur. Cette angoisse est une angoisse de séparation, une angoisse de perte de l'objet aimé. L'apparition de l'inconnu le laisse supposer que sa mère pourrait disparaître, comme si ce visage se substituait à celui de sa mère. Cette phase est appelée par Spitz le stade de l'objet libidinal.

L'apparition du « non » est l'étape suivante. Dès que l'enfant acquiert la marche, un vaste champ de possibles s'ouvre alors à lui. Il va aussi affronter milles dangers potentiels qui vont multiplier les interdits et être ainsi écartelé entre son désir et la frustration de l'interdit, entre son amour pour sa mère et son agressivité. L'enfant adopte alors une solution de compromis en s'identifiant à sa mère : c'est l'âge du « non », troisième indicateur de Spitz où l'enfant indique à son entourage qu'il est capable de juger, de nier, d'exprimer sa volonté et ainsi sa personnalité. Spitz parle de stade de l'objet proprement dit.

9. Didier Anzieu et le Moi-peau

Didier Anzieu, psychanalyste français, a élaboré un concept fondamental pour penser le psychisme. Pour cela, il a puisé dans différents courants : les travaux de Konrad Lorenz sur l'empreinte, les expériences de Harlow sur la nécessité de contact qu'éprouvent les singes avec d'autres êtres de la même espèce, mais également les travaux de pédiatres comme Bowlby, Winnicott et Spitz. Comme nous le verrons plus loin, Bowlby postule l'existence d'une pulsion d'attachement, pulsion primaire indépendante de la sexualité. Winnicott développe, quant à lui, le concept de phénomène transitionnel ainsi que l'importance du contact avec la mère pour intégrer son Moi, et Spitz met en avant l'importance de la « construction du lien objectal ». Mais en outre, les données issues des tests projectifs, notamment les travaux de Cleveland et Fisher qui isolent deux variables nouvelles, celles d'Enveloppe et celle de Pénétration, vont contribuer à la naissance du concept de Moi-peau.

Selon Anzieu, le corps est l'élément vital sur lequel s'étayent les fonctions psychiques : le Moi s'étaie sur un Moi corporel qu'il nomme le Moi-peau. Le tout petit reçoit les gestes maternels, tout d'abord comme excitation, puis comme communication. À travers les soins corporels que lui procure sa mère et les communications préverbales précoces qui vont transiter par les peaux respectives et par l'enveloppe sonore, l'enfant va petit à petit différencier une surface comportant une face interne et une face externe, permettant la distinction entre le dedans et le dehors, entre son corps et un volume ambiant, une « enveloppe » dans laquelle il se sent baigné et qui lui apporte l'expérience d'un contenant.

Le concept de Moi-peau fut accueilli, en 1985, avec beaucoup d'enthousiasme et il est, dans sa philosophie, à l'origine de nombreuses prises en charge de l'autisme ou des psychoses par son appréhension du psychisme. En effet, chez les personnes psychotiques ou autistes, les angoisses de morcellement, ce sentiment de pouvoir se décomposer en morceaux, d'exploser tel un puzzle, sont prégnantes. Le moniteur, comme l'ensemble des personnes intervenant dans l'accompagnement de ces individus, se doit d'avoir une approche contenante : la voix, le groupe, l'eau, le cadre, l'environnement, sont autant d'éléments qui, parce qu'ils « soignent » ce Moi-peau, vont permettre à la personne en souffrance de s'apaiser.

En résumé

Le bébé est, comme nous le dit Françoise Dolto, une personne. Le point de vue psychanalytique insiste particulièrement sur le respect de l'intégrité de la personne de l'enfant et sur l'importance de sa vie affective et fantasmatique, tant du point de vue de sa dynamique que de sa richesse. Aussi, il est important de laisser l'enfant se développer en lui fournissant un environnement bienveillant mais bien réel. Il est nécessaire de considérer sérieusement la vie fantasmatique de l'enfant (ce qu'il exprime verbalement, ses rêves, ses réalisations graphiques), à la fois comme témoin des éventuels problèmes auxquels l'enfant est confronté et de la façon dont il arrive ou non à les résoudre, et comme « soupape » destinée à soulager les tensions qui résultent des conflits intrapsychiques.

4 La théorie constructiviste

Est désigné ainsi le courant théorique qui, en psychologie génétique et en psychologie de l'enfant, s'attache principalement au nom et aux travaux de Jean Piaget et de ses principaux collaborateurs. On peut y rattacher également le point de vue développé en France par Henri Wallon, et aux États-Unis par Heinz Werner (1948).

Le point de vue constructiviste constitue une sorte de moyen terme original entre le point de vue maturationniste (innéiste), d'une part, et le point de vue béhavioriste (environnementaliste), d'autre part.

Les points de vue maturationniste et béhavioriste

Le point de vue maturationniste

L'organisme de l'enfant est engagé dans un processus de croissance. Selon les psychologues qui se revendiquent du courant maturationniste, la programmation du développement psychologique est sous la dépendance assez stricte du développement organique. Le point de vue maturationniste est étroitement lié au nom d'Arnold Gesell, médecin et psychologue de l'université de Yale, aux États-Unis (Gesell, 1953).

Gesell était persuadé que le développement psychologique est une affaire de **maturation**, comme le développement organique. Pour Gesell, le fait que les comportements apparaissent selon une séquence fixe dans toute l'espèce humaine reflète l'importance de la programmation interne, héritée et caractéristique de l'espèce. Si l'expérience et l'entraînement auxquels l'enfant peut être soumis peuvent déterminer des modifications mineures dans son développement, ils ne peuvent modifier le cours du développement de façon majeure. Selon les maturationnistes, il est important de respecter ce calendrier développemental. La famille, les éducateurs, les enseignants ne sont là que pour faciliter la croissance et l'émergence des structures en fournissant les appuis, les conditions environnementales et les stimulations appropriées.

De nos jours, ces thèses sont réputées. Toutefois, nous devons à Gesell les premières descriptions très précises des principales caractéristiques comportementales de chaque âge.

Le point de vue béhavioriste

Le terme béhaviorisme vient de *behavior* qui, en anglais, signifie « comportement ».

Le point de vue béhavioriste, en le caricaturant un peu, est le pendant de la théorie maturationniste. Le premier courant béhavioriste émerge vers 1910, sous l'influence d'un psychologue américain nommé John Watson. Selon ce dernier, l'objet d'étude de la psychologie réside dans les interactions entre les organismes et leur environnement. Elle s'inspire, à l'origine, des travaux de Pavlov (1849-1939) sur les réflexes conditionnés dans l'apprentissage.

Le courant béhavioriste ne reconnaît pas un statut particulier à l'enfant en ce qui concerne l'analyse fonctionnelle du comportement. Le développement psychologique de l'enfant se constitue à partir des changements qui interviennent dans les modes d'interaction avec l'environnement. Ces changements reflètent les effets des expériences et des apprentissages. On parle alors de mécanismes de conditionnement et de contrôle du comportement. Nous ne sommes plus ici sur une connaissance introspective mais sur ce qui est directement observable : la réponse à une stimulation.

L'approche béhavioriste en psychologie est connue pour les nombreuses applications pratiques qu'elle a suscitées à partir des principes théoriques et des analyses expérimentales du comportement. Nous pouvons notamment citer Skinner (1969) et Gagné (1977) pour leurs applications dans le domaine de la psychologie à l'éducation et à l'enseignement.

a. La psychologie du développement selon Jean Piaget

La psychologie du développement s'inscrit dans un courant qu'on appelle le constructivisme, qui, en psychologie génétique (à comprendre non pas comme l'étude des gènes mais renvoyant à l'aspect évolutif des conduites, au changement) et en psychologie de l'enfant, s'attache principalement au nom et aux travaux de Jean Piaget, mort en 1981, à l'âge de 85 ans, et actif jusque dans ses dernières années. Piaget a laissé une œuvre colossale qui couvre plus de cinquante ouvrages et des centaines de publications en langue française.

Jean Piaget fut l'un des premiers auteurs à tenter de comprendre comment l'enfant devient intelligent.

Pour vous aider à comprendre ce qu'est le point de vue constructiviste, laissons ici la parole à Jean Piaget, lui-même dans un extrait issu de *La Psychologie de l'enfant* (Piaget et Inhelder, 1966) :

> « Si la maturation organique constitue à coup sûr un facteur nécessaire, jouant un rôle sans doute indispensable pour l'ordre invariant de succession des tâches, elle n'explique pas tout le développement et ne représente qu'un facteur parmi les autres. […] Le rôle de l'exercice et de l'expérience acquise […] est, lui aussi, essentiel est nécessaire mais c'est un facteur complexe et qui n'explique pas tout. […] Le troisième facteur fondamental, mais à nouveau insuffisant à lui seul, est celui des interactions et transmissions sociales. Quoique nécessaire et essentiel, ce facteur est insuffisant. […] Dans le cas du développement de l'enfant, il n'y a pas de schéma préétabli, [mais] une construction progressive telle que chaque innovation devient possible en fonction de la précédente […]. »

Piaget insiste sur l'activité du sujet. Cette activité se construit graduellement en intégrant les éléments internes et des éléments externes. Chaque étape n'est permise que si elle repose et dépasse l'étape précédente. On part des réflexes et autres organisations du jeune enfant pour enrichir graduellement les structures cognitives.

De 0 à 2 ans

Ces structures cognitives sont, jusqu'à 2 ans environ, purement sensori-motrices. On parle alors du stade sensori-moteur. Puis se construisent les grands systèmes humains de représentation de la réalité : l'image mentale, le langage, l'expression graphique, le dessin, etc.

Le stade sensori-moteur se divise en six sous-stades se caractérisant par une organisation particulière :

- **Au sous-stade 1** (de 0 à 1 mois et demi), les schèmes[1] portent sur des réflexes présents à la naissance, comme la succion ou l'agrippement. Par exemple, un objet d'une dimension adaptée touche les lèvres de l'enfant, celui-ci commence à le sucer.
- **Au sous-stade 2** (de 1 mois et demi à 4 mois) apparaissent les réactions circulaires primaires. Les sensations et schèmes sont coordonnés. L'enfant commence à répéter certaines actions pour le simple plaisir, sans qu'elles soient une réaction à une stimulation externe.
- **Au sous-stade 3** (de 4 à 8 mois), le comportement de l'enfant se dirige vers les objets environnants. L'enfant répète des actions qui ont des effets intéressants dans l'environnement. Ces réactions circulaires deviennent alors secondaires car elles portent sur des objets extérieurs.
- **Au sous-stade 4** (de 8 à 12 mois) apparaît la première forme de résolution de problèmes. Deux réactions circulaires secondaires peuvent se coordonner en vue de la production d'un but.
- **Au sous-stade 5** (de 12 à 18 mois), l'enfant peut varier les actions sur les objets et accède désormais à un grand nombre d'activités. Par exemple, un jouet peut être jeté, et utilisé pour toucher un autre objet, etc. On parle alors des réactions circulaires tertiaires, caractérisées par l'exploration et non plus la seule répétition de schèmes acquis.
- **Au sous-stade 6** (de 18 à 24 mois), apparaissent les représentations. L'enfant peut réaliser des actions mentalement et penser à des objets absents. L'enfant utilise désormais le langage, il est en capacité de jouer à « faire semblant » et peut résoudre mentalement des problèmes.

De 2 à 7 ans

De 2 à 7 ans, l'évolution cognitive de l'enfant est marquée par l'accès à la fonction symbolique. On parle de stade préopératoire. L'intelligence de perception et d'actions laisse la place à une intelligence d'images utilisant des symboles pour représenter le monde. C'est la période de différenciation entre le signifiant et le signifié : la construction de la sémiotique.

Cette fonction symbolique se manifeste par :

- le langage ;
- le jeu symbolique ;

1. Un schème désigne la structure d'une action caractérisée par le fait qu'elle se conserve au cours des répétitions de l'action, qu'elle se consolide et qu'elle tend à se généraliser.

- l'imitation différée (l'imitation d'un événement déjà vécu en l'absence du modèle) ;
- le dessin ;
- l'image mentale.

Ce stade est aussi caractérisé par l'acquisition totale de la permanence de l'objet, c'est-à-dire que l'enfant peut penser à quelque chose ou quelqu'un sans que l'objet ou la personne soit présent. Mais le plus important est l'apparition de l'égocentrisme (direct ou indirect).

L'égocentrisme indirect se manifeste de multiples façons par :

- l'artificialisme (fait de penser que tout est fabriqué par l'homme) ;
- la causalité morale (fait de penser que les lois physiques sont pareilles aux lois morales, par exemple, il y a de l'orage parce que les nuages sont en colère) ;
- le finalisme (fait de penser que tout a un but précis, par exemple, le soleil se couche pour que la lune se lève) ;
- l'animisme (tout est une projection de soi, par exemple, le doudou de l'enfant possède selon lui une âme) ;
- la contradiction (l'enfant peut affirmer une chose et son contraire sans se rendre compte de l'absence de logique).

De 7 à 12 ans

À partir de 7 ans, l'enfant accède à des formes de raisonnement qui présentent déjà une certaine organisation (classer ou sérier des objets, par exemple) et une certaine plasticité (par exemple, se décentrer, c'est-à-dire accepter l'existence d'un point de vue perceptif différent du sien). On parle de stade des opérations concrètes. Mais le fonctionnement cognitif de l'enfant reste limité au concret, aux objets réels. L'enfant de cet âge ne peut que très difficilement raisonner sur des données purement verbales. De plus, il reste réticent à l'idée de hasard et à la notion de probabilité.

À partir de 12 ans

C'est approximativement à partir de 12 ans que ces limitations sont levées. On aboutit à la pensée dite opératoire formelle et nous parlons de stade des opérations formelles, qui caractérise les adolescents et les adultes. La pensée hypothético-déductive émerge, l'adolescent peut penser en l'absence de l'objet. Il peut émettre des hypothèses et effectuer des expériences afin de vérifier la validité de celles-ci.

b. La psychologie du développement selon Henri Wallon ou le développement social de l'enfant

Comme Piaget, Wallon se situe dans le courant constructiviste. Wallon a cherché à mettre en évidence les crises, les discontinuités dans l'histoire de l'enfant. Pour Wallon, l'homme est nécessairement social et cela dès sa naissance. Le biologique et le social ne sont pas antagonistes, bien au contraire, ils sont nécessaires et indissociables. Aux sources de la relation entre l'enfant et le monde se situent, selon Wallon, les actes moteurs et l'engagement du corps tout entier. On retrouve ici, par ailleurs, ce qui fonde la prise en charge précoce des enfants trisomiques 21 : les apprentissages doivent être stimulés par des actions motrices pour être efficaces et pallier le déficit intellectuel.

Wallon attribue un grand rôle développemental à l'imitation et à la relation entre le modèle et l'imitateur. Mais cette participation au modèle n'est pas une simple copie : elle est progressivement dédoublement, reprise en compte personnelle et réélaboration. Un geste modifie en même temps le milieu et celui qui le fait. L'enfant se construit en tant que personne dans, grâce à, et contre les relations au milieu.

Henri Wallon rend compte du développement de la personnalité de l'enfant dans sa globalité et n'isole pas l'aspect cognitif de l'aspect affectif, l'intelligence orientée vers le monde physique de l'affectivité orientée vers le monde social.

Le développement de la personnalité, selon Wallon, évolue selon une succession de stades. Chaque stade constitue un ensemble de conduites, caractérisées par un type particulier de hiérarchie entre l'aspect cognitif et l'aspect affectif. Pour certains de ces stades, l'affect prédomine sur l'intelligence ; pour d'autres, c'est l'inverse. Mais les deux sphères affective et intellectuelle sont dynamiquement liées : les stades à dominance affective comportent une évolution des conduites intellectuelles ; les stades à dominance intellectuelle comportent une évolution des conduites affectives.

Henri Wallon distingue sept stades :

- **Le stade impulsif pur** (entre 0 et 3 à 6 mois). Il est constitué de décharges motrices souvent inefficientes, et plus ou moins adaptées à l'objet. L'activité motrice est le reflet diffus de l'émotion. L'affectivité, les sensibilités internes prédominent.
- **Le stade émotionnel** (entre 3 et 9 mois). Les gestes deviennent utiles, expriment les besoins. C'est le stade de la symbiose affective. L'expression de l'émotion émerge (joie, tristesse), résultat des réponses de l'environnement humain de l'enfant organisatrices du désordre du stade précédent. L'émotion devient organisatrice du comportement de l'enfant et constitue les préceptes de la conscience, du caractère et du langage. C'est à ce stade que l'enfant se reconnaît dans le miroir (voir le paragraphe « Jacques Lacan et le stade du miroir »).
- **Le stade sensori-moteur** (entre 9 et 12 mois). Petit à petit, l'association entre les mouvements et les perceptions s'organisent. L'enfant développe une conscience plus précise des objets. C'est la naissance de la capacité symbolique, de la représentation de l'objet. La fonction cognitive prédomine.
- **Le stade projectif** (entre 1 et 2 ans). À ce stade, le mouvement accompagne les représentations mentales. La pensée est projetée à l'extérieur par le geste. L'enfant mime sa pensée, et elle est stimulée par l'action. L'enfant commence à mimer et à intégrer des conduites sociales. Il développe deux types d'intelligence : une intelligence pratique liée à la manipulation des objets ; une intelligence représentative liée à l'accès au symbolique de manière générale et plus particulièrement au langage. La fonction affective est subordonnée à la fonction cognitive.
- **Le stade du personnalisme** (entre 2 et 5 ans). La fonction affective prend à nouveau le pas sur la fonction cognitive. L'enfant arrive à reconnaître sa personnalité, image de lui-même. Il y a une prise de conscience de soi qui se manifeste par une phase d'opposition à l'adulte et aux autres enfants qui l'entourent. C'est l'âge du « non », du « moi » et du « mien ». Cette opposition se transforme, à partir de 4 ans, en intégration dans le groupe familial. C'est « l'âge de la grâce » où l'enfant cherche à tout prix à séduire. Enfin, vers 5 ans, cette intégration se manifeste à travers les jeux d'imitation de l'adulte dans ses

rôles sociaux. Son attitude devient ambivalente, empreinte à la fois d'admiration et de rivalités vis-à-vis des adultes qui l'entourent.

- **Le stade de la personnalité polyvalente** (entre 5-6 ans et 11 ans). C'est un stade de différenciation où, à nouveau, les activités intellectuelles prédominent sur les conduites affectives. L'enfant participe à la vie de plusieurs groupes (famille, école, jeu, sport...). Il a désormais la capacité de prendre des rôles différents, d'influencer le groupe, avec des comportements de coopération, de solidarité... Ce sont les échanges sociaux qui permettent le dépassement de la rivalité et du dénigrement.
- **L'adolescence** (à partir de 12 ans). À ce stade, le narcissisme de l'enfant prédomine et se manifeste souvent par une crise aiguë, grâce à laquelle l'enfant découvre les valeurs sociales, morales, culturelles... qui deviendront ses propres valeurs. Cette crise permet à l'enfant de dépasser le monde des objets pour atteindre, sur le plan intellectuel, le monde des lois.

De ce point de vue, la maladie mentale apparaît comme une crise non dépassée, l'individu n'ayant pu trouver, structurer le compromis entre ses affects et ses valeurs morales et intellectuelles.

Les idées fondamentales à retenir chez Henri Wallon sont que :

- le rôle de l'autre est important dans la prise de conscience de soi.
- l'émotion est identifiée à l'activité motrice chez le bébé. Il y a donc un fondement biologique à l'émotion. Par la suite, l'émotion se différenciera d'avec l'activité ;
- le corps est important, ainsi que sa représentation. Wallon introduit le stade du miroir, repris plus tard par Lacan : l'enfant croit être l'image qu'il voit... Il est d'abord un objet extérieur ;
- le mouvement a un rôle important. C'est l'expression des relations entre le sujet et le milieu. On participe physiquement au milieu.

En résumé

L'approche constructiviste met en avant que l'enfant n'est pas une entité passive se développant selon une trame préétablie et qui recevrait passivement l'empreinte des influences extérieures. **L'enfant construit activement sa propre connaissance.** Il revient à l'éducateur (moniteur éducateur, éducateur spécialisé ou éducateur de jeunes enfants) de comprendre cette vérité et de l'appliquer dans sa pratique en respectant et en favorisant les expériences personnelles de l'enfant, ses contacts avec les objets et les événements. Il doit organiser l'environnement de façon à permettre à l'enfant de faire ses propres découvertes.

De plus, l'approche constructiviste met en avant que **la connaissance progresse par équilibration, déséquilibration et rééquilibration**. Ici, le rôle de l'éducateur est d'observer soigneusement l'enfant, de façon à tenter de savoir à quel moment il convient d'introduire des éléments qui vont amener une révision du système d'équilibre précédent. Trop tôt, c'est inutile. Au bon moment, les suggestions, les échanges avec l'adulte ou avec des enfants plus âgés, seront des catalyseurs pour favoriser la remise en question des connaissances précédentes et l'élaboration de nouvelles synthèses. Il ne sert à rien de brûler les étapes. Il existe une logique du développement et de la construction qu'il est souhaitable de respecter.

5 John Bowlby et la théorie de l'attachement

Si John Bowlby a suivi l'enseignement de Mélanie Klein, on ne peut considérer son œuvre comme appartenant à la psychanalyse. Elle s'intègre dans la continuité des travaux de René Spitz tout en ayant une perspective éthologiste[1].

Dans la théorie de l'attachement développée par Bowlby, l'attachement étant le lien affectif et social développé par une personne envers une autre, « la propension à établir des liens forts avec des personnes particulières existe dès la naissance et se maintient tout au long de la vie ».

S'inspirant des travaux de Spitz sur l'hospitalisme et la découverte de l'« empreinte » par l'éthologie (Konrad Lorenz), Bowlby a montré que le processus d'attachement du petit à une figure maternelle est une part essentielle du fondement de l'espèce humaine, aussi bien d'ailleurs que de celui de plusieurs autres espèces. Le besoin d'attachement est un besoin primaire, inné chez l'homme.

Cet attachement se développe à partir de comportements innés : pleurs, succion, agrippement, qui permettent de maintenir la proximité physique et l'accessibilité à la figure d'attachement privilégiée, qui est le plus souvent représentée par la mère.

Les fonctions de cet attachement sont la protection, le réconfort et la consolation quand l'individu perçoit des menaces extérieures ou internes.

Si les réponses de l'entourage sont adéquates au besoin d'attachement de l'enfant, celui-ci développera une base de sécurité et une image de lui-même positive.

De cette base de sécurité apparaissent de nouvelles compétences : la capacité de se séparer pour explorer l'environnement, la capacité d'attendre une réponse et plus tard de répondre à son tour aux besoins d'attachement d'un plus petit ou d'un plus faible. C'est ce qui caractérise un attachement sécure.

Quand les réponses de l'entourage aux besoins d'attachement ne sont pas adéquates, la base de sécurité de l'enfant, l'image de lui-même, sa confiance en lui et en l'autre ne seront pas satisfaisantes : il va développer un attachement angoissé ambivalent, évitant ou désorganisé.

Chez tout enfant se déroule un processus d'individuation et de séparation (psychique), qui permet le développement du sentiment de conscience de soi. Ce concept, introduit par Margareth Mahler (1897-1985), distingue nettement la naissance biologique de la naissance psychologique. Si la coupure du cordon ombilical amène une distanciation physique du bébé par rapport à sa mère, le sentiment d'exister comme être individualisé apparaît progressivement. Ce processus de séparation-individuation évolue au gré des différentes acquisitions de l'enfant :

- l'utilisation d'un objet transitionnel (voir plus haut le paragraphe sur Winnicott) ;
- le déplacement autonome avec éloignement, grâce à la marche ;
- l'exploration de l'espace et des objets ;
- l'utilisation du langage ;
- le jeu symbolique ;
- la découverte de la différence des sexes…

1. L'éthologie est l'étude des comportements animaliers.

L'évolution du processus d'individuation est bien sûr liée aux réponses de l'entourage et à la qualité de l'attachement mis en place.

En résumé

Selon la théorie de l'attachement, il est indispensable « de bien s'attacher » pour devenir capable de « bien se détacher », ce qui est la voie normale de l'individuation.

6 Le développement psychomoteur

L'activité motrice de l'enfant est un instrument fondamental pour conquérir le monde qui l'entoure, mais on ne peut étudier l'activité motrice du seul point de vue physiologique. Il doit être rattaché à la vie psychique de l'enfant. Le développement psychomoteur est ainsi, dans sa terminologie, porteur de cette dualité et des interactions complexes qui s'opèrent entre la motricité[1] et le psychisme.

L'activité motrice, dans la mesure où elle est intentionnelle, ne peut être séparée de l'intelligence, de la connaissance. C'est l'action qui aide l'intelligence à se construire, la connaissance à se structurer, Henri Wallon l'a démontré.

L'enfant nourrisson, par ses actions, sera progressivement capable de se représenter ce qu'il a agi. L'activité motrice aide l'intelligence à se construire et inversement.

L'intelligence seule ne suffit pas. L'émotion, l'aspect relationnel et affectif ont leur part d'importance. Le tonus musculaire agit, lui aussi, sur l'état émotionnel et inversement. En effet, l'activité motrice est fonction de la qualité des échanges émotionnels entre la mère et l'enfant. Si l'enfant se sent bien et éprouve du plaisir, son développement psychomoteur sera harmonieux. À l'inverse, en cas de carence affective, l'enfant pourra présenter un retard dans ces acquisitions. Ces propos, bien évidemment, ne valent que pour l'enfant non porteur de handicap déjà révélé. Toutefois, nous savons que chez l'enfant handicapé mental, moteur ou sensoriel, une prise en charge psychomotrice précoce permettra à celui-ci d'acquérir des connaissances et d'intégrer des apprentissages plus rapidement que s'il ne bénéficie pas d'un accompagnement spécifiquement lié à son handicap.

Nous développerons ici de manière synthétique les différentes étapes du développement psychomoteur sous la forme d'un tableau afin de fournir des repères clairs et de permettre au moniteur éducateur de faire plus précisément le lien entre la sphère affective et le développement moteur (par exemple, l'intégration du « non », la structuration de son Surmoi et l'acquisition de la marche avec toutes les précautions que vont prendre les parents lorsque l'enfant explore l'univers qui s'offre à lui). En outre, le moniteur est susceptible d'intervenir en pouponnière et il est important, dans ce cas, qu'il puisse avoir en tête des repères précis.

1. Maîtrise des mouvements qui se transforment en gestes intentionnels.

Les différentes étapes du développement psychomoteur de l'enfant

	Motricité	Préhension	Langage	Compréhension
1 mois	• Hypertonie des membres • Hypotonie axiale	• Grasping	• Attentif aux sons	
2 mois	• Tient sa tête quelques instants et vacille • Tête à 45°	• Grasping plus discret • Mains souvent ouvertes	• Vocalises	• Sourire social
3 mois	• Intérêt pour son corps : âge du « regard de la main » • Mouvements de flexion et d'extension des membres inférieurs • Appuie sur ses avant-bras, soulève sa tête de 45 à 90°	• Préhension au contact	• Cris de plaisir • Gazouillis	
4 mois	• Assis : tient sa tête • Roule dos-côté	• Mains au centre • Essaie d'atteindre les objets avec les mains • Joue avec hochet mais le perd souvent	• Rit aux éclats • Gazouille beaucoup	• Enlève une serviette posée sur son visage
5 mois	• Pédalage • Appuie sur ses avant-bras en hyperextension • Fait l'avion, essaie de se retourner ventre/dos	• Préhension volontaire cubitopalmaire • Objets à la bouche	• Ton moqueur : « agueu »	• Sourit à son image dans le miroir
6 mois	• S'assoit en trépied • Saisit ses pieds, se retourne dos-ventre • Debout : stade du sauteur	• Préhension volontaire globale bien acquise • Tient deux cubes	• Lallations (roulades de syllabes)	• Permanence de l'objet • Tend les bras
7 mois	• Assis : stade du parachutiste • Pieds à la bouche • Poids du corps sur une main pour saisir objet	• Relâchement volontaire global • Début de préhension en pince inférieure	• Syllabes : « ba », « da », « ka »	• Imite actes simples • Répond à son prénom
8 mois	• Tient assis seul • Premier mode de locomotion	• Perfectionnement pince inférieure • Déliement de l'index	• Imite des sons • Combine des syllabes : « dada-baba »	• Comprend le « non » • Cherche jouets jetés
9 mois	• Assis, pivote sur ses fesses • Rampe • Se met debout en se tenant aux meubles	• Préhension en pince supérieure	• Syllabes redoublées : « papa-mama » non différencié	• Notion d'outil • Apprend à tendre un jouet • Compare deux cubes
10 mois	• Avance à quatre pattes • Se met debout	• Pince supérieure plus fine	• « Papa-maman » bien différencié	• Fait « au revoir », « bravo » • Notion de contenant et de contenu
11-12 mois	• Marche de l'ours • Début des premiers pas • Marche le long des meubles	• Pointe son index	• Langage global significatif • Mots phrases : 2 mots significatifs	• Emboîte les objets • Envoie balle • Comprend phrases simples

	Motricité	Préhension	Langage	Compréhension
15 mois	• Marche seul • Monte escaliers à quatre pattes • Se met debout sans appui	• Relâchement manuel fin et précis • Tient sa cuillère gribouille	• Perfectionne son langage global significatif : 4-6 mots	• Demande objets en pointant du doigt • Tour de deux cubes
18 mois	• Monte-descend escaliers en se tenant à la rampe • Début course, saut deux pieds • Marche à reculons	• Lance balle • Mange seul • Aime faire des gribouillis	• Jargon mature • 7-10 mots	• Intérêt pour livres d'images, désigne 1-2 images • Comprend 1-2 ordres • Montre 2-3 parties du corps
2 ans	• Court vite • Monte-descend escaliers sans alterner les pieds • Tape dans ballon	• Souplesse du poignet • Dévisse couvercle • 2,5 ans : copie rond	• Explosion du vocabulaire • Phrases explicites • Utilise « je-mo -tu »	• Propreté de jour (18-24 mois) • Aide pour se déshabiller • Compte jusqu'à 3-4 • Nomme 4-5 images
3 ans	• Monte-descend escaliers en alterné • Saute sur un pied • Fait du tricycle	• Bonhomme têtard • Copie une croix • Tour de cubes • S'habille seul	• Avalanche de questions : pourquoi ? • Utilise correctement le temps des verbes	• Connaît comptines • Compte jusqu'à 10 • Nomme 8 images et 8 parties du corps

Tableau comparé des différents développements de l'enfant

	Stade sensori-moteur			Stade préopératoire			Stade des opérations concrètes			Stade des opérations formelles
Développement Intellectuel	Intelligence sensori-motrice			Intelligence symbolique	Pensée intuitive : le jeu permet à l'enfant d'intégrer les principes de la réalité		Scolarisation	Organisation de la pensée	La pensée se détache de plus en plus du concret	La pensée hypothético-déductive apparaît
Développement moteur	9-10 mois : activité débordante 15-18 mois : l'enfant se heurte aux interdits									
	Marche									
Âge	0	1	2 ans	3	4 5	6	7 8	9	10	11, 12, 13 ans
Développement affectif	Stade oral		Stade anal		Stade phallique	Période de latence Temps d'arrêt des préoccupations d'ordre sexuel		Pré-adolescence		Stade génital Adolescence : la sexualité réapparaît
	6 mois : passif 6-12 mois : actif Angoisse du 8e mois			Complexe d'Œdipe						
	6-18 mois : stade du miroir									
Développement psychosocial	3-4 mois : 1re socialisation 8e mois : crise anxieuse		15-18 mois : besoin de l'adulte pour s'amuser	3 ans : différencie l'interdit de l'autorisé Age du « non », du « moi », du « mien »	Jeux d'imitation des conduites sociales	Intégration des règles Mise en place de la collaboration : garçons et filles jouent ensemble Conformité au groupe		Préférence pour compagnon du même sexe : rupture garçons/filles		Narcissisme dominant
	L'affect domine	L'intelligence domine		L'affect domine		L'intelligence domine				L'affect domine

7 L'adolescence

> « Enfant, on aime ses parents.
> Adolescent, on les déteste.
> Adulte, on leur pardonne. »

Si, au moment de l'adolescence, les transformations physiques sont prégnantes et visibles, ces transformations ne se limitent pas à la réalité biologique de la puberté, car elles procèdent d'une mutation également psychologique et sociale.

L'adolescence est une phase source d'angoisse, en grande partie induite par les désirs sexuels, source de déséquilibres et d'insatisfactions. Déséquilibre accentué par un décalage entre, justement, cette maturité psychologique plus tardive que la maturité physiologique. L'adolescent, pour atténuer ses angoisses, tend alors à régresser à des stades antérieurs (oral et anal), ce qu'il nous montre à voir à travers le plaisir qu'il a à grignoter tout au long de la journée ou encore à se négliger totalement, jusqu'au manque d'hygiène.

Ce corps, qui se transforme, échappe au contrôle de l'enfant. L'impuissance qu'il éprouve l'amène parfois à adopter des comportements transgressifs ou encore à manifester des conduites à risque compromettant sa sécurité.

L'adolescent est dans un complet remaniement identitaire qui trouve sa source dans la réalité biologique de celui-ci (plus ou moins tardive), sa propre histoire et les pressions sociales (familiales, amicales mais aussi normatives) qui l'entourent.

La puberté est à l'origine d'une faille narcissique : l'adolescent ne s'aime plus. Il n'aime pas son corps qui se transforme et qu'il a du mal à contrôler. Il n'est d'ailleurs pas rare de constater chez les adolescents un développement dysharmonieux des parties du corps qui, s'il n'est que passager, est souvent perçu comme définitif. L'adolescent se perçoit, face au miroir, dans son nouvel aspect, en ayant à faire le deuil de l'enfant qu'il était.

Mais, en plus de ces transformations, l'adolescent va devoir affronter une autre faille : celle de se séparer de ses parents, ses premiers objets d'amour, idée relativement insupportable. L'adolescence apparaît comme la résurgence du complexe d'Œdipe. Parce que la période de latence a structuré et renforcé le Surmoi de l'enfant, l'interdit de l'inceste rend la séparation nécessaire.

L'adolescent va devoir, en outre, accepter d'être comme ses parents et non plus de les posséder, idée tout aussi insupportable. Cette ambivalence est source d'un conflit intrapsychique qui l'amène souvent à avoir des comportements imprévisibles d'opposition. Mais pour construire son identité d'adulte, il doit choisir de s'opposer aux autres, les besoins du Moi l'emportant sur l'intérêt du monde extérieur. Il va petit à petit quitter ses parents en utilisant des déplacements affectifs sur des figures non familiales telles que des acteurs, des sportifs, des groupes de rocks…

Cette phase est sensible car elle rend l'enfant extrêmement vulnérable et influençable. Et il n'y a qu'un pas pour passer du normal au pathologique. C'est pour cette raison que l'on parle de « crise d'adolescence ». Anna Freud désigne sous ce terme « l'indice extérieur, visible, de la mise en place des remaniements internes de la personnalité ».

Le comportement social évolue en trois phases distinctes et différentes suivant la fille ou le garçon :

- **Une première phase dite d'opposition** : elle survient entre 12 et 13 ans chez la fille et entre 12 et 15 ans chez le garçon. Elle commence par un effondrement des acquis moraux et sociaux (donc liés au Surmoi) de la période de latence. C'est un mouvement régressif au cours duquel l'adolescent est imprévisible, refuse, voire méprise tout ordre établi, commet des vols et des provocations… L'adolescent est à la fois dans l'incapacité de contrôler ses désirs et dans une recherche du plaisir par la transgression de l'interdit. On note également un mépris de tout ce qui représente l'ordre. C'est une phase nécessaire de prise de conscience de soi.
- **Une phase d'affirmation du Moi** : elle survient entre 13 et 16 ans chez la fille et entre 15 et 17 ans chez le garçon. C'est une période de revendication d'autonomie et de liberté. Nous sommes alors en plein conflit de générations. L'adolescent entre dans une phase idéalisée (voire utopique) de systèmes nouveaux et meilleurs pour la société. C'est la période de l'adolescence où on passe des heures sur les réseaux sociaux ou discuter au téléphone. C'est une phase à la fois altruiste et égocentrique.
- **Une phase d'insertion** : chez la fille entre 16 et 18 ans, et chez le garçon entre 18 et 20 ans. L'identification à l'adulte trouve ses marques, se stabilise. L'adolescent qui devient adulte est moins dans une idéalisation de celui-ci, il s'ancre dans le réel en réalisant son indépendance affective et économique. Il accepte réellement et sans ambivalence de se passer de ses parents. Cette phase d'insertion est facilitée avec l'accès au travail et la relation de couple, mais peut être freinée quand la précarité ou le chômage s'installent dans la durée et peut être source de fracture sociale, voire psychique.

a. Les passages à l'acte

Le passage à l'acte doit se comprendre comme une libération provisoire du conflit intrapsychique qui, parce que devenu trop lourd pour la psyché, ne peut plus être réfléchi, pensé. En outre, s'il donne le sentiment d'avoir un contrôle sur sa propre vie (parfois en se donnant la mort), il est le reflet d'un profond mal-être, que ce soit au travers de conduites toxicomaniaques, d'actes délinquants ou suicidaires ou de troubles des conduites alimentaires.

Ces conduites peuvent s'expliquer par la difficulté à faire le deuil :

- de son corps d'enfant et, par là même, de son enfance ;
- des images parentales idéalisées ;
- de la toute-puissance.

Les signes qui laissent à penser que l'adolescent peut être dangereux pour lui-même sont les suivants :

- un fonctionnement familial perturbé ;
- des expériences émotionnelles difficiles, perte récente ou événement traumatisant ;
- des antécédents de suicide dans la famille ou le cercle d'amis ;
- quand l'adolescent s'identifie au défunt et voit en lui un modèle ;
- des difficultés d'identification sexuelle ;

- des comportements déviants tels que la délinquance ou la prostitution ;
- des problèmes de consommation de drogues, alcool, médicaments ;
- des fugues et placements répétitifs en foyer ou centre d'accueil ;
- une ou plusieurs tentatives antérieures de suicide.

Ces passages à l'acte sont heureusement rares. Toutefois, la peur n'évite pas le danger et il convient aux professionnels d'être vigilants face aux signes et symptômes afin d'être suffisamment contenants (au sens psychanalytique du terme) dans un savant et complexe dosage de bienveillance, de sécurisation et de fermeté.

b. Et après

À la fin du processus d'adolescence, la personnalité psychoaffective des jeunes adultes se stabilise au sein d'une structure psychique particulière. Certains stabiliseront leur organisation psychique autour de la névrose, d'autres de la psychose, d'autres entre les deux et enfin les derniers dans ce qu'on appelle des états-limites (versant névrotique ou psychotique) : il y a des névrosés normaux, des psychotiques normaux, des névrosés malades et psychotiques anormaux.

Une organisation psychique devient une maladie quand elle entraîne pour une personne une souffrance intérieure excessive. Les limitations et les restrictions, notamment dans la communication avec les autres, deviennent alors trop importantes.

8 L'âge adulte

a. L'accès au monde du travail et à la vie sociale

Le choix d'un travail tient compte d'un compromis entre les exigences ou désirs parentaux et la satisfaction de ses idéaux. Ce choix, d'abord idéalisé, nécessite de s'adapter à la réalité du monde du travail. Le passage de la vie familiale et scolaire à la vie professionnelle est donc une étape importante et difficile.

L'accession à un emploi marque l'accession à l'indépendance financière qui entérine, selon le critère adopté par la plupart des sociologues, la fin de l'adolescence. Entrer, prendre part au monde du travail, tout comme le quitter, est lourd de sens et de symboles dans notre société.

L'identité d'un individu, la reconnaissance de sa valeur, s'appuie et repose en partie sur son inscription et sa participation au monde du travail.

Avoir un métier, pouvoir l'exercer, véhicule des images de nous-mêmes plus ou moins réelles, plus ou moins fantasmées. En tant qu'enseignant, inspecteur de police, ou moniteur éducateur, nous appartenons à un corps de métier : l'Éducation nationale, la police, les travailleurs sociaux. Nous nous identifions à ce corps de métier dans lequel nous nous reconnaissons. Ces corps de métier sous-tendent un certain nombre de valeurs, la transmission des savoirs, la protection des concitoyens, la justice sociale… Ce sont toutes ces valeurs que nous nous attribuons et dans lesquelles nous nous reconnaissons qui donnent sens à notre profession.

Mais si le travail peut être source de plaisir, il peut aussi générer des souffrances. Toutes les organisations du travail, en raison de leurs enjeux socioéconomiques ou de pouvoir, imposent des contraintes qui donnent lieu à des conflits psychiques plus ou moins supportables pour les individus. Parfois, ces souffrances psychiques sont telles qu'elles réveillent la fragilité psychologique.

En outre, c'est le sentiment d'appartenir à un groupe qui nous reconnaît comme faisant partie des siens qui est valorisant et sécurisant. Le groupe social permet de consolider l'identité, de partager avec d'autres une communauté d'intérêts et de valeurs. L'appartenance professionnelle, l'appartenance à un groupe d'amis, à une association sont autant d'ancrages favorisant la stabilité d'une identité. L'exclusion d'un groupe est souvent vécue comme un drame plus ou moins important.

Chacun a donc besoin d'être considéré par ses proches, par ses pairs, par ses amis par ses collègues, par sa famille. Ce besoin d'être valorisé est essentiel dès l'enfance. Si l'adulte a bénéficié de cette reconnaissance pendant l'enfance, il possède un narcissisme qui lui permet de lutter plus efficacement contre la dépression et le sentiment de dévalorisation de soi.

b. La famille

La famille a été fortement remise en cause ces dernières décennies. Les faits sociaux ont entraîné des modifications législatives qui ont considérablement modifié son statut, en limitant son pouvoir.

L'institution du mariage a également été en perte de vitesse, mais toutes les études montrent la forte attente des individus par rapport à la famille afin de lutter contre un fléau majeur : la solitude.

Pour autant, parce qu'elle ne repose désormais quasiment plus que sur la valeur affective qu'est l'amour, la famille est devenue fragile, mouvante, sujette aux crises, aux séparations et aux recompositions.

Mais en dépit de ces fragilités, la famille reste l'une des bases de la société. Elle reste le lieu privilégié des relations affectives. Au sein de sa famille, chacun aspire à pouvoir être lui-même, se sentir reconnu et aimé pour ce qu'il est. Les adultes qui fondent une famille sont à la fois en attente de la réussite de ces aspirations et les responsables de l'épanouissement des petits et des grands.

Au sein de la famille, les relations sociales sont personnalisées et exercent une profonde influence sur chacun de ses membres. En cela, la famille constitue un système relationnel organisé. Elle est le creuset où s'apprennent la dépendance et l'autorité, elle permet de se constituer une identité et de se situer par rapport à l'autre. L'organisation familiale semble la plus apte à faire accéder l'individu à l'organisation psychologique œdipienne et ainsi, à la maturité et à l'équilibre.

Comme tout groupe, la famille a elle-même son identité, ses normes, ses particularités, son langage et ses valeurs. Elle a ses leaders mais aussi ses déviants qu'elle neutralise, expulse ou utilise. Chaque famille possède un fonctionnement et une logique interne propre auxquels il est difficile de renoncer. Cette logique trouve généralement son fondement et ses raisons d'être dans l'histoire transgénérationnelle.

c. Le couple

L'influence des images parentales dans le choix amoureux qui prélude à la construction du couple est grande. Au début d'une relation amoureuse, il y a l'idéalisation du partenaire. Au niveau de l'appareil psychique, on observe une certaine disparition des limites du Moi, une exaltation de l'Idéal du Moi et un affaiblissement du Surmoi.

Si le couple reste dans l'illusion, c'est la passion. Dans la passion, chacun ne s'appartient plus, le rapport à la réalité disparaît. L'autre est tel un miroir dans lequel on peut s'adorer, se sentir transfiguré.

Le temps des illusions est indispensable à la construction du couple. Puis, il se transforme progressivement (parfois douloureusement) en acceptation de l'autre.

Pour durer, l'amour passion doit mourir et céder la place à l'attachement. La construction du couple nécessite alors un travail psychique qui oblige à renoncer à l'illusion d'un amour qui satisferait tous nos désirs, pour découvrir la personne aimée dans sa réalité.

d. Le désir d'enfant

L'enfant est le désir du couple et il est aussi désiré pour lui-même. Les futurs parents désirent enrichir leurs relations affectives par cette présence nouvelle qui va combler leur manque.

Les motivations conscientes et inconscientes qui préludent au désir d'enfant sont multiples et varient selon les individus. Il peut s'agir de prouver sa fertilité, d'affirmer son statut d'adulte, de vouloir être enceinte, de faire ce que veulent les parents, de chercher à soigner une dépression ou une mésentente du couple, de remplacer un enfant perdu, etc. Le danger est que l'enfant soit programmé comme un objet de consommation pour servir de remède à une relation défaillante.

e. La fonction parentale

Freud disait que la fonction parentale est un métier impossible. Devenir parent interroge chacun au cœur de sa problématique œdipienne et de sa destinée.

La complexité de la fonction parentale renvoie à trois ordres.

- Le premier consiste à élever son enfant et renvoie un questionnement sur notre capacité à assumer cette fonction.
- Le deuxième renvoie au désir ou au besoin d'avoir un enfant. La question inconsciente se situe ici au niveau œdipien : puis-je prendre la place de mon père/ma mère dans la chambre parentale ?
- Le troisième questionne le sens de la parentalité : que signifie être parent ? Il interroge le parent sur le devenir de l'enfant. Cela se traduira chez l'enfant par un questionnement sur ses origines.

Dans de nombreuses cultures, cette parentalité n'est pas toujours assumée par une seule personne. Les géniteurs ne sont pas toujours ceux qui élèvent l'enfant, ni ceux que l'enfant appelle père ou mère. Que ce soit au travers de l'adoption, des placements en institution ou en famille d'accueil, des techniques de procréation artificielle, on observe, dans notre société, une disjonction entre le fait d'avoir un enfant, d'élever un enfant ou d'être parent ; si cette éducation est souvent plus complexe à mener, elle n'en fait pas moins de futurs adultes pouvant s'épanouir socialement quand elle est structurée et contenante.

Les compétences traitées

- Instaurer une relation :
  - savoir prendre en compte la situation de la personne ou du groupe ;
  - savoir observer les attitudes et comportements des usagers ;
  - savoir développer une écoute attentive et créer du lien ;
  - savoir identifier et réguler son implication personnelle.
- Aider à la construction de l'identité et au développement des capacités :
  - savoir repérer et mobiliser les potentialités de la personne ou du groupe ;
  - savoir repérer et respecter les déficiences, incapacités, handicaps et les facteurs qui font obstacle au parcours individuel des personnes ;
  - savoir proposer et mettre en œuvre des activités susceptibles de permettre la progression de la personne aidée dans le respect de ses droits et aspirations ;
  - savoir s'interroger et interroger les dimensions éthiques ou déontologiques impliquées dans les pratiques ;
  - savoir favoriser l'expression et la communication.

4 Cours
Freins au processus de socialisation, d'insertion et d'intégration : les carences affectives

1 L'affect

Le terme latin *affectus* désigne traditionnellement un état de l'âme, un sentiment.

Spinoza dans *L'Éthique* (1677) désigne par affects :

> « Les affections du corps par lesquelles la puissance d'agir de ce corps est augmentée ou diminuée, aidée ou contenue et en même temps les idées de ces affections. »
>
> Spinoza B. (1677), *L'Éthique*, Paris, Gallimard, Bibliothèque de la Pléiade, 1954, p. 413.

L'affect est un état psychique élémentaire plus ou moins précis qui exprime la subjectivité des activités mentales, que celles-ci soient agréables ou désagréables.

Il s'agit d'une réaction psychique immédiate ayant une expression variable selon les individus et dépendant à la fois du moment et du vécu : dans certaines situations et selon les cas, chaque individu réagit différemment selon son affect, en éprouvant plus ou moins de douleur, de plaisir ou de désir. L'affect est l'expression extériorisée de l'humeur s'exprimant au travers des sensations, des émotions, des sentiments autant que des passions.

En psychanalyse, toute pulsion s'exprime dans les deux registres que sont l'affect et la représentation, l'affect étant l'expression qualitative de la quantité d'énergie pulsionnelle et de ses variations. Alors que la représentation renvoie à une idée, un concept souvent forgés par des normes sociales, l'affect apparaît selon Freud comme une impression, une qualité émotionnelle. Toutefois, si la psychanalyse a contribué à éclairer la vie affective, l'affect est resté une notion obscure qui n'a, chez Freud, jamais fait l'objet d'un ouvrage. Lacan lui-même a occulté volontairement cette notion au profit du langage et de la parole.

André Green, psychanalyste reconnu pour ses recherches sur l'état-limite (ou borderline), a contribué à la reconnaissance de l'affect comme base des structures cliniques névrotiques, psychotiques et dites « état-limites ». On le surnomme en France « l'homme de l'affect ». Green met en avant que c'est la remémoration d'un vécu qui affecte, non pas le vécu lui-même. Le souvenir devient traumatisant lorsqu'il entre en résonance associative avec une précédente expérience. Il agit alors comme une nouvelle source d'énergie libidinale auto-traumatisante.

En psychanalyse, l'affect apparaît comme une charge ou une tension émotive qui, lorsqu'elle est refoulée, se convertit en angoisse, déterminant un symptôme névrotique, voire psychotique.

Paul Ricœur dans son ouvrage Philosophie de la volonté enrichit ce point de vue et nous dit :

> « Manque et impulsion sont vécus dans l'unité d'un affect actif, par opposé au plaisir et à la douleur qui sont au contraire des affects sensibles. Le besoin est un affect en ce qu'il est tout entier une indigence qui par son élan tend vers ce qui le comblera. »
>
> Ricœur P. (1950), *Philosophie de la volonté – Tome I, Le Volontaire et l'Involontaire*, Paris, Aubier Montaigne, 1993.

2 Les carences affectives des soins maternels précoces

a. Définition

La carence des soins maternels précoces désigne l'insuffisance de l'interaction mère-enfant (ou le substitut maternel).

Il peut y avoir une carence des soins maternels précoces :

- lorsqu'un nourrisson ou un jeune enfant est séparé de sa mère, ou de son substitut maternel permanent, pour être placé dans une institution où il reçoit des soins maternels insuffisants ;
- lorsqu'un jeune enfant subit une série de séparations d'avec sa mère, ou d'avec les substituts maternels auxquels il est attaché ;
- lorsqu'un nourrisson ou un jeune enfant reçoit de sa propre mère, ou du substitut maternel permanent, des soins nettement insuffisants sans que le maternage d'autres personnes vienne compenser le manque d'interaction mère-enfant.

On distingue :

- **l'insuffisance** d'interactions, le manque d'affects se traduisant par l'incapacité pour l'enfant de se construire dans des conditions satisfaisantes, avec l'apparition d'un sentiment progressif d'insatisfaction et de manque ;
- **la discontinuité** des relations engendrées par la séparation ;
- **la distorsion** des interactions : les messages sont contradictoires entre, par exemple, ce qui est dit et ce qui est transmis par le regard ou le corps…

On parle de carence larvée lorsqu'il existe une insuffisance, une discontinuité ou une distorsion des interactions entre l'enfant et ses parents, en particulier la mère, alors qu'il n'y a pas de séparation physique. La carence larvée peut avoir des conséquences pathologiques aussi graves que celles d'une séparation frustrante caractérisée.

On parle de carence sévère lorsqu'il y a un placement prolongé et frustrant de l'enfant dans une institution, des ruptures répétées des liens avec les figures maternelles ou même des relations extrêmement frustrantes avec les parents. La carence maternelle sévère, précoce (avant 2 ans) et prolongée est ordinairement génératrice de troubles psychiques importants.

b. L'hospitalisme

Nous avons vu préalablement, au travers de l'œuvre de Winnicott notamment, l'importance du maternage et, plus précisément, de la capacité de la mère à prévenir les agressions internes et celles du monde extérieur, agressions que le bébé ne peut supporter (ce que Winnicott nomme la « préoccupation maternelle primaire » [PMP]).

Cette fonction est essentielle pour que le nourrisson accède au monde extérieur.

René Spitz, en 1946, eut l'occasion d'observer, dans des hospices d'enfants abandonnés à New York, 91 nourrissons qui avaient été élevés au sein pendant trois mois avant d'être confiés à des orphelinats où ils recevaient les soins minimums (que l'on appelait alors « soins parfaits »), à savoir, nourriture, hygiène et logement. Ses observations révélèrent les symptômes suivants.

- Le premier mois, l'enfant se met à pleurer sans raison. Triste, il se raccroche à tout adulte de l'entourage, recherchant le contact.
- Le deuxième mois, Spitz constate l'arrêt du développement, avec notamment une perte de poids. L'enfant est toujours triste mais ses pleurs se transforment en cris pour évoluer ensuite vers un refus du contact.
- Le troisième mois, il refuse le contact, couché à plat ventre, a des insomnies, refuse la nourriture, attrape facilement des maladies.
- Après trois mois, le visage est figé le regard absent. Plus de pleurs, ni de sourire. Apparaissent des mouvements bizarres des doigts.
- Une guérison rapide est observée quand l'enfant retrouve sa mère ou un substitut avant la fin du quatrième mois.

Ces symptômes désignent un syndrome de dépression anaclitique : la symptomatologie est comparable à celle des dépressions de l'adulte, son évolution peut être favorable, si l'enfant retrouve de bonnes relations dans un délai de trois à cinq mois. Dans le cas contraire, le pronostic rejoint celui de l'hospitalisme, avec un risque de détérioration intellectuelle important ; 15 % des enfants observés par Spitz présentèrent une dépression anaclitique.

À l'issue de cette période, si les enfants restent livrés à eux-mêmes (sinon pour recevoir les « soins parfaits »), de nouveaux symptômes apparaissent :

- les enfants restent couchés sur le dos, ils ne réussissent pas à acquérir le contrôle nécessaire pour se mettre sur le ventre ;
- ils présentent un visage inexpressif, une coordination oculaire déficiente et l'expression du visage est pauvre.

Ces symptômes, cumulés au refus des contacts sociaux, constituent le syndrome de l'hospitalisme : l'installation de troubles irréversibles à type de retard psychomoteur et mental. Sur 91 nourrissons observés, 34 moururent durant leur deuxième année.

Les travaux de René Spitz firent l'objet de nombreuses critiques sur le plan méthodologique, mais ils permirent d'améliorer considérablement la prise en charge des nourrissons en pouponnière.

Si, durant des années, la question de la carence était quasi synonyme de perte, puis d'insuffisance quantitative d'affects, de nombreuses études ultérieures mirent en avant que la question de la carence, sans sous-estimer les données antérieures, était sans doute beaucoup plus complexe.

c. Les effets de la séparation

Les effets de la séparation varient selon la phase de la réaction à la séparation dans laquelle l'enfant se situe. Cette phase dépend à son tour de facteurs tels que :

- l'âge de l'enfant au moment de la séparation ;
- la durée de la séparation ;
- la nature de la séparation (qualité des relations avant l'épisode de séparation) ;
- la qualité et la rapidité de la substitution parentale (l'existence ou non d'un substitut maternel pendant la séparation) ;
- le maintien de contacts avec les parents.

La période la plus sensible pour l'enfant se situe entre 6 et 18 mois : ce que Spitz appelle le stade de l'objet (libidinal d'abord, proprement dit, ensuite). Période où, dès 6 mois, l'enfant a conscience de l'existence d'une réalité extérieure à travers sa mère, et où, à 8 mois, apparaît l'angoisse du huitième mois : une angoisse de séparation, une angoisse de perte de l'objet aimé, période sensible au cours de laquelle s'élaborent les premières relations.

d. La qualité de la substitution

La qualité de la fonction substitutive, ou plutôt supplétive, d'accueil de l'enfant est un moment essentiel pour son développement ultérieur. La disponibilité, la compétence, la continuité, la rapidité sont autant d'éléments déterminants.

Quand ces critères ne sont pas remplis, on « assiste » aux trois phases que Bowlby a développées dans ces travaux sur l'attachement.

- **Une phase de protestation** : l'enfant pleure, manifeste des signes de détresse aiguë (agitation, cris…) et met en œuvre tous les moyens limités dont il dispose pour essayer de retrouver sa mère. Cette phase peut durer de quelques heures à plusieurs jours.
- **Une phase de désespoir** : l'enfant est de plus en plus dérouté, se renferme sur lui-même (repli, inactivité, profonde tristesse) et n'exprime plus aucune demande. Il relâche ses efforts de reconquête de la mère, qu'il semble tenir pour disparue à jamais.
- **Une phase de détachement** (ou « refus ») : l'enfant se comporte comme s'il s'installait dans la séparation, acceptant les soins, la nourriture et les jouets de n'importe quel substitut maternel (infirmières, auxiliaires, autres parents). L'enfant perd alors tout attachement à sa mère.

3 La personnalité carencée et sa prise en charge éducative

Nous pouvons comprendre que, si peu d'enfants souffrent de graves carences maternelles précoces, plus nombreux sont en revanche les enfants qui présentent des troubles de l'attachement du fait d'insuffisance d'échanges relationnels, de construction de liens maternels suffisamment forts et ce, quelles que soient les origines sociales ; c'est ce que l'on a coutume d'appeler les carences éducatives.

Nous l'avons vu, la théorie de l'attachement met l'accent sur le fait qu'il est indispensable « de bien s'attacher » pour devenir capable de « bien se détacher », processus nécessaire à l'individuation.

Les enfants, adolescents ou adultes ayant souffert précocement d'insuffisance des apports de la fonction maternelle sont, de par leur parcours institutionnel, jalonné de placements et d'interventions successives, souvent suradaptés aux institutions qui les laissent davantage s'enfermer dans un comportement conditionnant, plutôt que des comportements favorisant l'ouverture.

La personnalité carencée se présente le plus souvent comme un individu désirant tout et tout de suite, comme si le manque devait être comblé de manière compulsive. En cela, il se positionne souvent en pur consommateur.

Par ailleurs, et cela est très souvent déconcertant pour le personnel éducatif, la personne carencée est convaincue de sa non-valeur, de son incapacité à tirer profit de nouveaux apports. Avec le temps, ce positionnement devient d'ailleurs source de confort et de sécurité : intégrer de nouveaux apports est source de changement et changer, c'est se heurter à de l'instabilité. La revalorisation est souvent bien trop angoissante pour ne pas être remise en question. La personne a alors tendance à se dérober, elle refuse d'accéder à la position de sujet et peut être amenée à traiter les autres personnes comme des objets.

Cet aspect de la personnalité des personnes ayant souffert de graves carences précoces maternelles est un élément important, qui doit être pris en compte dans la prise en charge par le personnel éducatif. En effet, cette position est source d'échecs à répétition, d'insatisfactions, de réponses non gratifiantes, d'imprévisibilité et d'attitudes souvent destructrices tant de la part de la personne que du personnel éducatif. Dans notre volonté à vouloir réparer, nous nous heurtons le plus souvent dans ce cas à de véritables forteresses.

L'accompagnement doit d'abord être orienté sur la capacité de la personne à se reconnaître comme sujet, comme actrice des changements qu'elle revendique. Par ailleurs, il convient de ne pas trop compter sur les apports relationnels et affectifs pour les aider à progresser, au risque de se retrouver le plus souvent manipulé.

Pour toutes ces raisons, il est important d'élaborer un travail en équipe pluridisciplinaire afin d'être le moins possible « utilisé » ou, à l'inverse, dans une toute-puissance mortifère. Il est nécessaire de mutualiser les regards et les compétences afin de trouver la bonne distance ou plutôt, la juste proximité qui va permettre à l'autre de conquérir son altérité.

a. La carence des limites

L'enfant, à sa naissance, est totalement dépendant des adultes qui l'entourent et plus particulièrement de sa mère (ou de son substitut maternel). Ses besoins et ses désirs sont généralement entièrement satisfaits par son entourage, qui les anticipe : le nourrisson a faim, il crie et, comme par « magie », le sein lui arrive dans la bouche (parfois même avant qu'il crie). Cette satisfaction des besoins alimente le sentiment de toute-puissance du nourrisson, que le monde lui appartient et que lui et ce qui l'entoure sont un tout. Rien de plus normal à cela.

Rapidement, l'enfant va prendre conscience de la différence qu'il y a entre lui et le monde qui l'entoure : le nourrisson a faim, il crie et… il doit attendre. Les principes de pulsion et de plaisir se confrontent au principe de réalité. Le sevrage, certes, en fait partie, mais au même titre que tous les interdits et limites transmis par l'entourage de l'enfant. Ce dernier prend conscience de sa dépendance au monde qui l'entoure.

Nous comprenons alors que ce sont ces limites, ces interdits qui vont permettre à l'enfant de se prémunir face à cette réalité et de structurer sa personnalité. Nous comprenons également que, quel que soit le milieu social dans lequel nous évoluons, nous ne sommes pas tous égaux sur ce point et que, en fonction des exigences des parents d'abord, puis de l'environnement élargi, de sa disponibilité mais aussi des capacités de l'enfant à pouvoir les intégrer et/ou les supporter, la loi ne s'intègre pas de la même manière.

Lorsqu'il y a surprotection de l'enfant, souvent liée à une trop grande faiblesse de celui-ci et/ou une grande culpabilité de son entourage, lorsqu'il y a indisponibilité ou faiblesse de la famille qui cède à tous les désirs, la loi ne s'intègre pas au Moi (principe de réalité) et le Surmoi est défaillant.

L'enfant, l'adolescent vit alors dans une toute-puissance qui va le rendre inadapté à la réalité sociale. Tant que son entourage, dont il dépend par ailleurs, cédera à ses désirs, les conséquences seront contenues mais l'entrée dans le monde adulte comportera son lot de souffrances tant l'avenir est devenu limité. On observe alors de curieux développements de la personnalité à versant psychotique, partagés entre délire mégalomaniaque (je peux tout et je peux tout avoir) et délire paranoïaque (tout le monde me persécute pour m'empêcher d'obtenir tout ce que je suis en capacité d'avoir).

Chez l'enfant handicapé, ces situations ne sont malheureusement pas rares, même si les parents savent, de mieux en mieux, se prémunir contre les effets du handicap. En traitant l'enfant handicapé comme un éternel nourrisson, en l'empêchant de se confronter aux réalités, les parents forgent ce que Guy Dréano nomme des « tyrans domestiques[1] », des enfants pour qui la moindre frustration devient source d'angoisse et qui, souvent, ne trouvent pas d'autres moyens que de s'exprimer par une violence destructrice.

Que l'enfant soit handicapé ou non, la fonction du personnel éducatif consiste à « soigner » ce Surmoi défaillant. L'éducateur revêt alors une fonction, nécessaire mais souvent difficile à vivre, celle du « mauvais objet ». Là encore, pour que l'accompagnement fasse sens pour celui qui le conduit, il est nécessaire de réfléchir en équipe de façon à obtenir une meilleure cohérence des conduites tenues et le recul suffisant au regard des pulsions destructrices qui se manifestent.

b. Défaillance de l'estime de soi

Nous l'avons vu, si certaines carences s'avèrent extrêmement « bruyantes », d'autres, plus insidieuses, n'en sont pas moins l'expression d'une anxiété importante. C'est le cas de ces enfants qui, par leur silence, leur conformisme, leur timidité et leur discrétion extrême, ont tendance à passer totalement inaperçus au sein d'un collectif.

Ces enfants s'avèrent préoccupés par une vie intérieure intense qui, si elle ne les empêche pas d'être adaptés, voire suradaptés, à la réalité extérieure, les rend ultrasensibles et génère des difficultés d'adaptation et d'investissement de cette réalité. Tout fait problème. La moindre sollicitation amenant l'enfant à découvrir un univers qui lui est inconnu devient, de suite, complexe et angoissante. L'enfant rougit comme pris en défaut, comme si toute expression, toute extériorisation de sa pensée était source de danger.

Ces enfants ou adolescents ne sont pas pour autant retirés de cette réalité, mais plutôt en retrait. « Derrière » plutôt qu'à l'extérieur. Observateurs de ce qui les entoure, ils sont

1. Dréano G. (2002), *Guide de l'éducation spécialisée*, Paris, Dunod, nouv. éd. 2015.

souvent en périphérie des éducateurs, manifestant ainsi leur dépendance aux adultes qui les accompagnent. On remarque chez eux ce regard intense, cette grande concentration vis-à-vis de leur entourage, manifestation claire d'un désir contrecarré par une souffrance, une anxiété intérieure.

Nous sommes en présence d'un véritable blocage souvent désarçonnant pour le personnel éducatif qui, mobilisé par d'autres enfants ou adolescents dont l'anxiété se manifeste de façon plus extravertie, a vite fait d'« oublier » ceux qui ne demandent qu'à se faire oublier. Là comme ailleurs, l'approche personnalisée des problématiques induites par les réunions de synthèses et les projets éducatifs personnalisés, ainsi que la référence d'un éducateur ou de plusieurs éducateurs, revêt toute son importance.

Ce blocage trouve son origine dans le conflit intrapsychique qui se joue entre le Moi et le Surmoi. Ce Surmoi est comme surdimensionné. Nous sommes en présence de quelqu'un qui s'interdit d'être, cet interdit s'exprimant par la peur de réaliser son désir, toute action devenant, inconsciemment, source de danger, menaçante.

On retrouve ici une forme névrotique assez standard : nous sommes tous confrontés à devoir faire des choix qui nous sont parfois difficiles et nous mettent mal à l'aise. Mais quand l'inhibition devient trop importante et quand l'enfant devient adulte, celle-ci peut être source de retrait de la vie sociale tant la situation devient névrogène[1].

Seulement, quand ces situations névrogènes s'exacerbent, les symptômes deviennent plus inquiétants et, à l'âge adulte, l'individu s'installe dans une forme de névrose qui peut troubler profondément son rapport aux autres, que cette névrose soit obsessionnelle, hystérique, d'angoisse ou phobique (voir le paragraphe suivant).

Ces signes névrotiques ne s'estompent pas d'eux-mêmes. Les symptômes, pour s'atténuer, être contrôlés, doivent être conscientisés. Il s'agit, en effet, d'élever à la conscience cette tension inconsciente qui se heurte au Surmoi, de manière à la réduire. Ce travail, psychothérapeutique, doit être mené par un professionnel compétent dans ce domaine, ce qui ne doit pas empêcher, bien au contraire, le personnel éducatif de travailler en partenariat avec ce thérapeute (qu'il soit psychothérapeute, art-thérapeute, etc.) pour favoriser l'expression de cette tension inconsciente par le biais des médiations éducatives.

1. Sentiment d'impuissance accompagné de culpabilité.

Les compétences traitées

- Instaurer une relation :
  - savoir prendre en compte la situation de la personne ou du groupe ;
  - savoir observer les attitudes et comportements des usagers ;
  - savoir développer une écoute attentive et créer du lien ;
  - savoir identifier et réguler son implication personnelle.
- Aider à la construction de l'identité et au développement des capacités :
  - savoir repérer et mobiliser les potentialités de la personne ou du groupe ;
  - savoir repérer et respecter les déficiences, incapacités, handicaps et les facteurs qui font obstacle au parcours individuel des personnes ;
  - savoir proposer et mettre en œuvre des activités susceptibles de permettre la progression de la personne aidée dans le respect de ses droits et aspirations ;
  - savoir s'interroger et interroger les dimensions éthiques ou déontologiques impliquées dans les pratiques ;
  - savoir favoriser l'expression et la communication.
- Animer la vie quotidienne au sein de l'établissement ou du service :
  - savoir utiliser les actes de la vie quotidienne et de la vie collective comme support des apprentissages ;
  - savoir repérer, apprécier en équipe les indices inquiétants concernant la santé ou la mise en danger des personnes confiées ;
  - savoir prévenir et repérer les situations de maltraitance ;
  - savoir inscrire la vie quotidienne de l'individu ou du groupe dans une dimension citoyenne.

Cours

5 Freins au processus de socialisation, d'insertion et d'intégration : des difficultés scolaires aux troubles de l'apprentissage

Tout d'abord, il est important d'avoir conscience que les difficultés scolaires sont ordinaires. D'une part, parce que l'apprentissage est un processus complexe et difficile, d'autre part, parce que les enfants ne sont, naturellement, pas adaptés aux exigences de la scolarisation. Il est donc normal d'avoir des difficultés à apprendre. La confrontation à ces difficultés constitue le ressort permettant à l'enfant de les dépasser.

1 Les difficultés scolaires

Le terme « difficulté » provient du latin *difficultatem*, lui-même issu de *difficilis*, « difficile », formé par le suffixe négatif *dis-* et *facilis*, « aisé à faire », *facilis* provenant du verbe *facere*, notre « faire », mais avec une orientation concrète et utilitaire : il s'agit plus de « fabriquer » que de « faire ». Appliqué à une personne, *facilis* signifiait quelque chose comme « aisée à influencer ». C'est pourquoi, en ancien français, le terme « difficulté » renvoie plus à l'opposition d'une personne difficile à influencer qu'à un obstacle auquel on se heurterait. On retrouve ce sens originaire, encore aujourd'hui, lorsque l'on dit d'une personne qu'« elle n'est pas facile ».

Les premières difficultés scolaires s'observent le plus souvent au moment de l'apprentissage de la lecture. Ces difficultés peuvent être issues de troubles des apprentissages (voir plus loin « Les troubles des apprentissages ») mais les enfants présentant de tels troubles sont loin d'être les plus nombreux parmi les enfants en difficulté scolaire. Le plus souvent, les enseignants ont affaire à des enfants pour qui la lecture ne fait pas sens. Plus qu'une difficulté à apprendre les mots, on trouve chez ces enfants un non-sens de l'utilité même de lire. Posez la question à un enfant ayant des difficultés à intégrer la lecture de savoir à quoi sert de lire, certains vous répondront : « À aller à l'école ! » La lecture n'a donc, pour ces enfants, aucune autre inscription sociale que dans l'école. Le travail des enseignants spécialisés consiste d'abord à donner du sens à cette lecture par le biais de médiations pédagogiques (l'enfant crée des énigmes qui pourront servir de bases de jeux pour d'autres enfants qui ne sont pas forcément en difficulté d'apprentissage ; ou encore, l'enfant fait des sorties dans la ville pour identifier, grâce aux différentes signalisations qui jalonnent la ville, où l'on peut trouver la boulangerie, le marché, le théâtre…) en donnant une autre réalité à la lecture que de simplement exister dans, et donc pour l'école. Ce travail doit, dans la mesure du possible, trouver une continuité dans les foyers de l'enfance ou les maisons d'enfants à caractère social (MECS) dans lesquels les éducateurs interviennent. Ces médiations pédagogiques se transforment alors en médiations éducatives où les éducateurs permettent aux enfants, souvent par les jeux, de s'inscrire socialement.

2 L'échec scolaire

Le terme « échec » apparaît dans la langue française au XIIe siècle non pour désigner ce qui ne réussit pas mais pour désigner le jeu que nous appelons toujours le jeu d'échecs. La dénomination de ce jeu vient du mot persan *shah*, qui signifie « roi ». « Échec au roi » est étymologiquement un pléonasme.

L'échec scolaire se définit avant tout par l'écart que l'enfant va présenter par rapport à la norme scolaire. Et la norme scolaire, telle qu'elle se définit dans les pays dits « civilisés », est d'abord de savoir lire puis, sacro-saint apprentissage, de savoir écrire. Nous pouvons d'ailleurs nous interroger sur la place prépondérante qui est donnée à cette culture écrite, au détriment de la culture orale, souvent dévalorisée. L'enfant en difficulté d'apprentissage de l'écriture n'est-il pas finalement un enfant qui se maintient dans une culture orale ? Les pédagogies de l'École nouvelle ont d'ailleurs largement investi cette culture orale comme moteur à l'intégration d'une culture écrite, notamment dans les pédagogies institutionnelles, là où les pédagogies traditionnelles mettent en rupture ces deux cultures.

Nous pouvons aussi contrecarrer ce point de vue déterministe (cher au sociologue Pierre Bourdieu dont les études ont mis en corrélation les difficultés scolaires et les origines socioculturelles) en se demandant si l'enfant n'est pas lui-même acteur (point de vue actionnaliste du sociologue Raymond Boudon), de manière plus ou moins consciente, de sa résistance à la scolarisation. Il s'agit alors d'essayer de dialoguer avec ces enfants sur le sens de leur choix en reconnaissant d'abord leur pouvoir d'opposition de manière à pouvoir, dans un second temps, les amener, peut-être, à changer leur position.

3 Les troubles des apprentissages

Quand l'échec scolaire ou les difficultés scolaires sont présents, sans être liés aux diverses formes possibles de négation ou rejet de la norme scolaire, c'est qu'ils renvoient non plus à un refus mais à des incapacités de l'étudiant à entrer dans les apprentissages scolaires. On parle alors de « troubles des apprentissages » dont font partie la célèbre dyslexie, mais aussi la dysorthographie, la dyscalculie, la dyspraxie, les troubles de l'attention, les troubles de la mémoire… Depuis la loi du 11 février 2005 portant sur l'égalité des droits et des chances, la participation et la citoyenneté des personnes handicapées, les troubles des apprentissages sont classés dans le handicap cognitif (voir chapitre 6, *Les situations de handicaps et pathologies*).

a. Repères sur les troubles des apprentissages

Dyslexie : difficulté qui entraîne des problèmes d'écriture parfois qualifiés à tort de dysgraphie et de dysorthographie. L'Organisation mondiale de la santé (OMS) estime que la dyslexie touche 8 à 12 % de la population mondiale. Des difficultés sont observées lors de l'identification des mots :

- des confusions phonétiques, auditives ou visuelles ;
- des élisions (suppression d'une voyelle à la fin d'un mot devant une autre voyelle ou un « h » muet), adjonctions ou inversions de lettres ;
- une lenteur dans le traitement des éléments lus.

Pour qu'une dyslexie soit diagnostiquée, il faut qu'il y ait un retard d'au moins dix-huit mois entre l'âge réel et l'âge de lecture. Pour cette raison, on ne peut commencer à diagnostiquer une dyslexie avant le CE2 (l'apprentissage de la lecture devenant véritablement efficiente au milieu du CP).

Dysorthographie : trouble d'apprentissage caractérisé par un défaut d'assimilation important et durable des règles orthographiques (altération de l'écriture spontanée ou de l'écriture sous dictée).

Les problèmes découlant de la dysorthographie sont :

- une lenteur d'exécution, des hésitations et une pauvreté des productions ;
- des fautes d'orthographe, de conjugaison, de grammaire et d'analyse ;
- des difficultés à l'écrit semblables à celles rencontrées dans la dyslexie ;
- des erreurs de copies et des découpages arbitraires ;
- des économies de syllabes, des omissions et des mots soudés.

Dyscalculie : échec dans l'apprentissage des premiers éléments du calcul et dans la capacité à manier, de façon adéquate, les nombres chez les enfants d'intelligence dite normale. Un langage insuffisant pour comprendre les concepts mathématiques, une mauvaise discrimination spatiale, une mauvaise mémoire numérique et un manque de maturation sont des éléments à prendre en considération pour comprendre les origines de la dyscalculie en rapport avec les aptitudes mentales de l'enfant.

Dyspraxie : altération de la capacité à exécuter de manière automatique des mouvements déterminés, en l'absence de toute paralysie ou parésie des muscles impliqués dans le mouvement. L'individu atteint de dyspraxie doit contrôler volontairement chacun de ses gestes, ce qui rend la coordination des mouvements complexes de la vie courante, et notamment l'écriture, extrêmement difficile.

Troubles du déficit de l'attention/Hyperactivité (TDAH) : ces troubles se traduisent, sur le plan psychique, par des difficultés à fixer l'attention, une tendance à une activité désorganisée, incoordonnée et excessive, et un certain degré d'impulsivité ; sur le plan moteur, par une hyperactivité ou une agitation motrice incessante.

Troubles de la mémoire : la mémoire est conditionnée à la fois par des données biologiques et psychologiques. Les enfants présentant des troubles de la mémoire ont des difficultés à intégrer, retenir, restituer les informations (consignes, séries, rituels...) qui leur sont données.

b. Troubles des apprentissages et stigmatisation

Comme nous pouvons le constater, les causes des difficultés ou échecs scolaires sont multiples et le regard qu'on porte sur ces causes l'est tout autant. Il convient d'en mesurer les risques.

Il n'est pas rare, en effet, de stigmatiser les classes dites défavorisées en considérant que, si leurs enfants ont des difficultés scolaires, c'est qu'ils y sont forcément pour quelque chose, la pauvreté financière étant souvent considérée comme synonyme de pauvreté culturelle et donc éducative. Pourtant, les troubles des apprentissages sont, malheureusement (ou heureusement, pourrions-nous dire), présents de la même manière, quelles que soient les catégories socioprofessionnelles.

À l'inverse, le raccourci est vite trouvé dans les milieux favorisés, d'expliquer les difficultés scolaires en les médicalisant sous des termes scientifiques (dyslexie, dysorthographie…). On dédouane ainsi enfant, famille, enseignant et personnel éducatif de toute responsabilité mais surtout, on enferme l'enfant dans un carcan pathologique dont il devient le patient et non plus l'acteur.

Il est important, peut-être là plus qu'ailleurs, de se méfier des représentations que nous véhiculons.

Les compétences traitées

- Instaurer une relation :
  - savoir prendre en compte la situation de la personne ou du groupe ;
  - savoir observer les attitudes et comportements des usagers ;
  - savoir développer une écoute attentive et créer du lien ;
  - savoir identifier et réguler son implication personnelle.
- Aider à la construction de l'identité et au développement des capacités :
  - savoir repérer et mobiliser les potentialités de la personne ou du groupe ;
  - savoir repérer et respecter les déficiences, incapacités, handicaps et les facteurs qui font obstacle au parcours individuel des personnes ;
  - savoir proposer et mettre en œuvre des activités susceptibles de permettre la progression de la personne aidée dans le respect de ses droits et aspirations ;
  - savoir s'interroger et interroger les dimensions éthiques ou déontologiques impliquées dans les pratiques ;
  - savoir favoriser l'expression et la communication.
- Assurer une fonction de repère et d'étayage dans une démarche éthique :
  - savoir favoriser l'apprentissage des règles de vie collective ;
  - savoir utiliser des techniques de gestion de conflits ;
  - savoir se positionner auprès de la personne aidée en tant qu'adulte de référence.
- Animer la vie quotidienne au sein de l'établissement ou du service :
  - savoir utiliser les actes de la vie quotidienne et de la vie collective comme support des apprentissages ;
  - savoir repérer, apprécier en équipe les indices inquiétants concernant la santé ou la mise en danger des personnes confiées ;
  - savoir prévenir et repérer les situations de maltraitance ;
  - savoir inscrire la vie quotidienne de l'individu ou du groupe dans une dimension citoyenne.

6 Cours
Les situations de handicaps et pathologies

1 Étymologie et définition

a. Étymologie

Au XVIIe siècle, le « handy-cap » est un troc associé à un pari où l'arbitre mise dans la casquette (*hand in cap*) avec deux partenaires. Un siècle plus tard, c'est aux chevaux que se réfère ce terme : il désigne un genre de course où les différences de valeur sportive sont neutralisées par une surcharge de poids et, ainsi, un désavantage imposé à un concurrent en vue d'égaliser les différences. Dans ce contexte, nous parlons de handicap parce que nous voulons que chacun soit « dans la course ». Le terme « handicap » a été acclimaté dans les domaines médicaux et sociaux après une longue histoire où il ne désigne plus la situation mais bien ce qui la modifie, ce qui la rend plus difficile : le handicap est maintenant ce qui fait obstacle à l'égalité des chances et non plus l'inverse.

b. Définition

Il existe une nouvelle définition donnée par la loi du 11 février 2005 portant sur l'égalité des droits et des chances, la participation et la citoyenneté des personnes handicapées :

> « Constitue un handicap, au sens de la présente loi, toute limitation d'activité ou restriction de participation à la vie en société subie dans son environnement par une personne en raison d'une altération substantielle, durable ou définitive d'une ou plusieurs fonctions physiques, sensorielles, mentales, cognitives ou psychiques, d'un polyhandicap ou d'un trouble de santé invalidant. »

En définissant le handicap comme une limitation d'activité ou une restriction de participation à la vie en société, l'environnement devient constitutif de celui-ci : ce n'est plus l'altération fonctionnelle qui constitue le handicap, comme le définissait la loi d'orientation du 30 juin 1975 mais ses conséquences en termes de capacité et de participation.

Ainsi, la liste des altérations fonctionnelles s'en trouve élargie en passant de trois champs (handicap physique, handicap mental, handicap sensoriel) préalablement mentionnés dans la loi d'orientation du 30 juin 1975, à sept catégories.

Le trouble de santé invalidant ♦ Il se distingue des déficiences par le fait qu'il n'a pas pour conséquence une limitation d'une fonction qu'elle soit motrice, sensorielle ou mentale, mais une restriction d'activité, en termes de mobilité ou de quantité de travail à fournir, en durée ou en intensité. Font partie de cette catégories les tumeurs cancéreuses, les maladies cardio-vasculaires (dont l'hypertension artérielle sévère), des maladies endocrines (notamment le diabète), les maladies de l'appareil digestif (reins, foie, intestins), les maladies de l'appareil respiratoire (dont l'asthme) et, enfin, les maladies infectieuses ou parasitaires (dont le VIH).

Le handicap psychique ♦ Il est la conséquence d'une maladie psychique (psychose, schizophrénie…). Il a pour conséquence des troubles du comportement et du jugement et entraîne des difficultés à s'adapter à la vie en société. Il est durable ou épisodique. Les capacités intellectuelles peuvent être soit conservées, soit affectées. Par exemple, la dépression chronique peut être reconnue comme un handicap psychique.

Le handicap mental ♦ Il induit des perturbations du degré de développement des fonctions cognitives telles que la perception, l'attention, la mémoire et la pensée, ainsi que leur détérioration à la suite d'un processus pathologique. Le handicap mental est la conséquence sociale d'une déficience intellectuelle.

Le handicap cognitif ♦ Il est la conséquence de la déficience des grandes fonctions cérébrales supérieures que sont l'attention, la mémoire, les fonctions exécutives et perceptives, le raisonnement, le jugement, le langage. Ce sont en général les maladies en « dys », telles que la dyslexie, la dysorthographie, la dyspraxie, la dyscalculie, etc., plus communément appelées les troubles des apprentissages.

Le handicap sensoriel ♦ Il touche à l'ensemble des sens. Déficiences visuelles et auditives sont les deux catégories les plus répandues. Le handicap visuel recouvre des réalités variées, s'échelonnant d'un trouble visuel à une cécité complète. De même, le handicap auditif peut être partiel ou total.

Le handicap physique ♦ Il peut toucher un membre ou l'ensemble du corps. En pratique, les déficiences motrices engendrent une gêne ou un empêchement dans les déplacements, la préhension d'objets et parfois la parole. Elles diffèrent selon l'origine de l'atteinte : affections cérébrales, affections neuromusculaires, affections ostéo-articulaires et autres affections motrices.

Le polyhandicap ♦ C'est un handicap grave à expressions multiples avec déficience motrice et déficience mentale sévère ou profonde, entraînant une restriction extrême de l'autonomie et des possibilités de perception, d'expression et de relation.

Les handicaps sont soit innés, soit acquis.

- Le terme « inné » désigne les caractéristiques qu'une personne possède dès sa naissance. On parle également de handicap congénital. Les causes peuvent être :
  - l'hérédité, c'est le cas des maladies génétiques (myopathie…) ou des maladies chromosomiques (trisomie 21…) ;
  - l'influence de la vie intra-utérine (certains handicaps visuels ou mentaux, le spina bifida…) ;
  - la naissance : c'est le cas de l'infirmité motrice d'origine cérébrale (IMC) dont la cause est un manque d'oxygène (anoxie) à l'accouchement conduisant à des lésions cérébrales précoces.
- L'acquis désigne ce qui arrive à l'homme, enfant, puis adulte à partir de sa venue au monde. Les causes sont accidentelles (accident de la route, du travail mais aussi accident vasculaire cérébral), psychologiques et/ou sociales (psychose…) ou maladive (poliomyélite, méningite, sclérose en plaques…). N'est donc pas à mettre au compte de l'acquis ce qui existerait déjà à la naissance mais ne serait pas encore révélé.

Les handicaps sont soit stables (ou non évolutifs), soit évolutifs.

- « Stable » indique que le handicap ne subira pas plus de dégradations physiologiques ou mentales pour des raisons endogènes. Toutefois, des dégradations peuvent apparaître pour des raisons exogènes, par exemple, dans le cadre de l'IMC (infirmité motrice cérébrale). Si la personne n'a pas la possibilité de verbaliser du fait d'un déficit moteur important alors même que son QI (quotient intellectuel) est normal et que les professionnels, qui l'encadrent, lui parlent comme à un déficient mental profond, elle risque de faire une dépression, voire développer des troubles du comportement sans que cela soit dû directement à son handicap, l'IMC n'évoluant plus.
- « Évolutif » indique que le handicap tend à évoluer et à créer plus d'incapacité, plus de dépendances. L'état psychique ou physiologique se dégrade (myopathie, maladie de Parkinson, maladie d'Alzheimer, etc.).

2 Les chiffres-clés

a. Enfants

Au 31 décembre 2018, 272 000 familles sont bénéficiaires de l'allocation d'éducation de l'enfant handicapé (AEEH) au titre de leur(s) enfant(s) handicapé(s).

410 000 élèves sont en situation de handicap. 340 000 sont scolarisés dans les établissements publics et privés de l'Éducation nationale à la rentrée 2018. Ils représentent 3 % des élèves du premier degré et du collège mais seulement 1 % des lycéens. 30 % sont scolarisés avec l'appui d'un dispositif collectif (8 850 ULIS de l'école au lycée.), 55 % avec l'appui de 62 000 accompagnants (en ETP), 70 000 en unité d'enseignement d'établissements médico-sociaux dont 9 200 en unités implantées dans des établissements scolaires (1 370 unités d'enseignement dont 112 maternelles « autisme »).

En 2016, 150 000 enfants et adolescents sont accueillis dans 2 204 établissements médico-éducatifs et plus de 45 000 sont suivis par 1 598 services d'éducation spéciale et de soins à domicile (SESSAD).

b. Adultes

Au 31 décembre 2018, le nombre de bénéficiaires de l'allocation aux adultes handicapés (AAH) est de 1 130 000. 2,8 millions de personnes en âge de travailler sont reconnues handicapées, soit 7 % des 15-64 ans. 988 000 personnes handicapées sont en emploi.

Au 1er janvier 2016, on dénombre :

- 1 665 foyers de vie, qui accueillent 48 599 personnes dont 12 307 en accueil de jour ;
- 1 361 foyers d'hébergement ou d'accueil polyvalent, qui accueillent 42 489 personnes ;
- 898 foyers d'accueil médicalisés (ex : foyers à double tarification), qui accueillent 26 155 personnes ;
- 650 maisons d'accueil spécialisées (MAS), qui accueillent 26 638 personnes ;
- 158 établissements expérimentaux, qui accueillent 3 468 personnes ;
- 4 392 personnes sont accueillies dans des structures d'accueil temporaire ;

- En 2018, 1 462 entreprises de services et d'aide par le travail, qui accueillent 122 600 personnes ;
- En 2018, 800 entreprises adaptées, qui accueillent 26 000 personnes en situation de handicap.

3 Les handicaps physiques

Sans vouloir minimiser le contenu de ce chapitre, les moniteurs éducateurs travaillant peu auprès de personnes handicapées physiques, nous donnerons ici quelques repères généraux mais ne développerons pas chaque handicap physique. Le lecteur pourra faire le lien avec les nombreux ouvrages spécialisés présentant en détail chacun d'entre eux.

a. Définition

Le handicap physique renvoie à des infirmités motrices plus ou moins graves, innées ou acquises, stabilisées ou évolutives. On exclura de cette appellation les handicaps physiques associés à une déficience mentale (on parlera alors de polyhandicap). Toutefois, les handicaps physiques peuvent provoquer des perturbations psychopathologiques secondaires qui ne sont pas directement liées au handicap mais en sont une des conséquences (dépression, par exemple) : on parlera alors de surhandicap.

b. Les différentes formes de handicap physique

Ils peuvent être :

- innés (ou congénitaux) : myopathie, malformation, IMC, spina-bifida ;
- acquis à la suite de maladie : hémiplégie, Parkinson, poliomyélite ;
- acquis à la suite d'accident : hémiplégie, paraplégie, tétraplégie, amputations, fractures ;

Le handicap peut avoir quatre origines différentes. L'atteinte peut se situer au niveau :

- de l'encéphale (cerveau, cervelet...). On parle alors d'encéphalopathie. Les infirmités varient en fonction des aires du cerveau qui sont lésées ;
- de la moelle épinière et des nerfs (spina-bifida, paraplégie, tétraplégie...) ;
- des muscles (myopathies) ;
- des os et articulations (malformations, amputations, ostéogenèse imparfaite, polyarthrite, etc.).

L'origine du handicap peut provenir de quatre niveaux d'affectation différents (liste de handicaps physiques non exhaustive) :

- affectations responsables de lésions cérébrales :
  - lésions cérébrales précoces (IMC, IMOC) ;
  - traumatismes crâniens ;
  - accidents vasculaires cérébraux ;
  - sclérose en plaques ;
  - maladie de Parkinson.
- affectations responsables de lésions médullaires ou neuromusculaires :
  - lésions médullaires traumatiques et médicales (paraplégies et tétraplégies) ;

– spina-bifida.

- affectations responsables de lésions neuromusculaires :
  – maladies neuromusculaires (dont myopathies) ;
  – dystrophie musculaire de Duchenne (myopathie de Duchenne).
- affectations responsables de lésions ostéoarticulaires :
  – ostéogenèse imparfaite (maladie des os de verre) ;
  – polyarthrite.

4 Les handicaps mentaux

a. Définition

Il est difficile de donner une définition arrêtée car l'ensemble de ce qu'il est convenu d'appeler le handicap mental est de plus en plus hétérogène. Globalement, on l'associera à une grande variété de perturbations mentales. L'origine de ces perturbations est très diverse : soit le développement intellectuel de la personne, de ses capacités, est empêché de manière globale ou de façon dysharmonique ; soit, à partir d'un certain âge, on assiste à une détérioration de ses facultés.

Toutefois, si l'on se réfère à la nouvelle définition du 11 février 2005 portant sur l'égalité des droits et des chances, la participation et la citoyenneté des personnes handicapées, nous appelons le handicap mental ce qui induit des perturbations du degré de développement des fonctions cognitives (perception, attention, mémoire et pensée). Le handicap mental devient ainsi la conséquence sociale d'une déficience intellectuelle et sont exclus de cette définition les troubles du comportement tels que les psychoses souvent associées, à tort, au handicap mental. Depuis 2005, les psychoses sont classifiées dans les handicaps psychiques. Les déficiences intellectuelles désignent un retard mental de l'individu. L'intelligence étant cette activité qui permet à l'être humain d'apprendre, de connaître, d'utiliser son savoir, de créer, de s'adapter au monde et de le maîtriser. Toutefois, si les handicaps mental et psychique peuvent être isolés, ils sont souvent intriqués.

De même que pour le handicap physique, les handicaps mentaux peuvent donc être innés (trisomie 21, syndrome de l'X fragile) ou acquis (dans le cas de cérébrolésions traumatiques ou vasculaires par exemple).

b. Les déficiences intellectuelles

La déficience intellectuelle (ou mentale) se définit par un QI inférieur à 70. Elle touche entre 1 et 3 % de la population générale, avec une prépondérance du sexe masculin. La déficience mentale peut s'installer soit d'emblée dans le développement psychique de l'enfant, soit apparaître comme une détérioration secondaire, à la suite d'une maladie comme l'épilepsie sévère. D'autres causes sont liées à des facteurs de l'environnement, comme la maltraitance ou la négligence grave. La déficience peut également s'installer, chez l'enfant ou le jeune adulte, dans le cadre d'une maladie mentale, une psychose, que l'on qualifie alors de déficitaire. Les causes les plus fréquentes de déficience intellectuelle sont la trisomie 21 et le syndrome de l'X fragile mais nous pouvons trouver d'autres causes telles que les traumatismes, les infections, les intoxications, les maladies psychiatriques…

Données sur les déficiences intellectuelles

Classification de l'OMS

- Déficience mentale profonde : QI < 25
- Déficience mentale sévère : QI < 40
- Déficience mentale modérée : QI < 55
- Déficience mentale légère : QI < 70

Niveau de développement

- Déficience mentale profonde : 2-3 ans d'âge mental
- Déficience mentale sévère : 4-5 ans d'âge mental
- Déficience mentale modérée : 6-7 ans d'âge mental
- Déficience mentale légère et limite caractérisée par l'échec scolaire uniquement

Troubles associés. Aux déficiences mentales sont souvent associés différents troubles :

- épilepsie ;
- affectifs ;
- du comportement ;
- moteurs.

Causes

Organiques :

- génétiques :
  - chromosomiques : trisomie 21 : 32 %
  - autres aberrations : 8 %
- acquises :
  - intra-utérine : 2 %
  - périnatales : 7 %
  - postnatales : 2 %
- inconnues : 34 %

Non organiques :

- facteurs environnementaux : 15 %

5 Le handicap psychique

a. Définition

Le handicap psychique peut être consécutif à certains troubles cognitifs d'origine neurologique (autisme, maladie d'Alzheimer, épilepsie) mais il est, le plus souvent, la résultante d'une maladie psychiatrique du domaine de la névrose grave ou d'une psychose. Il a pour conséquence des troubles du comportement et du jugement, des troubles relationnels de l'individu vis-à-vis de lui-même et de son entourage et, de ce fait, entraîne des difficultés à s'adapter à la vie en société. Il est durable ou épisodique. Les capacités intellectuelles peuvent être soit conservées, soit affectées. Le handicap psychique peut apparaitre à tous les âges de la vie.

b. Du normal au pathologique

Nous l'avons dit, une organisation devient maladie quand elle entraîne pour une personne une souffrance intérieure excessive. La maladie pousse alors les personnes à investir plus d'énergie dans leurs conflits psychiques internes que dans l'intérêt pour le monde extérieur, entraînant un déséquilibre. La personne décompense dans la maladie.

La décompensation

Ce terme, emprunté au vocabulaire de la médecine organique, désigne une rupture d'équilibre, un effondrement des mécanismes psychiques de défense, dont la fonction est de compenser, de s'adapter aux difficultés de l'existence. La décompensation désigne alors l'apparition spectaculaire d'un symptôme (passage à l'acte, délire, somatisation…). Cette décompensation est provoquée par une situation affective nouvelle et insupportable, et touche toutes les organisations psychiques, qu'elles soient psychotiques ou névrotiques.

Cette décompensation peut conduire l'individu à régresser à un niveau plus ancien de la construction de sa personnalité et à revenir aux modes d'expression qui prévalaient lors de la petite enfance. Cette régression se fixe alors (on parle de points de fixation) là où la libido s'est attardée longtemps ou trop fortement pendant l'enfance (fixation au stade anal, au stade oral, au stade phallique, etc. ; voir plus haut les stades du développement selon Freud).

c. Les psychoses

Définition et symptômes

La psychose se caractérise par des perturbations importantes du comportement et de la personnalité.

Selon l'approche psychanalytique, dans le cas des psychoses, une défaillance a eu lieu durant les premiers moments de la vie dans la construction de la personnalité. La psychose correspond à une impossibilité, pour l'enfant, de se différencier complètement de sa mère pour devenir une personne distincte. Un conflit s'exerce alors entre le Ça et la réalité. Le Surmoi est mal structuré et ne joue pas son rôle de « filtre » entre le Moi (principe de réalité) et le Ça (principe de plaisir). Le Moi du psychotique, faible, est alors soumis aux exigences du Ça. La manifestation la plus spectaculaire se traduit par les hallucinations : le psychotique prend ses rêves (issus du Ça prédominant) pour des réalités (le Moi étant soumis au Ça).

Ce Moi est morcelé et les limites entre soi et non-soi, entre corps et réalité extérieure sont mal définies. Le psychotique est alors sujet à des angoisses de morcellement. Sa crainte profonde est d'être détruit, de mourir par éclatement ou morcellement. L'accompagnement thérapeutique du psychotique va d'ailleurs s'appuyer sur ce concept en visant à être contenant[1] et diminuer ainsi ses angoisses.

Avant toute démarche, quand une personne présente un comportement délirant, il convient de se demander s'il n'y a pas une cause organique au délire, car celui-ci n'est pas forcément « psychiatrique » : les tumeurs cérébrales ou les fortes fièvres peuvent en être la source notamment.

Les principales manifestations des perturbations psychotiques sont :

- **Le délire.** Issu du latin *delirare*, signifiant « sortir du sillon », c'est-à-dire s'exclure du sens commun. Le sens de l'expression populaire « dérailler » semble le mieux se rapprocher de cette signification. Ainsi, pour celui qui délire, (le « délirant ») les relations avec le monde extérieur sont extrêmement perturbées. Le délire entraîne l'adhésion et la conviction totale du sujet à ses idées délirantes, le malade préférant sa réalité intérieure plutôt que celle, extérieure, des autres. Délirer, c'est sortir de la réalité extérieure, sans le savoir et sans pouvoir s'en rendre compte.
- **Le déni.** C'est le refus de reconnaître une réalité dont la perception est traumatisante. Le déni est lié au clivage du Moi. En clivant son Moi, le psychotique permet à une partie de son Moi de s'adapter à la réalité tandis que l'autre partie peut y échapper.

On observe chez la personne psychotique :

- des troubles de la mobilité générale (ralentissement ou agitation) ;
- des stéréotypies et activités de type agressif ;
- une alternance d'attraction et de répulsion pour toute relation ;
- une impossibilité d'accéder au registre symbolique qui lie la communauté.

Les différentes formes de psychoses

Les psychoses infantiles

On parle de psychoses infantiles pour désigner les psychoses apparaissant dès l'enfance. Les mécanismes sont les mêmes que ceux que nous avons préalablement présentés : l'enfant psychotique a une vague conscience de sa séparation d'avec le corps maternel. La séparation est au cœur de sa problématique.

On observe un désinvestissement massif du langage, voire un mutisme. Les enfants en capacité de parler ont souvent un langage peu élaboré qui n'utilise pas le « je ».

On note, le plus souvent, la présence de troubles majeurs de la fonction intellectuelle : apprendre, c'est se confronter à la réalité et donc aux frustrations. Cette confrontation est

1. Voir le paragraphe sur le Moi-peau.

intolérable car source de trop d'angoisse. Cela se traduit également par une incapacité à jouer.

Les variations d'humeur sont importantes, avec de grands moments d'angoisse. Les frustrations, les changements environnants font vivre à l'enfant psychotique une rupture dans le sentiment d'exister. Les angoisses de morcellement alors en jeu l'amènent à adopter des positions de repli (symptôme autistique), des crises de colère hétéro- (violences dirigées vers autrui) ou autoviolente (automutilation).

Les psychoses adultes

On distingue :

1) La psychose délirante aiguë ou bouffée délirante aiguë (BDA).

Il s'agit de l'éclosion soudaine d'un épisode délirant dont les thèmes et les mécanismes sont multiples (on parle de délire polymorphe).

S'associent au délire des troubles de l'humeur qui oscillent, d'un moment à l'autre, de l'excitation à la tristesse ainsi qu'un certain degré de déstructuration de la conscience.

Ces épisodes psychotiques aigus surviennent essentiellement chez l'adulte jeune entre 18 et 30 ans, en général des sujets vulnérables, fragiles, sans personnalité bien posée, mal adaptés sur le plan social et professionnel.

On retrouve parfois des facteurs déclenchant spécifiques, comme la prise de toxiques. On parle alors de pharmacopsychose, qu'il s'agisse de prise de haschich, de LSD 25, d'opium ou de ses dérivés et d'amphétamines.

2) Les psychoses chroniques avec :

La schizophrénie ♦ schizophrénie signifie étymologiquement « dissociation de la personnalité », du grec *skhizein*, « fendre », *phren*, « pensée ». Sa fréquence dans la population actuelle est proche de 1 %, ce qui est considérable. La maladie se déclare en général précocement, entre 15 et 35 ans. Elle est également répartie entre les deux sexes. 10 % des schizophrènes se suicident. Une évolution favorable s'observe dans 15 à 20 % des cas. La schizophrénie est une modification durable et profonde de la personnalité. Les causes de la schizophrénie semblent être la résultante de l'interaction de plusieurs facteurs :

- un facteur génétique : terrain génétique particulier susceptible de favoriser l'éclosion de la maladie ;
- un facteur biologique : de multiples hypothèses ont été avancées, selon lesquelles il s'agirait d'une maladie biochimique, d'un trouble du métabolisme de la dopamine ;
- un certain nombre de facteurs psychologiques : la schizophrénie trouverait ses origines dans les perturbations qui ont eu lieu au cours des toutes premières années de la vie, dans la relation mère-enfant.

Caractéristique de la personnalité schizophrène est cette tendance de l'esprit à considérer, dans le même temps, sous leurs aspects négatifs et positifs, divers sentiments, émotions ou pensées qu'il pourra avoir : ainsi, on observera, dans le même temps, désir et crainte de quelque chose, amour et haine pour quelqu'un, affirmation et négation d'une proposition.

Les principaux symptômes de la schizophrénie, retenus par la classification américaine des troubles mentaux (DSM-V)

Symptômes caractéristiques de la phase active (ou crise)

Présence d'au moins deux des manifestations suivantes :

- idées délirantes ;
- hallucinations ;
- incohérence du discours ;
- comportement désorganisé ou catatonique ;
- affects émoussés ;
- dysfonctionnement des activités sociales, professionnelles et personnelles.

Durée : ces signes cliniques sont permanents depuis au moins six mois.

Les psychoses non schizophréniques ♦ la psychose hallucinatoire chronique (PHC) et la paraphrénie (ces deux pathologies font également partie des psychoses non schizophréniques mais ne seront pas développées dans cet ouvrage car elles font peu l'objet de prise en charge par le moniteur éducateur).

La paranoïa (ou psychose paranoïaque) désigne à la fois :

- un type de personnalité (constitution paranoïaque) ;
- un délire (psychose paranoïaque).

Les personnalités paranoïaques présentent un certain nombre de traits de caractère et de troubles du comportement particuliers signant une organisation pathologique de la personnalité.

Il y a différents traits cliniques caractéristiques de la personnalité paranoïaque.

- L'hypertrophie du moi : les sujets paranoïaques présentent une surestimation d'eux-mêmes avec un sentiment aigu de leur propre valeur. Ils sont volontiers égocentriques, intolérants, méprisants, avec un amour-propre excessif.
- La méfiance : ce sont des sujets en permanence suspicieux, anxieux, toujours sur le qui-vive.
- La fausseté de jugement : le paranoïaque est bien souvent un passionné et toutes ses idées sont orientées par une croyance *a priori*. Il ne remet jamais en cause son système de valeurs, ne doute pas de lui-même. L'absence d'autocritique est permanente. Il apparaît donc rigide, autoritaire et peu ouvert aux systèmes de valeurs des autres.

Ces traits de caractère et cette personnalité, régulièrement rencontrés dans la population masculine, sont en général bien compensés et seul un nombre restreint de personnalités paranoïaques va décompenser sur un mode délirant.

Si le délire paranoïaque peut réaliser plusieurs types cliniques, il présente des éléments communs :

- Les délires sont dits systématisés : ils sont bien construits et s'appuient très clairement sur des éléments puisés dans la réalité (délire de jalousie, délire mégalomaniaque...).
- Les délires sont interprétatifs : les éléments puisés dans la réalité sont significatifs et interprétés dans le sens du délire.
- Le patient conserve une bonne adaptation à la réalité.

Les délires sont de trois types :

- les délires passionnels ;
- les délires de relation des sensitifs ;
- les délires d'interprétation.

d. Les névroses

La névrose n'est généralement pas classifiée sous le registre du handicap mais sous celui de la maladie mentale car, si la personne névrosée peut présenter des incapacités ou des désavantages sociaux, elle n'en est, généralement, pas moins autonome dans les actes de la vie quotidienne : elle souffre, a conscience de sa maladie mais se soigne. Contrairement à la personne psychotique qui, si elle souffre (du fait de ses angoisses), n'a pas conscience de sa maladie, et n'a donc aucune raison de se soigner (puisqu'elle n'est pas malade, tout du moins le croit-elle). Toutefois, elle peut être reconnue comme handicap psychique (on parle alors de névrose invalidante) lorsque les troubles sont tels qu'ils posent de graves difficultés d'adaptation sociale.

La névrose se caractérise par l'importance croissante des limitations, des inhibitions que le névrosé s'impose à lui-même (peur des araignées, obsession de la propreté...).

On distingue cinq formes de névroses.

- **La névrose d'angoisse**. C'est un état névrotique dont l'angoisse, sous ses diverses formes, constitue le symptôme central, avec un état permanent d'attente anxieuse (trouble anxieux généralisé), sur lequel se greffe la forme paroxystique : crise d'angoisse aiguë (trouble de panique).

L'anxiété, l'inquiétude et les soucis excessifs concernent tous les domaines de la vie quotidienne (famille, situation professionnelle...). L'anxiété se manifeste à travers des symptômes divers : fatigabilité, tensions musculaires, troubles du sommeil, agitation...

- **La névrose phobique**. La névrose phobique se définit par des traits de personnalité (le caractère phobique) et, d'autre part, par une symptomatologie (les conduites phobiques et contraphobiques).

La personne présentant une névrose phobique développe une personnalité évitante qui se manifeste par une inhibition sociale, un sentiment de ne pas être à la hauteur et une sensibilité excessive au jugement d'autrui.

Sur le plan symptomatologique, la personnalité phobique développe des phobies spécifiques. Cette phobie spécifique se manifeste par une peur permanente et intense déclenchée par la présence d'un objet ou d'une situation spécifique (prendre l'avion, entrer dans un ascenseur, voir du sang, être en présence de certains animaux...). Afin d'éviter les situations phobogènes, la personne présentant ce type de névrose met en place des attitudes contraphobiques : tout est mis en place afin que ces situations ne puissent pas être rencontrées.

- **La névrose hystérique**. Cette névrose est caractérisée par une personnalité clairement identifiable et des symptômes prenant une allure somatique, voire organique.

La personnalité histrionique se manifeste sous la forme d'une réponse émotionnelle excessive, d'une quête affective perpétuelle et une recherche constante de l'attention d'autrui. Le sujet supporte souvent mal les situations où il n'est pas le centre de l'attention. La séduction ou l'attitude provocante sont souvent présentes. L'aspect physique est mis en avant pour attirer l'attention. Les comportements sont souvent théâtralisés, dramatisés, exagérés. Enfin, le sujet est facilement influençable.

Sur le plan symptomatologique, les personnes présentant des névroses hystériques sont sujettes à des déficits de la motricité, sous forme de paralysie partielle ou totale. De nature hypocondriaque, elles vont souvent chez le médecin afin d'être rassurées. Il n'y a aucune explication organique aux souffrances physiques qui sont pourtant éprouvées, la souffrance étant bien présente.

- **La névrose obsessionnelle**. La névrose obsessionnelle est la forme la plus organisée et la plus grave des pathologies névrotiques.

Elle est caractérisée par une personnalité obsessionnelle préoccupée par l'ordre, le perfectionnisme et la maîtrise, aux dépens d'une souplesse, d'une ouverture d'esprit et d'un pragmatisme.

Les symptômes se manifestent sous la forme d'obsessions et de rituels. On parle alors de troubles obsessionnels compulsifs (ou TOC) : le sujet présente des impulsions intrusives entraînant une anxiété, une souffrance importante. Il présente en outre des compulsions : des comportements répétitifs (lavage des mains, rituels d'objets…) ou des actes mentaux (répétition silencieuse de mots ou de chiffres…). Ces compulsions ont pour fonction de diminuer ou neutraliser l'angoisse, mais elles sont aussi à l'origine des sentiments de détresse et d'une perte de temps importante qui limite les activités habituelles du sujet.

- **La névrose traumatique**. C'est un état névrotique organisé et durable provoqué par un événement traumatisant : choc psychologique représentant une menace, traumatisme suffisamment violent pour déborder les capacités de défense du sujet (attentat, accident…). L'événement traumatique est constamment revécu tant en journée que la nuit (rêves ou insomnies). Le sujet présentant une névrose traumatique va adopter des conduites d'évitement des stimuli associés au traumatisme.

6 Les autismes

D'abord confondu avec la démence profonde, puis défini par Eugen Bleuler en 1911 comme un trait caractéristique de la schizophrénie, l'autisme a trouvé ses premiers critères diagnostiques avec les travaux simultanés de Leo Kanner (Baltimore, 1943) et Hans Asperger[1] (Vienne, 1944).

Kanner émettra en 1971, soit trente ans après ses premières observations, de multiples hypothèses comme sources de l'autisme : les vaccinations précoces, la relation de l'enfant avec sa mère, l'intoxication par le mercure des amalgames dentaires, ont tour à tour été accusés d'être à l'origine de la maladie. De nombreux traitements ont été essayés, sans qu'aucun fasse la preuve de sa spécificité, d'où le désarroi des familles, et souvent aussi des soignants.

1. Hans Asperger fut l'un des premiers psychiatres à s'intéresser aux autistes de « haut niveau ». Le syndrome que présentent ces enfants portera plus tard, en 1981, son nom : le syndrome d'Asperger.

L'autisme a été intégré dans les classifications parmi les troubles du développement et le terme de troubles envahissants du développement a été officiellement utilisé pour la première fois dans le DSM-III, en 1980. Le concept de TED se réfère à l'idée que les troubles de la socialisation et de la communication « envahissent » tous les aspects de la vie des enfants.

Depuis une vingtaine d'années, les avancées dues aux sciences cognitives, en permettant une analyse plus fine des troubles, ont inspiré de nouveaux modes de prise en charge. L'esprit n'est plus à la stigmatisation. Nous sommes entrés dans une phase de recherche internationale active, dont on peut attendre à la fois des connaissances objectives plus précises et une meilleure concertation entre les familles, les malades, les soignants et les chercheurs pour l'élaboration des approches thérapeutiques les plus pertinentes, tant sur le plan scientifique qu'humain.

a. Définition

L'autisme est une des huit catégories cliniques identifiées par la classification internationale des maladies (CIM10). Définie dans la classification américaine (DSMIV-TR), dans la section des troubles envahissants du développement (TED), elle est remplacée depuis mai 2013, dans le DSM-5, par le terme « troubles du spectre autistique » (TSA) qui sont inclus dans une catégorie plus vaste de « troubles neurodéveloppementaux ».

Dans le DSM-1V-TR, la catégorie des troubles envahissants du développement comportait, outre les troubles autistiques, l'autisme atypique, le syndrome d'Asperger, le syndrome de Rett, les autres troubles désintégratifs de l'enfance, l'hyperactivité associée à un retard mental et à des mouvements stéréotypés, les autres TED, les TED sans précision.

Le DSM-5 a remplacé les troubles autistiques, le syndrome d'Asperger, le trouble désintégratif de l'enfance et les TED non spécifiés par la catégorie générale « troubles du spectre autistique (TSA), le syndrome de Rett et l'hyperactivité ne faisant plus partie du système de classification.

L'autisme se caractérise par la présence de perturbations qualitatives de la socialisation et de la communication ainsi que par le caractère restreint, répétitif, stéréotypé des comportements, des intérêts, des activités. La diversité des formes cliniques de l'autisme infantile est si importante qu'aujourd'hui nous ne parlons plus d'autisme, mais des autismes.

Toutes les perturbations, qui sont présentées ci-dessous, existent chez les personnes présentant un autisme infantile, mais à des degrés variables selon la sévérité des troubles et selon l'importance des troubles associés. Si les classifications basent leur définition de l'autisme sur la présence d'anomalies de la communication, de la socialisation et du type d'intérêt, il existe aussi dans ce syndrome des anomalies dans les cognitions, le langage, la motricité et les capacités adaptatives.

- Selon la classification internationale des maladies (CIM10) éditée par l'Organisation mondiale de la santé (1993), l'autisme infantile débute précocement, avant l'âge de 3 ans, trois à quatre fois plus souvent chez les garçons que chez les filles et il se définit par la présence de trois types de perturbations :
- **Altérations qualitatives des interactions sociales**. Elles se traduisent par une appréciation inadéquate des signaux sociaux ou émotionnels, comme en témoignent : l'absence de réaction aux émotions d'autrui, le manque d'adaptation du comportement au contexte social, la faible utilisation des messages sociaux, la faible intégration des comportements de communication, sociaux et émotionnels, et surtout le manque de réciprocité sociale et émotionnelle.

- **Altérations qualitatives de la communication**. Elles se traduisent par un manque d'utilisation sociale des acquisitions langagières, quel que soit leur niveau, des anomalies dans le domaine du jeu de faire semblant ou du jeu d'imitation sociale, une faible synchronisation et un manque de réciprocité dans les échanges conversationnels, un manque de souplesse dans l'expression verbale et un relatif manque de créativité et de fantaisie dans les processus de pensée, un manque de réaction émotionnelle aux sollicitations verbales et non verbales d'autres personnes, une utilisation déficiente des variations de rythme et d'accentuation pour traduire les modulations de la communication, un manque de gestes d'accompagnement pour accentuer et faciliter la compréhension de la communication parlée.
- **Caractère restreint, répétitif et stéréotypé du comportement, des intérêts et des activités**. En témoignent une tendance à rigidifier et à ritualiser de nombreux aspects du fonctionnement quotidien (concernant habituellement aussi bien les activités nouvelles que les activités routinières et les jeux familiers), un attachement spécifique, surtout chez le petit enfant à des objets insolites, une insistance pour effectuer certaines activités routinières selon des rituels n'ayant pas de caractère fonctionnel, des stéréotypes moteurs, un intérêt particulier pour les éléments non fonctionnels des objets, une résistance à des changements dans les activités routinières, une opposition à toute modification de l'environnement personnel.

La prévalence des troubles envahissants du développement fait depuis longtemps l'objet de débats. Certains ont même évoqué une véritable « épidémie » des TED, les chiffres de prévalence étant passé de 1 à 4 pour 10 000 dans les années 1980, de 1 à 4 pour 1 000 dans les années 2000. Actuellement, le chiffre admis est estimé à 1 pour 150 naissances. Ce chiffre s'explique en grande partie par le fait que le « spectre » de l'autisme se soit élargi et que les praticiens identifient des formes d'autisme plus légères.

b. Les pistes de recherche

À l'heure actuelle, les pistes de recherches sont surtout neurobiochimiques, génétiques et neurocognitives.

Piste neurobiochimique

La piste neurobiochimique a pour but d'essayer de distinguer, au sein du syndrome, des sous-groupes homogènes caractérisés par un indice biochimique commun et, à partir de là, de pouvoir réfléchir à des pistes thérapeutiques.

Certains enfants (30 à 40 %) présentent des taux élevés de sérotonine. Chez le sujet normal, pendant la période de « construction » du système nerveux central, les taux de sérotonine sont très élevés jusqu'à 6 ans, puis ils diminuent pour arriver au taux adulte vers 18 ans. Dans une population d'enfants autistes, on retrouve une courbe linéaire, sans décroissance de la sérotonine, dont l'interprétation est encore délicate aujourd'hui.

Cette anomalie est retrouvée chez les apparentés du premier degré (surtout mère et fratrie).

Autre piste, celle d'un déséquilibre du système dopaminergique (système participant au contrôle moteur et émotionnel). Il s'agit d'un déséquilibre de fonctionnement entre les précurseurs et les produits de dégradation dopaminergiques.

Il existe également dans certains groupes d'enfants autistes une élévation des taux de bêta-endorphines plasmatiques (de même que chez les apparentés du premier degré). Ces anomalies des opiacés se retrouvent souvent chez des sujets automutilateurs, chez lesquels l'administration d'antagonistes opiacés régule le taux de bêta-endorphine et améliore non seulement le comportement d'automutilation mais aussi certains secteurs de l'interaction et de la communication.

Il existe donc des anomalies qui sont des indices de neurodysfonctionnements, mais elles ne sont pas présentes chez tous les enfants autistes. On ne sait pas ce qui a provoqué ce dysfonctionnement, ce qui n'empêche pas ces observations d'être autant d'aides pour trouver des pistes thérapeutiques.

Piste génétique

La piste génétique a été niée pendant très longtemps car on ne connaissait pas de transmission verticale de la maladie (très souvent, les autistes n'ont pas d'enfants). La fréquence de cette maladie était très faible chez les apparentés et, avec les anciennes techniques, aucune anomalie chromosomique n'était retrouvée. Grâce à l'évolution des techniques, on connaît désormais la prévalence de la maladie (1,7 à 4/1 000). Le risque pour la fratrie est de 4,5 % et le risque relatif pour un frère ou une sœur d'autiste est cinquante fois plus élevé que dans la population normale. Il s'agit donc d'une maladie hautement génétique, mais pas seulement. En effet, dans les nombreuses études épistémologiques menées depuis la fin des années 1970 sur les jumeaux, on retrouve une concordance variant de 0,6 % à 5 % chez les jumeaux dizygotes (partageant environ la moitié de leur génome) et de 60 à 90 % chez les monozygotes (partageant l'ensemble de leur génome). Il existe donc des facteurs de susceptibilité génétique nécessitant la présence de facteurs environnementaux (infectieux ? accidents néonataux ?...) pour qu'ils s'expriment.

Il semble que l'autisme rentre dans le cadre des maladies polygéniques ; de 3 à 15 gènes peuvent être concernés, chaque anomalie a un poids modéré mais les actions simultanées de tous ces gènes sont à l'origine du syndrome. Le mode de transmission est actuellement inconnu.

Piste neurocognitive

L'imagerie fonctionnelle ne retrouve pas d'anomalie majeure de la formation anatomique du cerveau. En revanche, on remarque chez l'enfant autiste une croissance importante de la masse cérébrale entre 2 et 4 ans mais qui aboutit à 5 ans à un cerveau normal. La mesure des débits sanguins cérébraux montre dans l'autisme infantile une hypoperfusion de la région bitemporale (étude sur 32 enfants autistes). Cette zone de traitement de l'information auditive est donc probablement impliquée. L'enfant autiste ne traite pas l'information sonore comme un enfant normal.

Toutes ces études sont encore en cours, et la recherche doit continuer pour affiner la compréhension de cette pathologie extrêmement complexe et peut-être aider à la mise en place de schémas thérapeutiques.

c. Les prises en charge

Le parcours du combattant

La prise en charge de l'autisme est, pour les parents, un vrai parcours du combattant du fait de l'absence de structures adaptées et du nombre insuffisant de rééducateurs spécialisés.

L'idéal serait une adaptation au cas par cas. La rééducation de la communication est capitale, quelle que soit la profondeur du trouble. Elle doit avoir lieu 2-3 fois par semaine car chaque séance est très courte, la capacité attentionnelle de ces enfants étant très faible.

La rééducation de la socialisation

La rééducation de la socialisation (notamment dans le syndrome d'Asperger) est fondamentale pour améliorer l'autonomie (apprendre la signification d'un regard, comprendre le langage imagé, par exemple).

La rééducation psychomotrice

La rééducation psychomotrice peut également être une aide. Une prise en charge éducative et comportementale est importante, et le soutien psychologique nécessaire, notamment au moment de l'adolescence, lorsque la personne autiste prend pleinement conscience de ses difficultés de socialisation.

Les traitements médicamenteux

Dans des cas précis, des traitements médicamenteux peuvent apporter une aide considérable pour réduire les troubles du comportement qui peuvent compromettre gravement l'intégration de l'enfant dans sa famille et dans la société. Cela concerne notamment le traitement de l'hyperactivité, de l'automutilation, des stéréotypies, des rituels envahissants et des troubles du sommeil. L'utilisation des médicaments psychotropes impose de cibler correctement le trouble du comportement. Il faut débuter à faible dose et augmenter de façon très progressive le traitement, en évaluant à chaque étape la réponse sur la cible choisie et la tolérance, en évitant les prescriptions multiples et en réévaluant l'indication dans le temps.

d. Les techniques thérapeutiques innovantes

Howard Buten, citant Freud, écrit :

> « [La] voie royale vers l'inconscient est le rêve, la voie royale vers un rapport affectif avec l'autiste – surtout ceux qui n'ont pas accès au langage – est le corps. »

Dans les années 1970, de nouvelles formes de psychothérapie, développées en Allemagne et aux États-Unis, voient le jour : les thérapies « cathartiques » ou « régressives ». Leur but est de réveiller chez le sujet les émotions douloureuses profondes venant des expériences de la petite enfance afin de pouvoir les évacuer définitivement. Selon la technique choisie, on estime nécessaire de revivre au présent les événements particuliers qui ont été historiquement la source de ces émotions.

La holding therapy

Elle est conçue à l'origine comme une méthode dite régressive : le thérapeute tient le sujet dans ses bras en l'encourageant à se mettre à sa propre place quand il était bébé, afin de pouvoir éprouver à nouveau les traumatismes de l'époque, mais cette fois dans des conditions convenables à la réparation.

Le packing ou « enveloppements »

Le *packing* s'effectue lors de rendez-vous fixes, hors des épisodes d'explosion. Il s'agit d'un enveloppement de la personne dans de multiples couches de draps humides (très froids ou très chauds), sous lesquelles elle se sent contenue, du fait de la pression et du picotement de sa peau ainsi refroidie (ou réchauffée). Le protocole tend à multiplier les « contenants » :

la personne est entourée de quatre ou cinq soignants tout au long de la séance, le référent de la personne énonce ce qui est fait (contenant sonore).

Les résultats de cette expérience font apparaître une diminution de l'incidence des crises explosives chez les patients bénéficiant de ces séances.

Le rolfing

Il s'agit de détacher systématiquement les muscles des os qui les soutiennent, afin que toute la musculature retrouve son positionnement naturel.

e. Les difficultés à mener un travail thérapeutique et éducatif auprès de personnes autistes

Peut-être plus qu'ailleurs, les relations entre les éducateurs (ou les soignants) et les personnes autistes peuvent être explosives. Les mécanismes de défense mis en place s'apparentent souvent à de l'évitement par peur de ses propres réactions.

Le travail thérapeutique et éducatif auprès des personnes gravement autistes et psychotiques exige des efforts importants et difficiles. Importants parce qu'il faut tout réinventer chaque jour, parce que nos efforts doivent être aussi soutenus que leurs résultats sont ingrats, parce que rien n'est jamais acquis et les progrès, s'il y en a, sont tellement longs à venir, qu'on a tendance à ne plus les voir quand ils se produisent. Difficiles, parce que, quelle que soit la nature de nos actions, leur efficacité sera toujours directement proportionnelle à nos qualités humaines – nos qualités professionnelles, certes, mais aussi nos qualités personnelles.

Les compétences traitées

- Instaurer une relation :
  - savoir prendre en compte la situation de la personne ou du groupe ;
  - savoir observer les attitudes et comportements des usagers ;
  - savoir développer une écoute attentive et créer du lien ;
  - savoir identifier et réguler son implication personnelle.
- Aider à la construction de l'identité et au développement des capacités :
  - savoir repérer et mobiliser les potentialités de la personne ou du groupe ;
  - savoir repérer et respecter les déficiences, incapacités, handicaps et les facteurs qui font obstacle au parcours individuel des personnes ;
  - savoir proposer et mettre en œuvre des activités susceptibles de permettre la progression de la personne aidée dans le respect de ses droits et aspirations ;
  - savoir s'interroger et interroger les dimensions éthiques ou déontologiques impliquées dans les pratiques ;
  - savoir favoriser l'expression et la communication.

Cours

7 La vie en groupe, approche de phénomènes de groupe, gestion des conflits

1 Définition

La psychologie sociale est le domaine d'étude qui analyse la façon dont les comportements, cognitions (pensées) et affects (émotions ou sentiments) de l'individu sont influencés par le comportement et les caractéristiques des autres ainsi que par les caractéristiques de la situation dans laquelle l'individu est inséré.

2 Le concept de groupe

a. Étymologie

Le terme français de groupe est bien plus récent qu'on ne le pense. Il trouve son origine au XVIIe siècle dans le terme italien *gruppo* ; ce terme désignant plusieurs individus, sculptés ou peints, qui composent une partie ou la totalité d'une œuvre.

Ce terme se répand rapidement dans le langage courant afin de désigner un ensemble d'éléments, êtres ou objets. S'il faut deux individus pour faire un couple, il en faut au moins trois pour composer un groupe.

b. Les cinq catégories fondamentales

Didier Anzieu (1923-1999), psychanalyste réputé notamment pour ces travaux sur le concept de Moi-peau[1] (concept fondamental décrit plus haut dans ce chapitre) et le travail psychanalytique dans les groupes, distingue cinq catégories fondamentales[2].

- **La foule** : elle désigne les individus qui se trouvent réunis en grand nombre, chacun visant à satisfaire en même temps une même motivation individuelle.
- **La bande** : elle désigne des individus réunis pour le plaisir d'être ensemble et dont la caractéristique est la recherche de la similitude : mode de penser et de sentir. Elle procure un sentiment de sécurité et constitue ainsi un substitut de l'amour. Elle tend à autoriser des activités qui sont souvent à la limite des règles morales et sociales. Le but de la bande est d'être ensemble parce que l'on est semblable. La bande est, la plupart du temps, éphémère.
- **Le groupement** : il désigne les personnes se réunissant de manière régulière et dont les objectifs ont une permanence relative. Si les membres, qui constituent le groupement ont un intérêt commun, leur prise en charge est menée par des représentants de ceux-ci. La plupart des associations sont des groupements.

1. Anzieu D. (1985), *Le Moi-peau, op. cit.*
2. Anzieu D., Martin J.-Y. (1986), *La Dynamique des groupes restreints*, Paris, PUF, 2013.

- **Le groupe primaire ou groupe restreint** : il désigne un groupe qui a la capacité d'avoir une perception individualisée de chacun des membres. Ce groupe poursuit en commun et de façon active les mêmes buts. Les relations affectives sont prépondérantes. L'interdépendance entre les membres est forte. Les rôles de chacun des membres sont différenciés. Dans les groupes restreints, les normes, les croyances, les rites, sont des éléments importants de leur constitution.
- **Le groupe secondaire** : à l'inverse du groupe primaire, où les relations affectives et la solidarité sont prépondérantes, dans les groupes secondaires, les relations entre les membres sont froides, formelles et contractuelles : les communications écrites sont majoritaires. « Il s'agit d'un système social qui fonctionne selon des institutions (juridiques, politiques, économiques, etc.), à l'intérieur d'un segment particulier de la réalité sociale[1] » : une entreprise, un hôpital, une école, un parti politique, etc.

Vous l'aurez compris, les moniteurs éducateurs sont majoritairement soumis, dans leur quotidien, à des questionnements issus des groupes restreints tels que les définit Anzieu ; pour autant, ils font partie intégrante de groupes secondaires, eux-mêmes issus, la plupart du temps, de groupements.

3 Les courants théoriques et les concepts fondamentaux de la psychologie sociale

a. Le psychodrame et la sociométrie par Jacob Levy Moreno

Jacob Levy Moreno (1889-1974) fut l'un des pionniers de la thérapie de groupe. Médecin psychiatre de formation, il fonda en 1923, à Vienne, le psychodrame, psychothérapie des conflits interpersonnels au sein du couple et de la famille. Homme de théâtre, il utilisa l'improvisation théâtrale comme moyen thérapeutique.

L'origine du psychodrame et du concept de « catharsis » des affects réprimés trouve son origine en 1921, à Vienne, dans le théâtre d'improvisation, appelé également « théâtre de la spontanéité » que Moreno, homme de théâtre, avait créé : Moreno avait observé que Barbara, jeune femme qui s'était inscrite à son atelier, interprétait, sur scène, des rôles de femmes douces alors qu'elle avait la réputation (Moreno tenait cela du mari de Barbara) d'avoir des accès de colère dès qu'elle se retrouvait chez elle. Moreno lui fit alors jouer des rôles de femmes négligées, notamment ceux de prostituées, ce qui eut sur elle un effet thérapeutique inattendu : les accès de colère commencèrent à disparaître.

Le psychodrame morenien s'appuie sur plusieurs notions essentielles, et notamment sur l'effet cathartique de ces séances. L'effet libérateur est thérapeutique et ne peut se produire que si la spontanéité est en œuvre.

Le psychodrame de Moreno nécessite plusieurs éléments : un plateau constituant la scène, l'acteur principal (le patient) qui joue, selon sa propre inspiration, un meneur de jeu (le thérapeute ou analyste), les thérapeutes auxiliaires et le public.

Trois moments sont essentiels : la mise en train, la représentation et la participation thérapeutique du groupe.

1. *Ibid.*, p. 40.

Moreno va attribuer les rôles en fonction des conflits personnels des individus mais va également utiliser divers procédés, comme le jeu en miroir, l'inversion de rôles et la méthode du double.

Créée par Moreno, la sociométrie est le précurseur de l'analyse des réseaux sociaux, une sorte de radiographie des liens socioaffectifs. Selon Moreno, les êtres humains sont reliés les uns aux autres par trois relations possibles : la sympathie, l'antipathie, l'indifférence. À partir de ce constat, grâce à un questionnaire où chaque membre dans un groupe indique qui il choisit et rejette, nous sommes en capacité d'établir un sociogramme, une représentation graphique des liens socioaffectifs. Plus le sociogramme fait apparaître de chaînes d'antipathies, plus les difficultés sont importantes pour les personnes qui encadrent ce groupe. À l'inverse, plus il y a de chaînes de sympathie, meilleur est le climat éducatif. Mais en plus, pour ces dernières, le moral et les performances sont positifs. Il devient alors aisé de recomposer des groupes à partir des liens socioaffectifs identifiés.

b. La grille de Bales

La grille de Bales constitue un outil d'analyse quantitative et qualitative des relations interindividuelles et de la dynamique de groupe lors de l'exécution d'une tâche. Inventée par Robert Bales (1914-2004), psychosociologue américain, la grille dite « de Bales » et les méthodologies associées visent à réaliser une typologie des interactions (typiquement, des interventions orales) lors de réunions de groupe de travail.

Lorsque des groupes sont centrés sur une tâche, et alors que les membres sont censés avoir le même statut, on observe spontanément l'émergence de rôles différents, qui dépendent à la fois de la tâche à accomplir et des spécificités individuelles et collectives. La grille de Bales permet d'établir des profils individuels, d'analyser la qualité des relations socioaffectives et des comportements orientés vers le travail, à partir du type et du nombre d'interactions.

Dans cette perspective, un observateur note la portée (affective, centrée sur le travail), la valeur (intervention positive, négative) et la nature (intervention centrée sur soi, sur autrui, sur une autre intervention). Pour cela, il classe chacune de ces interventions parmi 12 catégories : 6 catégories concernent les interventions centrées sur le travail en cours, 6 autres sur les relations interpersonnelles, socioaffectives. Dans chacun de ces deux domaines, 3 catégories permettent de décrire, selon leur nature, des aspects positifs de l'intervention, 3 autres, inversement, des aspects négatifs. Généralement, l'observateur est en observation directe non participative : il assiste en spectateur à la réunion de travail.

L'utilisation de cette grille et la typologie qui en découle permettent l'analyse de la dynamique du groupe occupé à la tâche. Alors que le sociogramme de Moreno fournit une description relativement statique du groupe, la grille de Bales fournit un outil qui se montre très utile non seulement dans l'évaluation de processus sociaux, mais également en tant qu'application pour le milieu du travail et des entreprises, le milieu scolaire ou encore le milieu éducatif.

Les catégories décrites par Bales sont les suivantes :

Catégories centrées sur les relations interpersonnelles (socioaffectives), manifestations positives :

1. Manifestation de solidarité, de sympathie, aide.
2. Détente et relâchement de tension.
3. Manifestation d'un accord.

Catégories centrées sur le travail, manifestations positives :

1. Suggestions.
2. Intervention exprimant l'avis, l'opinion.
3. Intervention directive, donnant des informations ou une orientation de travail.

Catégories centrées sur le travail, manifestations négatives :

1. Demande d'informations.
2. Demande d'avis, d'opinions.
3. Demande de suggestions.

Catégories centrées sur les relations interpersonnelles, manifestations négatives :

1. Manifestation de désaccord.
2. Manifestation de stress ou de gêne, de tension.
3. Attaque relationnelle, manifestation d'animosité.

Il ressort des observations de Bales les éléments suivants :

- le leader de groupe préfère généralement s'adresser à plusieurs personnes plutôt qu'à une en particulier, recueillant des avis favorables et des accords ;
- le leader affectif suscite et émet davantage de manifestations de sympathie ;
- le leader centré sur le travail privilégie des interventions plus directives et adaptées à la résolution du problème en cours ;
- la grille permet également de révéler les difficultés d'un groupe de travail dues à un manque de dynamisme ou une ambiance affective stressante ;
- l'augmentation des demandes et émissions de suggestions met en évidence un problème d'organisation du travail ;
- le manque d'échanges, d'informations peut signer l'absence d'investissement sur un travail ou au contraire une forte motivation.

c. La dynamique des groupes : Kurt Lewin & Co

Kurt Lewin (1890-1947), psychologue américain d'origine allemande, est l'un des fondateurs de la psychologie sociale. Il a transposé dans l'étude des comportements individuels et des processus groupaux, les découvertes de la théorie de la Gestalt (psychologie de la forme) qui considérait que l'important n'est pas dans les caractéristiques de chaque élément pris en compte, mais plutôt dans la façon dont l'acte perceptif les structure et les organise entre eux. Ainsi, Lewin explique l'action individuelle à partir de la structure qui s'établit entre le sujet et son environnement à un moment donné. Cette structure est un système de force en équilibre. Quand l'équilibre est rompu, il y a tension chez l'individu et son comportement vise à rétablir cet équilibre. Lewin met en avant trois formes de tension dans la personnalité individuelle :

- Une tâche interrompue avant son achèvement laisse l'individu dans un état d'insatisfaction. Cependant, il se souvient mieux de cette tâche que s'il avait pu l'achever (la tension ayant été résolue). Ce point suscite d'ailleurs un véritable questionnement chez les pédagogues.

- Une tension provoquée chez un individu par une frustration le conduit soit à une décharge agressive, soit à un retrait vis-à-vis de ce besoin qu'il espérait satisfaire.
- Les échecs ou les succès rencontrés au cours de l'accomplissement d'une tâche répétitive modifient notre attitude face à cette tâche : la confiance face à la réussite, la défiance face à l'échec.

Lewin poursuivra ses recherches et sa réflexion sur la frustration et la notion de champ dynamique en se consacrant à l'étude des petits groupes de manière expérimentale. En 1943, en collaboration avec Lippitt et White, une expérience sur les styles de commandement fut menée. Cette expérience aura un impact important à travers le monde, en validant la démocratie comme idéal de production : les auteurs s'appuient sur la théorie dynamique des groupes en partant de l'hypothèse que la modification du style de commandement fait varier l'agressivité et donc le climat social du groupe. Pour démontrer cela, ils mènent leur expérimentation auprès d'enfants américains participant à des clubs de loisirs sous la responsabilité d'un adulte.

Trois styles de commandement sont menés par l'adulte.

- **Un style autoritaire** : l'adulte prend seul les décisions concernant les objectifs du club, les moyens à mettre en œuvre et la répartition des tâches entre les enfants.
- **Un style démocratique** : l'adulte fait des propositions et les décisions concernant les objectifs, les moyens à mettre en œuvre sont prises d'un commun accord avec les enfants. Ceux-ci se répartissent les tâches et constituent librement les sous-groupes nécessaires.
- **Un style laisser-faire** : l'adulte n'intervient pas de lui-même, ne fait aucune proposition, mais répond aux demandes des enfants en fournissant des informations ou du matériel.

Les résultats montrent les éléments suivants :

- quand le groupe a affaire à un leader autoritaire, deux types de réactions sont observés : certaines séances se déroulent sans aucune agressivité (apathie) mais d'autres, à l'inverse, font l'objet de fortes explosions d'agressivité ;
- quand le groupe a affaire à un leader démocratique, si l'agressivité n'est pas nulle, elle se décharge au fur et à mesure sans atteindre de paroxysme. La satisfaction des enfants apparaît également comme étant la plus importante ainsi que l'intérêt pour la tâche et sa réussite ;
- quand le groupe a affaire à un leader « laisser-faire », le taux d'agressivité est maximal ainsi que les décharges explosives.

Cette expérience vérifie donc l'hypothèse que le climat des groupes dépend de la manière dont ils sont commandés. Toutefois, et sans invalider cette hypothèse, d'autres expériences plus tardives (en particulier Fiedler en 1967) ont démontré que le contexte institutionnel, dans lequel se déroule la situation et la nature des tâches à effectuer, ont une influence sur l'efficacité du style de commandement.

Cette expérience, dans le cadre de la formation des moniteurs éducateurs, doit interpeller le professionnel dans la manière dont il prend en charge un groupe. Loin d'être une victime d'un collectif, il en est l'acteur principal et constitue l'une des sources essentielles du climat social qui va se jouer entre les individus.

Par ailleurs, cette expérience montre que le groupe est dans un état quasi stationnaire : les différents éléments d'un groupe interviennent avec des forces différentes et contradictoires de manière à trouver son équilibre. Quand l'équilibre tend à se rompre, les tensions apparaissent et constituent des zones de résistance au changement. Mais si certaines forces s'intensifient au-delà de la marge qui définit l'état quasi stationnaire de l'équilibre, alors celui-ci est rompu et des changements structurels s'amorcent, de manière à créer un nouvel équilibre.

À partir de cette réflexion, Lewin souhaita comprendre comment on pouvait introduire du changement dans les groupes. Nous reviendrons plus tard sur les éléments qui induisent le changement de normes.

d. Le groupe comme lieu de changement et de résistance

L'un des précurseurs de l'étude des groupes restreints fut Elton Mayo (1880-1949) qui, à partir de ses recherches sur le comportement au travail, élabora les premières théories en psychologie sociale sur les changements d'attitude.

Parmi ces travaux les plus célèbres, on retiendra les expériences menées en 1933, de Hawthorne, du nom de l'usine de fabrication de circuits électriques dans laquelle travaillaient des ouvrières.

Mayo constitua un groupe-test composé de quelques ouvrières volontaires afin de vérifier en quoi les modifications des conditions de travail pouvaient influer sur la productivité. L'enquête mit en évidence que, si l'amélioration des conditions de travail améliore le rendement, étrangement, le rendement obtenu se maintenait quand on ramenait les ouvrières aux (mauvaises) conditions initiales. La recherche des causes de ce surprenant résultat amena Mayo à la conclusion que les exécutantes travaillaient mieux parce que l'on s'occupait d'elles : elles étaient consultées sur les changements projetés, repérées par les autres, constituaient un objet d'attention de la part de la direction. Elles avaient progressivement constitué un groupe avec ses propres objectifs, ses propres normes, sa propre solidarité. La véritable cause des résultats de l'expérience était à chercher dans la constitution même de ce groupe et du bon climat qui y régnait. Cette découverte du rôle-clé des phénomènes affectifs, du besoin d'appartenance et d'estime de soi contribua largement au développement du mouvement des relations humaines.

Pour comprendre comment l'on peut introduire du changement dans les groupes, il est important d'identifier quelles sont les principales sources de résistance au changement.

Le conformisme apparaît être l'une des principales sources de résistance. Quand on essaie de changer les habitudes d'un individu sans changer celle de son groupe, la crainte de l'exclusion tend à maintenir les habitudes individuelles. Aussi, il semble plus facile de changer les normes, les habitudes, les opinions des individus lorsqu'ils sont en groupe que lorsqu'ils sont isolés. De plus, ce sont les discussions de groupe qui facilitent le plus l'évolution de la norme : les échanges d'informations, l'expression des craintes, la proposition de nouvelles données sont autant d'éléments qui favorisent le changement.

Pour illustrer ce processus, Lewin mena en 1942 une expérience sur le changement des habitudes alimentaires.

Le gouvernement américain, alors en guerre, était désireux d'utiliser au maximum les ressources de la nation. Pour cela, il chercha à convaincre les Américains de manger des abats de bœufs (rognons, cœur, museau, ris de veau…).

Pour son expérience, Lewin constitua 6 groupes de 13 à 17 personnes, étroitement soudées. Les collaborateurs de Lewin disposent d'une durée de 45 minutes pour s'adresser à chaque groupe. Trois groupes sont traités par la méthode classique de l'exposé : une ménagère expérimentée fait une conférence intéressante sur l'utilité de consommer ces morceaux (avantages diététiques et participation à l'effort de guerre du pays) et sur l'art de les préparer afin d'éviter certains désagréments, d'odeur par exemple, qui pourraient déclencher l'aversion. Résultat, seules 3 % des participantes sont convaincues au point de servir effectivement à leur table ces bas morceaux.

Les trois autres groupes sont menés selon une autre méthode : un bref exposé aborde le problème de l'alimentation dans les deux perspectives de l'effort de guerre et de la diététique. Une discussion libre est ensuite ouverte pour voir « si les ménagères participeraient à un programme de changement des habitudes alimentaires sans recourir aux méthodes de vente à forte pression ; supposez des ménagères comme vous… ». Les échanges de vues mettent en évidence les préjugés qui font obstacle au changement (odeur pendant la cuisson, consistance répugnante de ces morceaux, dégoût éprouvé par les maris). Un expert propose alors recettes et remèdes, comme dans les trois groupes précédents, mais il ne les propose que quand le groupe est motivé à les connaître. Un vote à main levée encadre la discussion : on demande au début combien de participantes ont déjà servi de tels aliments ; à la fin combien envisagent d'en servir. Le contrôle des effets montre que 32 % le firent effectivement pendant les semaines suivantes.

Les expériences sur le conformisme sont nombreuses, il est impossible de toutes les illustrer ici. Nous renvoyons le lecteur à ses propres recherches ; notamment l'expérience de Kelman (1958) mettant en évidence comment les modalités du conformisme dépendent des caractéristiques de la relation entre la source et la cible d'influence, la célèbre expérience de Asch (1951 et 1971) qui nous montre comment le conformisme peut provoquer l'adhésion à des croyances fausses ou malsaines ou encore l'expérience de Milgram (1963) sur la soumission à l'autorité (expérience transposée en 2010, dans *Le Jeu de la mort*, documentaire polémique mettant en scène l'influence du cadre télévisuel comme instance d'autorité sur l'individu).

e. L'influence sociale selon Serge Moscovici

Serge Moscovici s'est intéressé à l'influence que pourrait avoir la minorité d'un groupe. Il a remarqué que, si une minorité de personnes était profondément convaincue de leur avis et donnait un sentiment de grande assurance, cela amenait un doute à la majorité, de l'inconfort, engendrait des concessions et provoquait la révision de leur point de vue.

Pour démontrer cela, Serge Moscovici mit en place, en 1969, une expérience sur la perception des couleurs. 18 personnes sont réparties en 3 groupes de 6 personnes. Quand les sujets arrivent, un test de discrimination de couleur leur est proposé, afin qu'il n'y ait pas de biais supplémentaire à l'expérience du fait d'un daltonisme ou d'un autre trouble de ce type. Dans 2 des 3 groupes, deux complices des expérimentateurs sont introduits. Dans le groupe A, les deux complices constituent une minorité consistante, dans le groupe B, les deux complices forment une minorité inconsistante, le groupe C constituant le groupe contrôle (ou témoin, sans influence). Six diapositives successives de couleur bleue leur sont présentées et ce six fois de suite, chacune avec des variations de luminosité. Il est alors demandé aux sujets d'indiquer la couleur perçue.

- la minorité consistante (groupe A) dira « vert » ;
- la minorité non consistante (groupe B) alternera entre la réponse « vert » et la réponse « bleu » ;

- le groupe-contrôle (groupe C) répondra simplement aux questions (aucun complice dans ce groupe).

Les sujets naïfs passent en dernier.

Les résultats furent les suivants :

- avec le groupe (A) consistant : 8,40 % d'erreurs ;
- avec le groupe (B) non consistant : 1,25 % d'erreurs ;
- avec le groupe (C) contrôle (sans influence) : 0,25 % d'erreurs.

Il apparaît que la minorité, en offrant une ambiguïté à la tâche, exerce bien une influence, même si elle reste faible. Les facteurs facilitateurs de l'influence minoritaire sont de deux ordres :

- **La consistance synchronique** est définie par l'unanimité des réponses données par les membres d'une minorité (consensus).
- **La consistance diachronique** est définie par le maintien dans le temps et l'espace des réponses des membres de la minorité.

f. L'analyse stratégique du pouvoir dans les organisations selon Michel Crozier

Selon Michel Crozier, sociologue français, les individus n'acceptent pas d'être uniquement utilisés comme moyens aux services de buts fixés par une organisation : ils utilisent celle-ci à des fins personnelles dans les limites qui lui sont données. Le pouvoir ainsi défini est donc une relation et non pas un attribut des acteurs.

Le pouvoir apparaît comme un rapport de force que les uns peuvent tirer des autres. Mais cela existe dans la mesure où l'un a réussi à se préserver une zone que l'autre ne maîtrise pas (certains ouvriers spécialisés, par exemple, sont les seuls à maîtriser la maintenance de leur machine, la direction devient alors dépendante d'eux) et où son comportement est imprévisible pour l'autre (l'ouvrier spécialisé peut se mettre en grève de manière inopinée). L'enjeu des stratégies de pouvoir réside donc dans ces zones de liberté des uns qui constituent des zones d'incertitudes pour les autres, la stratégie étant de préserver son autonomie et de réduire celle des autres.

À partir de ces « zones d'incertitude », Crozier distingue quatre types de pouvoir :

- **Le pouvoir résultant de la compétence** ou d'une spécialisation fonctionnelle difficilement remplaçable : l'expertise, le savoir, le savoir-faire. Le fonctionnement de l'organisation mobilise en permanence une capacité à répondre à des problèmes techniques et organisationnels. L'expert, celui qui possède un savoir-faire particulier, jouit d'un pouvoir, le fonctionnement de l'organisation dépendant de son expertise.
- **Le pouvoir résultant de la maîtrise des relations avec l'environnement** : la survie d'une organisation dépend, pour une bonne part, de la connaissance du réseau extérieur de relations, des appuis, du degré d'intégration. Les acteurs qui, grâce à leur expérience de l'environnement et à leur réseau de relations sont capables d'orienter l'adaptation de l'organisation, contrôlent une zone d'incertitude vitale pour celle-ci.

- **Le pouvoir résultant du contrôle des informations** : pour fonctionner, toute organisation a besoin d'assurer un minimum de régularité dans la circulation des informations. Quand il y a rétention d'information, des membres d'une organisation se retrouvent dans un état d'ignorance qui limite leurs capacités d'action. Disposer d'informations pertinentes constitue un véritable pouvoir dans une organisation.
- **Le pouvoir résultant de l'utilisation et de la maîtrise des règles organisationnelles** : l'invocation de la règle institutionnelle permet à celui qui en use de bénéficier d'un surcroît de légitimité par rapport à son action. Il y a deux manières d'utiliser stratégiquement la règle institutionnelle : en l'interprétant à son avantage ou encore en l'appliquant strictement (ni plus, ni moins), ce qui amène parfois les organisations à ne plus être en capacité de fonctionner (grève du zèle). Pour Crozier, c'est la maîtrise de cette source d'incertitude qui confère aux dirigeants le pouvoir qui est le leur.

Le modèle d'analyse stratégique du pouvoir, tel que le propose Crozier, permet au moniteur éducateur de comprendre ce qui se joue, de manière plus ou moins consciente, dans les groupes qu'il accompagne, mais également dans les équipes dont il fait partie. Cette compréhension, cette analyse institutionnelle permettent de se mettre à distance et de dégager des pistes de travail face aux conflits qui peuvent apparaître dans les enjeux de pouvoir.

9. Les théories cognitivistes, la dissonance cognitive

Léon Festinger (1919-1989) est un psychologue social américain qui inventa, en 1957, le concept, fondamental en psychologie sociale, de la dissonance cognitive.

Selon Festinger, l'individu, en présence de cognitions (connaissances, opinions, croyances sur soi ou sur l'environnement) dissonantes (incompatibles entre elles) éprouve un état de tension intolérable. Afin de réduire ces tensions, l'individu met en œuvre des stratégies inconscientes afin de rétablir son équilibre cognitif. Festinger affirme que ce qui est vrai pour l'individu est vrai pour le groupe.

Festinger découvre ce concept en observant le comportement d'un groupe dont les membres étaient persuadés que des extraterrestres viendraient les sauver du déluge : en septembre 1954, une femme prédit que la ville de Salt Lake City sera détruite par un déluge submergeant toute l'Amérique. La femme tenait sa prédiction d'un message envoyé par les extraterrestres annonçant l'événement au 21 décembre 1954. Un groupe, composé d'une vingtaine de personnes, se forma autour d'elle. Les membres de ce groupe se destituèrent de l'ensemble de leurs biens, au regard de la catastrophe annoncée. Le groupe fut informé par la femme, en lien avec les extraterrestres, que ces derniers viendraient les chercher quatre jours avant la date prévue du cataclysme. Le jour venu, personne ne vint les chercher et ils reçurent un message de leur « intermédiaire » leur annonçant que le groupe avait manifesté une telle foi que Dieu avait décidé d'arrêter le déluge et de sauver le monde. Étrangement, alors que les membres du groupe n'avaient fait aucune publicité de cet événement, ils commencèrent à inviter les médias pour leur faire des déclarations et à solliciter les curieux pour partager leur dogme. Quatre jours après l'événement, plus de 200 personnes s'étaient regroupées.

Nous comprenons à travers cet événement que le passage du secret à la publicité visait à réduire la dissonance apparue du fait que l'événement attendu ne s'était pas produit. Ce qui devait être la fin du monde en devenait le sauvetage, mais encore, plus les adeptes devenaient nombreux, plus la croyance était justifiée.

Cette dissonance cognitive fait partie de notre quotidien : suivant si un enfant, un adolescent ou un adulte a une bonne ou une mauvaise image de lui-même, il attribuera un échec ou une réussite à l'environnement extérieur au lieu de s'attribuer à lui-même ce résultat. Il est plus simple de chercher des excuses plutôt que de remettre en cause ses convictions. Il est plus simple de se positionner en « victime », qu'en acteur des changements qui s'opèrent.

h. L'approche non directive selon Carl Rogers

Contrairement à Kurt Lewin, dont l'approche des groupes restreints est à la fois scientifique et formatrice (elle vise à anticiper des fonctionnements groupaux de manière à agir, individuellement, en conséquence), Carl Rogers, psychologue clinicien américain (1902-1987) estime, quant à lui, que tout savoir préétabli est gênant, que toute recherche théorique est inutile. L'important, selon Rogers, est d'amener le groupe, qu'il soit de formation ou de psychothérapie, à éprouver des sentiments authentiques, volontairement dissimulés ou inconsciemment rejetés. Autrement dit, ce qui compte, c'est l'orientation non directive du groupe. La fonction de l'animateur se limite à des relances pour inciter le groupe à verbaliser et à reformuler des sentiments exprimés pour faciliter la compréhension. Rogers s'appuie sur un postulat optimiste :

> « Tout être humain, enfant et adulte, tend à se développer et il suffit de le mettre dans une situation de liberté et de compréhension suffisantes pour qu'il fasse les expériences utiles pour réaliser ses possibilités, pour acquérir une meilleure connaissance de soi et des autres, pour retrouver les liens affectifs fondamentaux entre humains. »
>
> Anzieu D., Martin J.-Y. (1986), *La Dynamique des groupes restreints, op. cit.*, 2013, p. 89.

i. La perspective psychanalytique

Dès 1913, dans *Totem et Tabou* Sigmund Freud traite, sous la forme de quatre essais successifs, d'un domaine très large couvrant l'histoire des cultures et des religions, de manière à reconstituer ce qu'on pourrait appeler une genèse de la morale. Cet ouvrage est précurseur dans l'approche clinique des phénomènes collectifs (les éléments de l'ouvrage seront, en partie, repris dans *Psychologie collective et Analyse du Moi* en 1921). Selon Freud, le lien qui s'établit entre les membres d'une foule est de nature libidinale. Chacun des membres est forcé de renoncer à être l'objet d'amour exclusif du chef car celui-ci manifeste un amour égal pour chacun d'eux. Ne pouvant avec le chef pour lui seul, chaque membre de la foule va s'efforcer « d'être » comme lui : le chef va devenir leur « idéal du Moi » et c'est à partir de ce point commun que les membres vont pouvoir s'identifier les uns aux autres. Ainsi, selon Freud, fonctionnent les religions mais aussi les organisations militaires ou politiques.

La psychanalyse appliquée à une pratique collective a d'abord été l'œuvre d'enseignants et de parents qui, après avoir reçu une formation psychanalytique, œuvrèrent pour comprendre les mécanismes de l'inconscient collectif dans une classe ou d'autres types d'institutions accueillant une collectivité.

August Aichhorn (1878-1949), éducateur et psychanalyste autrichien, mit en application les concepts de la psychanalyse individuelle et les transposa dans l'établissement de rééducation qu'il avait fondé. Selon lui, le maniement du transfert constituait le meilleur mode de rééducation : éviter la répétition des modèles parentaux, source de transfert négatif, apaiser la culpabilité, transformer le transfert négatif en transfert positif quitte à laisser un groupe agressif détruire son environnement pour provoquer une frustration et le faire sortir de son indifférence affective.

Wilfred Ruprecht Bion (1897-1979), psychanalyste britannique pionnier de la psychothérapie de groupe, chercha à comprendre comment les groupes se structurent sur le plan affectif et émotionnel. Selon lui, la vie des groupes se développe à deux niveaux :

- un niveau manifeste, rationnel et conscient, qui touche à la réalisation de la tâche du groupe ;
- un niveau implicite, affectif et fantasmatique, caractérisé par la prédominance des processus psychiques « primaires » (états affectifs archaïques qui remontent à la première enfance ; on les retrouve notamment dans les psychoses).

Inconsciemment, un groupe se soumet, alternativement, à trois présupposés de base, trois états affectifs aux tonalités émotionnelles différentes.

- **La dépendance** : le groupe attend d'un leader des idées, de la sécurité comme s'il était seul capable de satisfaire les besoins du groupe. Si le leader refuse, le groupe se sent frustré et abandonné.
- **L'attaque-fuite** : le refus de dépendance par le leader constitue un danger pour le groupe, qui se sent menacé. Sa réaction va être alors soit de lutter, soit de fuir. L'attitude combattante est un signe de solidarité du groupe. Le leader, dans ce cadre, est celui qui attise la haine et qui fournit un ennemi contre qui lutter.
- **Le couplage** : l'attitude combat-fuite aboutit parfois à la formation de sous-groupes ou de couples. L'attention du groupe, ses propos, semblent tournés vers un événement à venir, heureux. Le groupe se centre alors souvent sur un couple particulier. C'est inconsciemment l'attente messianique qui se joue alors, l'attente du sauveur : un nouveau leader qui viendra sauver le groupe.

4 La gestion des conflits

a. De quoi s'agit-il ?

Les conflits et les problèmes relationnels peuvent sérieusement compromettre le déroulement d'un projet. Reconnaître les conflits à temps, en discuter et chercher des solutions avec les personnes impliquées fait partie des tâches de celui qui conduit un projet. Si la direction de projet est elle-même impliquée dans un conflit, ou si la situation s'aggrave, il peut être nécessaire de recourir à un tiers extérieur au conflit, voire à une aide externe.

b. Les causes possibles de conflits

Nous pouvons identifier quatre formes de conflits.

- Conflits d'intérêts : les intérêts des acteurs du projet sont en concurrence.
- Conflits de pouvoir ou conflits portant sur les fonctions dans l'équipe.
- Conflits d'identité portant sur l'expertise, la méthodologie, les informations.
- Conflits d'idéologie : systèmes de valeurs différents.

Les éléments suivants peuvent être sources de conflit au sein de l'équipe qui conduit un projet :

- une clarification insuffisante de certaines questions ;
- une planification insuffisante ;
- des ressources insuffisantes ;
- une répartition peu claire des fonctions et responsabilités ;
- un manque d'homogénéité de l'équipe du projet.

c. Les types de conflit

Certains conflits vont être qualifiés de « chauds », d'autres de « froids ».

Le conflit « chaud » se caractérise par des disputes émotionnelles, verbales, agressives et violentes. Il faut d'abord calmer la situation avant de chercher une solution.

Le conflit « froid » se caractérise par un climat froid et plutôt calme entre les partenaires ; le contact du regard et l'échange verbal sont plutôt évités. On ne sent plus les émotions et la situation est figée. Avant d'être en mesure de chercher une solution, on doit pouvoir libérer ces tensions.

d. Les degrés d'un conflit d'après Friedrich Glasl

Friedrich Glasl[1], spécialiste suisse du conflit, propose un modèle d'escalade du conflit permettant un diagnostic de celui-ci. Selon Glasl, l'escalade du conflit passe par neuf étapes successives (sauf, évidemment, si l'escalade s'arrête).

- Durcissement (ou tension) : confrontation de points de vue, friction d'opinions. À ce stade, on croit à des solutions par la discussion.
- Débats : polarisation, formation de groupes pour persuader « l'autre ». C'est le temps des disputes, des violences verbales.
- Actes : divergence entre le comportement verbal et le comportement non verbal ; dominance du comportement non verbal. L'une des parties en conflit augmente sa pression pour exister ou faire passer son opinion.
- Coalitions d'images : rumeurs, clichés, alliance de plusieurs personnes contre une (des) autre(s) ; on trouve légitime de dénoncer son adversaire. Il s'agit de gagner, de s'imposer pour faire perdre l'adversaire.
- Perdre la face : attaques personnelles directes et publiques, découverte du « vrai visage », isolation. Les intentions sont malveillantes.
- Menaces, ripostes, stress, ultimatum, démonstration de force.
- Attaques destructives : la relation perd son caractère humain.
- Destruction : désintégration du système ennemi, destruction de facteurs vitaux pour le système.
- Ensemble dans l'abîme : point de non-retour, anéantissement de l'autre au prix de son propre anéantissement.

1. Glasl F. (1999), *Konfliktmanagement. Ein Handbuch für Führungskräfte, Beraterinnen und Berater*, Haupt Verlag AG.

Accompagnement social et éducatif spécialisé

Nous comprenons à travers ce modèle que plus le conflit se situe à un stade avancé, plus la recherche de solution est difficile.

Ce qui peut empêcher le conflit de se résoudre :

- identifier le conflit trop tard ;
- ne pas se croire capable de gérer un conflit ;
- avoir trop besoin d'harmonie ;
- ne pas vouloir s'attaquer à des tabous ;
- vouloir épargner des collègues (et ne pas réaliser qu'ainsi, on a tendance à les infantiliser) ;
- s'allier avec l'une des parties et mener ainsi une guerre des camps ;
- identifier tout de suite les responsables (boucs émissaires) et être convaincu qu'il faut simplement qu'ils changent leur comportement.

Les avantages de l'identification et de la résolution d'un conflit :

- lorsqu'un conflit est reconnu à temps (alors qu'il est encore chaud) et que son type est identifié, il est plus facile de le résoudre ;
- une fois le conflit résolu, les personnes impliquées éprouvent de la satisfaction.

Ce qu'il est possible de faire concrètement :

- établir un style de discussion ouvert ;
- prendre au sérieux les différences d'opinion ;
- discuter des zones de flou le plus tôt possible ;
- établir un diagnostic précis (éventuellement à l'aide de représentations visuelles) en éclaircissant les points suivants :
  - quels sont les points de désaccord ?
  - quelle est la dynamique de conflit, comment se manifeste-il ?
  - quel est le stade d'avancement du conflit, à quel degré de conflit en est-on ?
  - quelles sont les parties engagées dans le conflit ?
  - comment les parties engagées dans le conflit se comportent-elles entre elles ?
  - attitude générale (que veulent atteindre/empêcher les parties en conflit ?)
- organiser ou faire organiser, si nécessaire, des séances de crise ;
- si besoin, avoir recours à une aide externe de gestion de conflit ;
- noter comment on gère ou on a géré les conflits. Cela peut être utile pour la suite du projet (ou pour d'autres projets) ;
- si nécessaire, organiser une supervision.

Le cadre proposé ici est un cadre général de la gestion des conflits. Les « parties » identifiées peuvent être tout aussi bien des collègues, des partenaires de travail ou encore les personnes que le moniteur éducateur accompagne.

Il est essentiel que le moniteur éducateur se pose la question de savoir s'il est de sa responsabilité de gérer le conflit qu'il a identifié. Dans le cas contraire, il ne ferait que mettre de « l'huile sur le feu ». La légitimité du médiateur est une donnée qui ne peut en aucun cas être négligée.

Par ailleurs, les modèles et conseils proposés ci-avant sont à adapter en fonction des caractéristiques de la population engagée dans le conflit : capacité de compréhension, d'analyse, de distanciation, notamment.

Les compétences traitées

- Instaurer une relation :
  - savoir prendre en compte la situation de la personne ou du groupe ;
  - savoir observer les attitudes et comportements des usagers ;
  - savoir développer une écoute attentive et créer du lien ;
  - savoir identifier et réguler son implication personnelle.
- Assurer une fonction de repère et d'étayage dans une démarche éthique :
  - savoir favoriser l'apprentissage des règles de vie collective ;
  - savoir utiliser des techniques de gestion de conflits ;
  - savoir se positionner auprès de la personne aidée en tant qu'adulte de référence.
- Animer la vie quotidienne au sein de l'établissement ou du service :
  - savoir utiliser les actes de la vie quotidienne et de la vie collective comme support des apprentissages ;
  - savoir repérer, apprécier en équipe les indices inquiétants concernant la santé ou la mise en danger des personnes confiées ;
  - savoir prévenir et repérer les situations de maltraitance ;
  - savoir inscrire la vie quotidienne de l'individu ou du groupe dans une dimension citoyenne.
- Concevoir et mener des activités de groupe :
  - savoir inventer et organiser des activités dans une visée socio-éducatives ;
  - savoir analyser les besoins des personnes et contraintes des activités ;
  - savoir élaborer, gérer et rendre compte du budget des activités menées ;
  - savoir respecter le cadre juridique des activités.

Cours 8 Notions fondamentales en pédagogie

De tout temps, les théories pédagogiques se sont forgées sur des valeurs, des philosophies, des manières de penser l'être humain. Ces valeurs ont traversé les âges, de l'Antiquité à nos jours, reflets d'une réalité historique, sociologique et spirituelle. Il est ainsi important de relier les courants pédagogiques avec ces réalités afin de comprendre leurs fondements, leurs enjeux et leurs conséquences. Des méthodes traditionnelles jusqu'aux différents courants issus de l'école dite « nouvelle », les pédagogues transmettent leur idéologie, leur manière de penser l'homme apprenant. Nous allons présenter les grands courants pédagogiques et idéologiques afin que le moniteur éducateur puisse mieux situer sa pratique pédagogique à travers la relation éducative qu'il met en place mais aussi celle que porte l'institution ou ses partenaires. Il est nécessaire de commencer par quelques points de repères…

1 La pédagogie : définition et repères

Le terme « pédagogie » trouve ses racines dans le grec ancien. Il « compile » le terme *paidos* qui signifie « l'enfant », et *agein*, « conduire, mener, accompagner, élever ». Le pédagogue est donc, littéralement, celui qui conduit, qui accompagne l'enfant. L'image est attrayante, toutefois dans l'Antiquité, le terme « pédagogue » désignait l'esclave qui accompagnait l'enfant à l'école, assistait aux cours avec lui, lui faisait réciter ses leçons sur le chemin du retour.

Françoise Raynal, dans son ouvrage *Pédagogie : dictionnaire des concepts-clés : apprentissage, formation, psychologie cognitive*[1], définit la pédagogie comme « toute activité déployée par une personne pour développer des apprentissages précis chez autrui ».

Cette définition inclut l'enseignant (celui qui déploie son activité) et l'apprenant (celui qui développe des apprentissages) mais, plus implicitement, inclut le savoir au sens large, qu'il soit cognitif (savoir), affectif (savoir-être) ou psychomoteur (savoir-faire) : le savoir étant, selon Jean Houssaye, spécialiste français de la pédagogie, ce qui fait la relation pédagogique entre l'enseignant et l'apprenant et crée ce qu'il appelle la situation pédagogique modélisée comme « triangle pédagogique[2] ».

1. Raynal F., Rieunier A. (2007), *Pédagogie : dictionnaire des concepts-clés : apprentissage, formation, psychologie cognitive*, 7e éd., Paris, ESF.
2. Houssaye J. (1988), *Le Triangle pédagogique. Théorie et pratiques de l'éducation scolaire*, Berne, Peter Lang, 3e éd. 2000.

Le triangle pédagogique de Jean Houssaye

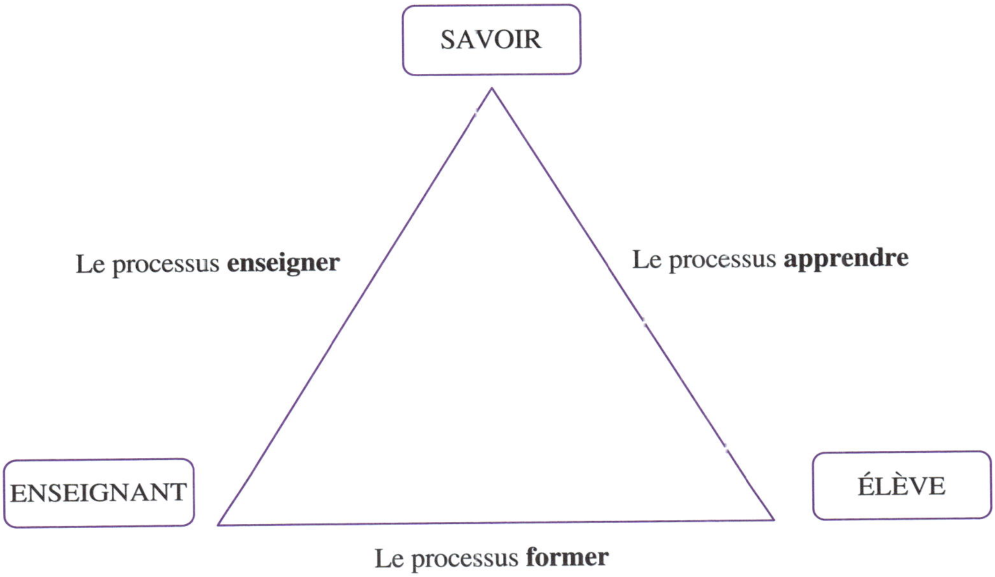

Selon Houssaye, toute situation pédagogique est un processus dynamique incluant trois éléments : l'enseignant, l'étudiant (l'apprenant) et le savoir. La relation qu'entretiennent deux éléments entre eux désigne un processus particulier. Ces processus sont donc au nombre de trois.

- Le processus « enseigner » privilégie l'axe enseignant-savoir et désigne les procédés didactiques.
- Le processus « apprendre » privilégie l'axe élèves-savoir et favorise les stratégies d'apprentissage.
- Le processus « former » privilégie l'axe enseignant-élève et favorise la relation pédagogique.

Jean Houssaye nous dit que toute pédagogie est articulée sur la relation privilégiée qu'entretiennent, entre eux, deux des trois éléments et sur l'exclusion du troisième avec qui cependant chaque élément doit maintenir des contacts.

Si l'axe « enseigner » (enseignant-savoir) est :

- dominant, l'enseignant est l'expert ;
- trop fort, l'enseignant est centré sur sa matière et se soucie peu des besoins de l'apprenant. Ce dernier est oublié, s'installe dans la passivité, voire chahute ;
- trop faible, les savoirs manquent de contenus.

Si l'axe « apprendre » (apprenant ou élève-savoir) est :

- dominant, le rôle du professeur est celui de guide. C'est le cas de la pédagogie de type constructiviste et les pédagogies issues de l'École nouvelle ;

- trop fort, il y a risque de considérer que l'autoformation est systématiquement adaptée et d'exclure l'enseignant ;
- trop faible, l'étudiant est en insécurité car sa dynamique personnelle est niée.

Si l'axe « former » (enseignant-apprenant) est :

- dominant, est favorisée la prise en compte des capacités de l'apprenant, de son rythme de travail, des différences de niveau, etc. ;
- trop fort, il y a d'une part risque de dérive psychologique et d'autre part, risque « d'oublier » le savoir, le contenu ;
- trop faible, l'apprenant est nié par rapport à ses besoins.

En cela, le modèle du triangle pédagogique constitue une « grille » de lecture et d'analyse intéressante des différentes pédagogies.

- Sur l'axe « enseigner » peut être située la pédagogie traditionnelle magistrale, l'apprentissage par transmission tel qu'on le trouvait au Moyen Âge.
- Sur l'axe « apprendre », se trouvent la pédagogie constructiviste, la plupart des courants de l'École nouvelle, la pédagogie Freinet, certaines formes de pédagogies différenciées, la formation ouverte et à distance (FOAD), l'enseignement programmé, certaines formes de pédagogies par objectifs.
- Sur l'axe « former » peuvent être situées les pédagogies libertaires (Neill), certains pédagogues socialistes (Makarenko), pour qui l'important relève d'une structuration maître-élève à engendrer et à renouveler en permanence, mais qui s'appuient souvent sur des fonctions très classiques, proches d'enseigner. Sur ce même axe se trouvent aussi la maïeutique chère à Socrate, les pédagogies non directives (Rogers), les pédagogies institutionnelles (Oury et Vasquez), qui donnent une place centrale à la parole des élèves, des étudiants, au conseil aussi, comme instance génératrice d'un travail entre le maître et les élèves sur le rapport à la loi.

2 La classification des courants pédagogiques

Les modèles de classification pédagogique sont nombreux et leur classification n'est pas aisée. En 1979, Bertrand et Valois, chercheurs québécois, relevaient déjà 80 modèles pédagogiques.

Afin d'avoir une compréhension globalisante des courants pédagogiques, nous nous appuierons sur le modèle de Gérard De Vecchi, maître de conférences en sciences de l'éducation, qui propose 6 courants pédagogiques dont l'unité s'organise autour de la question de l'apprentissage.

1. Apprentissage par transmission de connaissances.
2. Apprentissage par imitation.
3. Apprentissage passant par la recherche et l'expérience.
4. Apprentissage par actions téléguidées.
5. Apprentissage constructiviste.
6. Apprentissage cognitiviste.

a. L'apprentissage par transmission de connaissances

C'est le courant le plus ancien. Il repose sur une pédagogie de la répétition, où l'enseignant est celui qui possède le savoir. Cette pédagogie n'admet pas la critique et implique une confiance de l'enseignant. Cette forme d'apprentissage est présente dans les méthodes employées au Moyen Âge et dans les méthodes dites traditionnelles.

b. L'apprentissage par imitation

Basé sur la répétition, l'apprentissage par imitation est construit selon le modèle du compagnonnage. Il suppose l'identification à un modèle, la volonté pour l'apprenant de le posséder, de se l'approprier. Ce modèle est largement abandonné par l'univers scolaire mais très présent dans le domaine des arts (musique, peinture mais aussi cuisine, sport…).

c. L'apprentissage passant par la recherche et l'expérience

Les courants axés sur cette forme d'apprentissage correspondent à l'ensemble des méthodes actives centrées sur l'apprenant et sur ses besoins, où les apprentissages se font au rythme de l'apprenant, où la motivation est le vecteur de l'apprentissage.

En opposition avec la pédagogie classique, axée sur la relation éducative, ses principes ont été regroupés au XXe siècle sous l'égide de l'École nouvelle (voir le paragraphe concerné).

Trois courants sont issus de l'École nouvelle.

- La pédagogie du projet s'articule autour d'un projet dont les objectifs sont à déterminer, à clarifier, tout en donnant du sens aux activités que l'on met en œuvre. L'individu et/ou le groupe sont les acteurs de son agencement afin de déterminer ses objectifs, ses ressources, la méthode qui va être utilisée.
- La pédagogie différenciée vise à proposer aux élèves des stratégies d'apprentissage différentes selon leur niveau. Le postulat est d'emblée posé qu'un groupe d'apprenants, enfants ou adultes, est hétérogène. Cette pédagogie va donc utiliser des approches différentes et des supports différents : elle va privilégier pour certains le travail en groupe, pour d'autres une approche plus individualisée. Elle va favoriser une approche hypothético-déductive pour certains, plus didactique pour d'autres. Elle mettra l'accent sur l'utilisation de supports ludiques pour certains (informatique, par exemple) et plus « scolaires » (lecture de textes) pour d'autres. L'idée maîtresse est l'individualisation des parcours en adaptant les méthodes et les supports tout en favorisant, dans la mesure du possible, les activités collectives. Cette méthode est très pertinente mais aussi très contraignante, en termes de charge de travail, pour l'enseignant.
- L'éducabilité cognitive regroupe l'ensemble des méthodes qui visent au développement du potentiel intellectuel, à l'émergence de stratégies cognitives. Si une personne a des difficultés pour intégrer un apprentissage, il s'agit alors d'identifier et d'analyser son raisonnement de manière à ce qu'elle acquière des stratégies de résolution de problème et puisse les adapter à des situations nouvelles.

Initialement utilisée dans la formation pour adultes, cette approche s'est introduite dès les années 80 dans le milieu scolaire et est utilisée, auprès des élèves en difficulté, par les instituteurs spécialisés des réseaux d'aides spécialisées aux élèves en difficulté (RASED). La médiation de l'éducateur (au sens large) est déterminante dans cette remédiation cognitive.

Les méthodes d'éducabilité les plus connues sont le programme d'enrichissement instrumental (PEI) de Reuven Feuerstein et les ateliers de raisonnement logique (ARL).

d. L'apprentissage par actions téléguidées

Cette pédagogie repose sur deux axes principaux : des objectifs à atteindre et une contractualisation de ces objectifs. Elle s'intègre dans l'approche comportementaliste (ou béhavioriste).

Pour les comportementalistes, l'apprentissage est une modification des comportements provoquée par les stimuli venant de l'environnement. Ce courant trouve ses origines dans les expériences menées par Pavlov, physiologiste russe qui établit, au début du xxe siècle, que tout comportement de l'organisme est une réponse à l'action d'un agent déterminé de l'environnement (stimulus). On ne développera pas ici ses travaux sur le réflexe conditionné qui sont la source de cette orientation.

Si la théorie du réflexe est la base première pour comprendre les processus d'apprentissage, il revient au psychologue Skinner (1904-1990) d'avoir démontré l'importance et la portée d'un autre mécanisme : le conditionnement opérant (voir le paragraphe sur Skinner).

La pédagogie par objectifs (PPO), utilisée dans les années 1970, s'appuie sur ce mécanisme. Ces objectifs pédagogiques permettent de définir une activité précise de l'apprenant et de préciser les critères qui serviront à l'évaluation. Son intérêt est d'être centrée sur l'apprenant et orientée vers la réussite.

La méthode *Treatment and education of autistic and related communications handicaped children* (TTEACH), utilisée dans certaines institutions auprès d'enfants autistes, s'appuie sur les principes et les lois de l'apprentissage par action téléguidée en utilisant des renforcements positifs de nature sociale ou physique.

e. L'apprentissage constructiviste

L'approche constructiviste explique les processus mentaux selon les stades du développement de l'enfant. Les pratiques de la pédagogie active ont été nourries par les apports de la psychologie constructiviste, et plus précisément les travaux de Jean Piaget (voir plus haut le paragraphe consacré à Piaget).

La psychologie de Piaget prend en compte l'interaction du sujet et de son environnement. Selon lui, l'apprentissage est le fruit d'une série de déséquilibres et de rééquilibrations cognitives, jusqu'à ce qu'apparaisse un état stable, vers l'âge de 15 ans.

Pour cela, deux actions y contribuent.

- l'assimilation : c'est-à-dire l'action de l'organisme sur les objets qui l'entourent, en fonction des connaissances et des structures cognitives construites par le sujet ;
- l'accommodation : à l'inverse, l'action du milieu sur l'organisme qui, loin d'être subie, déclenche des ajustements actifs chez le sujet.

Deux concepts fondamentaux rejoignent chez Piaget les options de l'École nouvelle :

- le processus de l'assimilation se développe si l'enfant est stimulé et intéressé ;
- l'intelligence pratique précède l'intelligence réfléchie : les méthodes actives exploitent cette faculté.

f. L'apprentissage cognitiviste

Apparu dans les années 1950, dans la continuité du courant constructiviste initié par Piaget et en opposition au courant comportementaliste, le cognitivisme s'appuie sur l'hypothèse que la pensée est un processus de traitement de l'information mobilisant la mémoire, le langage, l'intelligence, le raisonnement, la perception et l'attention. Les débuts de l'intelligence artificielle et l'informatique furent des terrains favorables à une conceptualisation de la cognition (connaissance dans le sens de processus et de produit).

Le courant cognitiviste repose sur trois phases.

1. **Contextualisation** : connaissances antérieures, potentialités, besoins, objectifs…
2. **Décontextualisation** : se confronter à des problèmes similaires, extraire les règles, raisonner, transférer les règles et principes abstraits…
3. **Recontextualisation** : transférer à d'autres contextes, analyser ses stratégies d'apprentissage…

Des chercheurs, que nous ne développerons pas ici, comme Jérôme Bruner, psychologue cognitiviste ou encore Robert Gagné et Jacques Tardif, chercheurs québécois en pédagogie, ont contribué à appliquer les principes théoriques du cognitivisme aux sciences de l'éducation.

3 L'approche historique des doctrines pédagogiques

a. Pédagogie et Antiquité : des sophistes à la maïeutique

La question de l'éducation est posée dès le ve siècle av. J.-C. dans la Grèce antique par les sophistes. Les sophistes étaient maîtres de rhétorique et de philosophie et enseignaient l'art de parler en public et de défendre toutes les thèses, même contradictoires, avec des arguments subtils. Ces « professeurs de sagesse » (*sofia* signifie « sagesse » en grec) apprenaient aux jeunes gens à se conformer aux règles sociales par la maîtrise de soi.

Pour Platon (~ 427 av. J.-C. - ~ 347 av. J.-C.) comme pour Aristote (384 av. J.-C. - 322 av. J.-C.), l'éducation vise à obtenir l'harmonie du corps et de l'âme de l'individu, la raison étant le vecteur de cet équilibre. Il s'agit de permettre à l'enfant, naturellement violent et socialement inadapté, d'acquérir une maîtrise de soi sans laquelle il ne peut se développer socialement.

Socrate (469 av. J.-C. - 399 av. J.-C.) développe une méthode pédagogique : la maïeutique (du grec *maieutikê*, signifiant : « art de l'accouchement »). Socrate se définit ainsi comme l'accoucheur de l'esprit humain. Contrairement à d'autres méthodes, la maïeutique indique que les réponses proviennent de l'intérieur, la personne porte en elle les problèmes et leurs solutions.

La maïeutique est aujourd'hui une technique d'enseignement suscitant chez l'apprenant la mobilisation de savoirs précédemment enseignés, de représentations personnelles liées à des choses apprises au préalable, et la réflexion de l'élève. Le rôle du maître est de faire que l'élève prenne conscience de ce qu'il sait, qu'il y mette de l'ordre et qu'ensuite, il conforte ses connaissances. De ce point de vue, l'élève ne fait pas de fautes mais des erreurs.

b. Pédagogie et Moyen Âge : l'apprentissage par transmission

Au Moyen Âge, le postulat de base, très loin de la maïeutique, est que l'élève ne sait rien. Seul le maître sait, son rôle étant de transmettre, magistralement et à l'identique, ce savoir. L'esprit critique est évidemment prohibé. L'élève qui commet des fautes est puni. L'élève qui n'est pas bon est exclu. L'enseignement est essentiellement un enseignement des textes sacrés, la théorie n'existe pas.

c. De la Renaissance au XIXe siècle : le mouvement humaniste

Au XVIe siècle, la révolution copernicienne bouleverse la représentation de l'univers. C'est la Renaissance. La Terre, et donc l'homme, n'est pas au centre de l'univers. On parle de l'univers en termes d'infini. L'héliocentrisme bouleverse notre représentation du monde. Les lettrés, les érudits comme ils se faisaient appeler, s'appuient alors sur ce qu'il y a autour de l'homme : on observe la nature, on essaie de comprendre et on apprend.

À travers cette révolution, le mouvement qui s'opère bouleverse les arts, l'architecture, la peinture mais aussi la pédagogie. Le savoir fonde sa vérité dans l'expérience, la preuve ou la démonstration, non plus sur l'argument d'autorité. C'est l'époque des projets humanistes utopiques.

Nous pouvons citer quelques personnalités parmi les plus importantes de l'époque.

Thomas More (1478-1535) est anglais. Dans son ouvrage *Utopie* (1516), il prône la tolérance et la discipline au service de la liberté, à travers le portrait d'un monde imaginaire (l'île d'« Utopie »), proche de l'idéal de l'auteur. L'éducation est douce, ouverte aux arts et sciences mais aussi aux loisirs. Il fondera le mouvement des Utopiens.

François Rabelais (~1488-1553), français, boulimique de connaissances, est à l'origine du courant encyclopédique. En écrivant *Gargantua* (1534), il fonde le thélémisme, philosophie aux accents libertaires dont la morale se résume dans le principe de Thélème : « Fais ce que tu voudras. » Puisque la nature est bonne, aucune manifestation de la nature ne saurait être mauvaise (du moins « chez gens libérés, bien nés, bien instruits, conversant en compagnies honnêtes » nous dit Rabelais) : la nature veut toujours ce qui doit être, quand elle n'est ni déviée ni comprimée.

Érasme (1469-1536), néerlandais, est reconnu comme l'un des plus grands humanistes de la Renaissance. Selon lui, l'éducabilité définit l'essence de l'espèce humaine. Il s'associe à Montaigne (1533-1592) pour dénoncer la violence et la brutalité comme principe éducatif à l'égard des enfants. Ils prônent le recours au précepteur qui doit veiller à la qualité de la relation nécessaire avec son élève pour une éducation efficiente.

Comenius (1592-1670), tchèque, passe pour être le « père » de la pédagogie de la modernité. Directeur d'école et philosophe de l'éducation, il souhaitait une école ouverte à tous (garçons, filles, pauvres, riches, esprits doués ou faibles…) car nécessaire à l'humanisation de tous. Il posa les bases théoriques d'un enseignement universel et méthodique. Comenius fait partie du courant dit « de la pédagogie traditionnelle », centrée sur des savoirs constitués, à transmettre et sur le maître qui enseigne.

Au XVIIIe siècle, Jean-Jacques Rousseau (1712-1778) écrit *Émile ou De l'éducation* (1762) dont le thème porte sur « l'art de former les hommes ». Cet ouvrage exercera une influence majeure pour l'avenir de l'éducation, référence incontournable pour la pédagogie moderne.

Selon Rousseau, l'enfant naît bon mais se trouve perverti par la société. Le maître, quant à lui, doit donner envie à l'enfant d'apprendre par lui-même. Précurseur de la pédagogie nouvelle qui s'appuiera, un siècle plus tard, sur la psychologie de l'enfant, Rousseau, à travers l'*Émile*, suggère le respect des enfants et une pédagogie adaptée à leur développement. Les apprentissages doivent faire sens pour l'enfant et, pour cela, s'appuyer sur l'observation et l'expérimentation. Dans cet objectif, Rousseau prône une part importante de ces enseignements dédiée aux activités manuelles, ce qui à l'époque, n'était pas dans les mœurs de l'aristocratie. De plus, il défend l'idée que l'enfant doit d'abord acquérir un esprit critique pour ensuite, à l'adolescence, étudier les livres et l'écriture : dès lors, il sera en capacité d'intégrer les règles de la vie sociale. L'éducation d'Émile a clairement pour objectif de former un homme libre. Rousseau revendique l'idée que l'enfant doit être retiré à ses parents et pris en charge par un éducateur. Pour lui, comme pour Voltaire, l'école doit être réservée à une élite.

La pédagogie défendue par Rousseau et ses disciples (Pestalozzi, notamment) participa activement à la naissance du positivisme, dans un siècle où la raison était une valeur absolue. Le développement des nouvelles disciplines telles que la psychologie de l'enfant et la sociologie permit à la pédagogie de se munir de fondements scientifiques. On pense alors qu'il convient d'enseigner à tous le minimum indispensable afin de rendre chacun capable de penser par lui-même. Dans la continuité du XVIIIe siècle, le XIXe siècle fut passionné d'éducation et crut en l'école libératrice. C'est ainsi que Jules Ferry fit voter en 1881 une première loi rendant l'école primaire publique gratuite puis, en 1882, l'école publique gratuite et obligatoire.

d. Le mouvement de l'École nouvelle

Influencée par les théories de Rousseau, l'Éducation nouvelle défend le principe de la participation active de l'enfant à sa propre formation. Cette pédagogie prône que l'apprentissage, avant d'être une accumulation de connaissances, parte des centres d'intérêt de l'enfant, essaie de susciter la coopération plutôt que la compétition et privilégie la découverte à l'exposé afin d'être un facteur de progrès global. Elle défend le principe des méthodes actives en favorisant les apprentissages à partir du réel, des expériences et du libre choix des activités. Les concepts de l'Éducation nouvelle découlent des observations scientifiques, psychologiques et sociologiques de l'époque et de la connaissance de plus en plus approfondie des enfants.

Enfin, elle prône également une inversion du rapport adulte-enfant.

Les pédagogues issus de ce mouvement exprimeront ces principes de différentes manières. Nous vous présenterons ici les plus influents :

John Dewey (1859-1952), américain, philosophe spécialisé en psychologie appliquée et en pédagogie, fut le fondateur et le directeur de l'école-laboratoire de l'université de Chicago, laboratoire d'études en psychologie appliquée dont les objectifs étaient de mieux comprendre la pédagogie, science appliquée de la psychologie. Socialiste et humaniste, il énonce des principes proches de ceux des Européens qui font appel aux notions d'activité, de besoin, d'intérêt et de liberté de l'enfant. Il est l'initiateur du « *hands-on-learning* » (apprendre par l'action), pensant que l'enfant doit agir plutôt que d'écouter. Il revendique la substitution de l'autorité et de la discipline, au profit de la motivation et l'effort individuel.

Selon lui, l'enseignement doit contribuer à améliorer la vie communautaire. John Dewey eut une grande influence sur Célestin Freinet et il est considéré comme le fondateur de la pédagogie du projet.

Accompagnement social et éducatif spécialisé

Maria Montessori (1870-1952) fut la première femme médecin en Italie. Elle travaillera dix ans en psychiatrie, où elle découvrit l'univers des enfants handicapés mentaux. Grâce à ses observations, elle comprit que leurs difficultés n'étaient pas seulement d'ordre médical, mais aussi pédagogique (c'est-à-dire éducatif et environnemental) : les enfants déficients ont besoin d'actions pour progresser. Parallèlement, elle découvre les travaux de Jean Itard (1774-1838), médecin spécialiste de la surdité, auteur de *Victor, l'enfant sauvage de l'Aveyron*. Après avoir créé une école d'orthophonie, elle fonda la « Maison des enfants » et s'occupa d'enfants en âge préscolaire issus de classes défavorisés, pour lesquels elle composera sa propre méthode pédagogique.

Elle utilisa alors le matériel conçu pour des enfants déficients et observa, chez ces individus âgés de 3 à 6 ans, différents phénomènes.

- La nécessaire répétition de l'exercice : un enfant de 3 ans répète interminablement le même exercice avec le même matériel sans progrès dans la rapidité d'exécution ni dans l'habilité. Il est imperturbable et très concentré.
- Le libre choix et l'amour de l'ordre : les enfants sont capables de choisir ce qui les intéresse parmi le matériel pédagogique et ce choix se traduit par une recrudescence d'activités. Les enfants s'épanouissent à tenir leur classe en ordre.
- Le libre choix des jeux : l'enfant finira toujours par préférer une activité utile à son développement qu'un jeu simplement amusant.
- Les enfants ont un sens étonnant de la discipline que Maria Montessori pense être une conséquence de la liberté.

À partir de ces observations, elle met en place la pédagogie Montessori, dont les grandes lignes sont les suivantes.

- Le libre choix : les enfants décident seuls de manipuler tel ou tel matériel pédagogique. La seule obligation est de ranger le matériel à une place déterminée en fin de travail, la liberté s'arrêtant dans le souci du respect de la vie de groupe. Chaque matériel existe en un seul exemplaire, cette notion met donc l'enfant en relation avec ses besoins présents et les caractéristiques de son âge.
- L'autodiscipline : elle va de pair avec la liberté. L'adulte ne doit pas chercher à obtenir la discipline par la contrainte.
- L'esprit absorbant : c'est l'aptitude à apprendre qui caractérise le petit enfant (capacité inconsciente de 0 à 3 ans, consciente de 3 à 6 ans). Il absorbe des quantités d'informations (langage, gestes, rites…) venant du monde qui l'entoure, puis les analyse ensuite.
- Les périodes sensibles : périodes au cours desquelles l'enfant montre une sensibilité particulière à quelque chose, développe plus facilement certaines aptitudes et s'intéresse plus intensément à certains exercices. Les périodes sont limitées dans le temps et ne concernent l'acquisition que d'un seul caractère déterminé. Tous les enfants présentent les mêmes périodes sensibles mais pas forcément au même âge ni avec la même intensité. Lorsque la période est passée, les acquisitions ne se feront qu'au prix d'efforts et de fatigue. On saisit ici à quel point l'environnement est ici prégnant pour offrir au bon moment à l'enfant les moyens dont il a besoin.

La devise du docteur Montessori est « Aide-moi à faire tout seul ». Cette devise constitue le fondement d'une pédagogie de l'autonomie.

Les fondements spirituels sont bien présents dans la philosophie de Maria Montessori. En effet, pour elle, l'école traditionnelle, en interdisant la coopération et l'entraide, en prônant les examens, favorise l'individualisme et l'égoïsme. La pédagogie Montessori apparaît comme une méthode d'éducation ouverte, en opposition aux méthodes dites fermées ou traditionnelles.

Doucement, la pédagogie Montessori a imprégné les esprits et ses travaux ont été prolongés au sein du mouvement de l'Éducation nouvelle, auquel participaient de nombreux pédagogues tels que Freinet, Cousinet ou Ferrière.

Si en 2005, 4 500 écoles enseignent selon la méthode Montessori à travers le monde, son héritage est aussi très présent dans de nombreuses écoles publiques, notamment en maternel et au cycle 2 (premières classes de l'école primaire) où l'on retrouve des dispositifs issus de sa « philosophie » tels que :

- l'adaptation du mobilier et des outils à la taille des enfants ;
- l'organisation de la classe en « coins » dédiés à des activités précises ;
- la liberté laissée aux enfants de choisir des activités parmi des propositions ;
- la stimulation de tous les sens dès le plus jeune âge avec des activités ciblées ;
- le souci de favoriser l'attention de l'enfant dans toute activité ;
- la présence d'un matériel adapté à la progression de chaque enfant ;
- l'utilisation de puzzles de lettres et de syllabes pour accéder à l'écriture.

Roger Cousinet (1881-1973) français, instituteur puis inspecteur, instaura la méthode active dans sa région et expérimenta les principes de la méthode de travail libre par groupes, au grand dam de sa hiérarchie.

Disciple de Durkheim (il fit sous sa direction une thèse sur la vie sociale des enfants), Cousinet défendait l'idée que l'école devait s'appuyer sur la vie sociale pour organiser les apprentissages plutôt que de mettre en place des stratégies, par ailleurs souvent inutiles, pour la brider. Il mit en place des « activités de création » et des « activités de connaissance » où les enfants, libres de leurs choix, s'organisent en groupe en observant, expérimentant, notant leurs observations afin de rédiger une fiche d'observation collective. L'objectif général de l'approche de Cousinet est de permettre aux enfants, grâce à cette pédagogie de groupe, d'apprendre à apprendre. Sa méthode préfigure la pédagogie de projet.

Adolphe Ferrière (1879-1960), pédagogue suisse, est l'un des fondateurs du mouvement de l'Éducation nouvelle. Dès 1918, il rédige les « 30 points qui font une école nouvelle » et porte ce mouvement en fondant, en 1921, la Ligue internationale de l'Éducation nouvelle.

Il souhaite encourager l'autonomie des enfants et instaurer avec eux un rapport fondé sur la confiance. Il préconise le respect de l'activité spontanée de l'enfant en faisant de l'affrontement au monde réel, un espace favorable aux apprentissages.

Adhérent de la Ligue internationale de l'Éducation nouvelle, **Ovide Decroly** (1871-1932), médecin et psychologue belge, élabore une méthode éducative se voulant adaptée aux besoins et intérêts des enfants. Il lutta pour une réforme de l'enseignement en prônant, notamment, la « fonction de globalisation » des apprentissages : l'enfant doit avoir une image générale du sujet à traiter pour ensuite aborder les particularités, les détails et l'analyse.

Il fut un partisan de la méthode globale dans l'apprentissage de la lecture et de l'écriture. Comme d'autres pédagogues, il défend l'idée que les apprentissages doivent s'ancrer dans la réalité du quotidien et dans l'environnement naturel afin de mettre l'enfant en situation de découverte.

Partisan de l'individualisation de l'enseignement, il privilégie également l'éducation à la vie en groupe par les jeux et le travail en commun. Comme Dewey, Decroly pense que l'école doit être pensée comme une société en miniature.

Célestin Freinet (1896-1966), enseignant français, fait également partie du mouvement de l'Éducation nouvelle. Militant actif et réformateur, enseignant de l'Éducation nationale, il fut la cible de l'extrême droite, inquiète de ses méthodes pédagogiques novatrices. Il quitta l'Éducation nationale en 1935 pour fonder sa propre école à Vence.

Il a mis au point une pédagogie originale basée sur les méthodes actives et la libre expression de l'enfant : texte libre, dessin libre, correspondance interscolaire, imprimerie et journal scolaire.

Il s'oppose clairement à l'éducation traditionnelle et revendique une méthode naturelle favorisant le développement harmonieux de l'individu dans son milieu. Il pense, en effet, que l'éducation traditionnelle exagère le rôle des connaissances et des performances intellectuelles et ne favorise pas suffisamment les coopérations. Il pense également que l'autorité et la discipline ne sont pas nécessaires quand l'enfant est motivé par ce qu'il peut trouver en classe. L'éducation doit être là, selon Freinet, pour aider l'enfant à faire ses expériences en lui fournissant l'espace, le matériel, les modèles, les moyens nécessaires et en l'incitant à adopter une attitude de recherche.

Ces moyens sont ce que Freinet appelle les « techniques d'action » : tout ce qui concerne l'expression libre, la vie de travail et le travail sur la vie, le besoin de connaître et de classer. Le groupe devient le lieu d'emploi de toutes ces techniques à travers la vie coopérative mise en place. La classe est un atelier, un laboratoire expérimental. L'école s'intègre dans la vie locale (notamment politique, ce qui fut à l'origine des déboires de Freinet, dont les orientations se revendiquaient d'inspiration socialiste, avec l'extrême droite).

Il mit en place des conseils de coopérative ayant la responsabilité de l'organisation du travail, de son suivi, de la vérification de l'atteinte des objectifs. En outre, ces conseils étaient chargés de réguler la vie sociale dans la classe et dans l'école en élaborant notamment le règlement intérieur (qui n'existe donc pas d'emblée).

S'il favorise les coopérations, Freinet reste attaché à la personnalisation des apprentissages, l'adulte évaluant les difficultés de l'enfant de manière à lui permettre de progresser à son rythme. Il rejette les manuels mais permet l'apprentissage de la lecture par l'écriture de livres par les enfants eux-mêmes (techniques d'imprimerie). Il met en place des systèmes de brevets individuels préparés par les élèves de façon à favoriser cette individualisation des parcours tout en répondant aux contraintes du collectif.

L'expression, la motivation, la socialisation et le tâtonnement expérimental constituent le socle de sa méthode. Pour Célestin Freinet, enseigner signifie « faire émerger les questions et accompagner les élèves dans la recherche des réponses » et c'est, pour l'élève, éprouver du plaisir et pouvoir agir.

Les écoles Freinet furent privées jusqu'en 1991. À partir de cette date, elles intègrent l'Éducation nationale.

Alexander Sutherland Neill (1883-1973), psychanalyste et pédagogue écossais, fut un détracteur déclaré de Maria Montessori, lui reprochant son approche moralisatrice.

Précurseur de la pédagogie libertaire, il fonde en 1921, en Allemagne, l'école Summerhill, rebaptisée par les journalistes de l'époque la « faites ce qu'il vous plaît ». Neill prône clairement la non-directivité : les enfants décident s'ils vont en classe ou restent à jouer dans le parc, ils décident des programmes et du professeur qu'ils vont avoir. Neill observe que, naturellement, quand l'enfant en a assez de jouer, qu'il ne voit plus d'intérêt à exercer des activités réprimées par l'adulte, il revient vers l'atelier classe et devient alors disponible pour grandir sainement. Neill est bienveillant vis-à-vis des enfants et, dès qu'ils en font la demande, il s'attache à ne jamais les laisser sans réponses. La limite de sa pédagogie réside dans la totale non-directivité puisque seul l'intérêt de l'enfant compte.

Anton Semyonovich Makarenko (1888-1939) était un pédagogue russe qui, à la suite de la Révolution russe, fonda des maisons coopératives pour les orphelins de la guerre civile. Selon lui, la base de l'éducation réside dans les intérêts de la communauté, d'enfants ou d'adultes, qui composent la colonie. Les notions d'honneur et de devoir sont importantes. Les enfants qui composent la communauté perçoivent que la collectivité les protège et qu'ils doivent la protéger.

Au sein de cette communauté, les décisions sont prises collectivement, grâce à des assemblées générales placées sous la tutelle d'un conseil de collectivité comprenant des représentants de différentes commissions. Les enfants sont les sujets de leur propre organisation et éducation. La politesse est de mise entre les individus. Le pédagogue est simplement là pour surveiller que la discipline entre les enfants ne soit pas trop dure.

Selon Makarenko, l'éducation familiale a pour fonction de donner des notions d'ordre, d'honnêteté, de précision, de dévouement et de justice. Elle doit permettre à l'enfant d'avoir conscience de ses responsabilités.

Toujours selon les thèses de Makarenko, c'est l'activité qui fait l'éducation. Il associe ainsi l'instruction générale au travail productif, dont la coopération est la base. L'agriculture, l'élevage, la préparation des champs, la fabrication de montres sont autant de supports à cette production collective et à l'éducation des enfants.

Si le pédagogue doit prendre en considération l'intérêt de l'enfant, Makarenko se méfie des pédagogies basées sur l'attrait. C'est l'expérience qui guide l'enfant dans ses apprentissages de la vie.

On l'aura compris, Makarenko apparaît comme l'un des fondateurs de la pédagogie institutionnelle dont les idées influencèrent Célestin Freinet.

Lev Semionovitch Vygotski (1896-1934) est un psychologue russe qui prit une part très active à la construction de la nouvelle société soviétique. La psychologie, l'art et l'esthétisme, les questions pédagogiques et éducatives furent autant de supports qui contribuèrent à sa thèse fondatrice d'une genèse sociale du psychisme et de la pensée.

Pour Vygotski, l'activité humaine ne saurait se réduire à un agencement de réflexes ou de conduites adaptatrices ; elle implique une composante de transformation du milieu au travers de laquelle le sujet se transforme lui-même. Autrement dit, les transformations sont tout aussi culturelles qu'héréditaires. L'apprentissage est un processus d'appropriation d'outils psychologiques (dont le langage est un des instruments fondamentaux) qui permet à l'intelligence de se développer.

Un des concepts-clés des travaux de Vygotski est celui des zones de développement, dont la zone proximale de développement (ZPD). Par ce concept, il souligne le rôle fondamental des interactions dans la construction du sens et le développement des capacités intellectuelles de l'enfant. En effet, selon lui, l'enfant peut réaliser et maîtriser des problèmes difficiles, s'il est guidé et aidé par une personne compétente. L'éducateur (ou l'enseignant) n'a qu'à attendre que l'enfant construise par lui-même ses savoirs. L'apprentissage devient alors sa propre source de développement.

Le courant développé par Vygotski est appelé courant socioconstructiviste.

Fernand Oury (1920-1998), pédagogue français, est l'héritier de Freinet (dont il rejoint le courant en 1949) et le fondateur de la pédagogie institutionnelle.

La thèse de la pédagogie institutionnelle est simple et éducatrice : c'est en recueillant l'avis de toutes et tous que l'on progresse dans la vie quotidienne en groupe, en institution ; c'est en discutant des comportements, en les repérant et en les accompagnant, que l'insécurité devant l'agressivité se banalise et s'éduque.

Oury invente une pédagogie active qui tient compte des sciences humaines et de l'inconscient. Sur ce dernier point, son approche est novatrice : les concepts psychanalytiques s'ancrent dans la pratique scolaire.

Selon Oury, une école qui se soigne et soigne ses relations humaines, qui tient à la démocratie des apprentissages et enseigne dans le respect des différences, est une école en bonne santé mentale qui suscite le désir des apprentissages et de la scolarité.

e. Pédagogie et nouvelles technologies

Parmi les précurseurs des pédagogies associées aux nouvelles technologies, nous pouvons citer Burrhus Frederic Skinner (1904-1990). Skinner affirme que les comportements humains sont déterminés par les faits qu'ils produisent dans l'environnement. Chef de file du mouvement comportementaliste (ou béhaviorisme), ses travaux s'inscrivent dans la continuité des travaux de Pavlov, en 1938. Il est le père du concept de conditionnement opérant.

Le conditionnement opérant est un mécanisme d'apprentissage dans lequel un comportement attendu (par l'enseignant ou, ici, l'expérimentateur) est récompensé (bonne note, image, friandise…) quand la réponse est bonne, ce qui tend à la renforcer (renforcement positif). À l'inverse, la mauvaise réponse appelle la punition. On propose alors à l'apprenant des tâches de complexité croissante en renforçant les comportements que l'on désire développer.

Pour appliquer ses conceptions, Skinner a créé ce que l'on peut appeler des « machines à apprendre », ancêtres de nos logiciels éducatifs. La machine se présente comme une grosse machine à écrire. À gauche, quelques phrases constituent l'exercice. À droite, un emplacement est réservé pour que l'enfant puisse inscrire sa réponse. L'enfant actionne ensuite une manette pour vérifier s'il a trouvé la bonne réponse. La découverte de la réponse joue le rôle de renforcement positif (« Exact, très bien, continuez »…) ou négatif (la machine ne procure pas de renforcement). L'élève ne peut aborder l'étape suivante que si la précédente est parfaitement maîtrisée. Ainsi, la machine s'adaptant au rythme de l'enfant, le bon élève peut avancer très vite, tandis que l'élève en difficulté peut progresser plus lentement, ce qui n'est pas le cas dans une classe dite « normale ».

On parle aujourd'hui d'enseignement assisté par ordinateur (EAO).

La formation ouverte et à distance (FOAD)

Une définition officielle de la formation ouverte et à distance (FOAD) a été donnée en 2001 (circulaires du 20 juillet 2001) par la Délégation générale à l'emploi et à la formation professionnelle. Il s'agit d'un :

> « […] dispositif souple de formation organisé en fonction de besoins individuels ou collectifs (individus, entreprises, territoires). Elle comporte des apprentissages individualisés et l'accès à des ressources et compétences locales ou à distance. Elle n'est pas exécutée nécessairement sous le contrôle permanent d'un formateur. »

Elle associe ainsi l'autoformation, le tutorat, les méthodes de communication récentes (visioconférence, courrier électronique, téléphonie, forum de discussion, documents électroniques…) et des séances de cours traditionnels.

Les technologies de l'information et de la communication pour l'éducation (TICE)

Les technologies de l'information et de la communication pour l'éducation (TICE) recouvrent les outils et produits numériques pouvant être utilisés dans le cadre de l'éducation et de l'enseignement et destinés à produire, traiter, consulter des documents numériques à des fins d'apprentissage. Développés depuis la fin des années 1990, les TICE visent à éduquer les jeunes à un usage citoyen et responsable des nouvelles technologies, et notamment Internet. Ces outils vont du simple didacticiel (enseignement assisté par ordinateur ou document numérique) à la plateforme d'apprentissage en ligne (*e-learning*).

Les compétences traitées

- Instaurer une relation :
  - savoir prendre en compte la situation de la personne ou du groupe ;
  - savoir observer les attitudes et comportements des usagers ;
  - savoir développer une écoute attentive et créer du lien ;
  - savoir identifier et réguler son implication personnelle.
- Aider à la construction de l'identité et au développement des capacités :
  - savoir repérer et mobiliser les potentialités de la personne ou du groupe ;
  - savoir repérer et respecter les déficiences, incapacités, handicaps et les facteurs qui font obstacle au parcours individuel des personnes ;
  - savoir proposer et mettre en œuvre des activités susceptibles de permettre la progression de la personne aidée dans le respect de ses droits et aspirations ;
  - savoir s'interroger et interroger les dimensions éthiques ou déontologiques impliquées dans les pratiques ;
  - savoir favoriser l'expression et la communication.
- Assurer une fonction de repère et d'étayage dans une démarche éthique :
  - savoir favoriser l'apprentissage des règles de vie collective ;
  - savoir utiliser des techniques de gestion de conflits ;
  - savoir se positionner auprès de la personne aidée en tant qu'adulte de référence.
- Animer la vie quotidienne au sein de l'établissement ou du service :
  - savoir utiliser les actes de la vie quotidienne et de la vie collective comme support des apprentissages ;
  - savoir repérer, apprécier en équipe les indices inquiétants concernant la santé ou la mise en danger des personnes confiées ;
  - savoir prévenir et repérer les situations de maltraitance ;
  - savoir inscrire la vie quotidienne de l'individu ou du groupe dans une dimension citoyenne.
- Concevoir et mener des activités de groupe :
  - savoir inventer et organiser des activités dans une visée socio-éducatives ;
  - savoir analyser les besoins des personnes et contraintes des activités ;
  - savoir élaborer, gérer et rendre compte du budget des activités menées ;
  - savoir respecter le cadre juridique des activités.

Cours 9
Les supports de l'action éducative : l'entretien

Le moniteur éducateur, dans sa pratique quotidienne, est amené à avoir de nombreux échanges verbaux avec les enfants, adolescents ou adultes qu'il accompagne. Le contenu de ces échanges verbaux peut l'amener à accorder un espace particulier à ceux-ci : lors d'un événement d'une importance particulière, lors d'un bilan, notamment. C'est à l'occasion de ces moments particuliers que sont mobilisées les techniques liées à l'entretien.

En outre, le cadre des actions mises en place, les projets inhérents à l'enfant ou l'adolescent peuvent amener le moniteur éducateur à rencontrer les parents de celui-ci.

Que l'on se place sur le registre de l'entretien individuel, familial ou, plus largement, collectif, que l'entretien vise à permettre à l'enfant, l'adolescent ou l'adulte d'acquérir une meilleure connaissance de lui-même ou de réaliser ses projets, il apparaît que cet espace communicationnel est entravé de résistances, de parasites verbaux et non verbaux qui font obstacle au bon déroulement de celui-ci. Ces obstacles sont présents chez l'ensemble des acteurs de l'entretien, qu'il s'agisse de l'enfant, de ses parents, de l'adulte ou du professionnel qui mène l'entretien.

Nous nous centrerons ici sur l'entretien individuel, plus commun aux fonctions du moniteur éducateur.

1 L'entretien éducatif dans le champ de l'éducation spécialisée

Capul et Lemay distinguent deux formes d'entretiens :

- l'entretien éducatif centré sur la réalité partagée[1] ;
- les entretiens sur-le-champ[2].

a. L'entretien éducatif centré sur la réalité partagée

Les moniteurs éducateurs, comme les éducateurs spécialisés, accompagnent, par le biais de nombreuses activités, les jeunes au quotidien. Les situations rencontrées sont semées de joies mais aussi de doutes, d'échecs, de peine, de colère et de conflits. Cette réalité psychoaffective implique la mise en place de rencontres régulières où « s'appuyant sur les éléments apparus durant la semaine, le jeune [est] invité à reparler de son vécu tant pour le nommer, l'évoquer, se l'approprier, comme son histoire personnelle, pour exprimer ses désirs, ses joies et ses difficultés[3] ».

Ces entretiens éducatifs réguliers peuvent avoir plusieurs buts :

- prendre conscience de certains comportements ;
- raviver les souvenirs ;

1. Capul M., Lemay M. (1996), *De l'éducation spécialisée*, Érès, nouv. éd. 2008, p. 212.
2. *Ibid.*, p. 218.
3. *Ibid.*, p. 213.

- resituer la chronologie des événements ;
- découvrir son aptitude à intervenir sur les événements et à les anticiper ;
- établir un lien entre les multiples comportements actuels et les comportements passés ;
- décoder certaines consignes, certaines situations qui n'ont pas été comprises ;
- se réentendre dans ces formulations ;
- apprendre à synthétiser ;
- prendre conscience de ses aptitudes durant une activité et de la démarche qui a rendu possible sa réussite ;
- savoir exprimer ses émotions et ses états de tension en substituant le mot à l'agir ;
- découvrir le plaisir de la communication verbale ;
- se préparer à des rencontres verbales avec différents interlocuteurs.

b. Les entretiens sur-le-champ

Les entretiens sur-le-champ correspondent à ce que nous appelons, le plus souvent, les entretiens informels. En effet, le quotidien amène le moniteur éducateur à vivre des situations qui se doivent d'être reprises « sur-le-champ », dont la prise de conscience se doit d'être immédiate, leur évocation plusieurs jours, voire plusieurs semaines après l'événement n'ayant pas le même impact et ne pouvant faire sens.

Décrivant un aspect spécifique de la situation éducative, Fritz Redl (1902-1988), pédagogue et psychanalyste d'origine autrichienne, considère que l'entretien sur-le-champ comporte trois caractéristiques :

- il porte sur une expérience vécue par l'enfant dans les heures précédant l'entretien ;
- il est réalisé par une personne intervenant dans le quotidien de l'enfant et dont le rôle est précis et l'influence importante ;
- il est une forme de communication verbale non prévue à l'avance se déroulant n'importe où et abordant un événement partagé par l'éducateur et l'enfant.

Ce type d'entretien vise à :

- prévenir les effets d'une frustration. L'arrêt d'une activité, par exemple, suscite, chez les individus sujets aux angoisses de séparation, des tensions qui peuvent être sources de conflits importants et qu'il s'agit d'éviter ;
- apporter un soutien immédiat devant une situation potentiellement désorganisante ;
- maintenir un lien dans les moments de rupture relationnelle ;
- régulariser la conduite sociale en rappelant les règles institutionnelles ou les normes sociales ;
- arbitrer.

2 L'entretien dans la relation d'aide

Dans son ouvrage de référence[1], Roger Mucchielli (1919-1981), psychosociologue français, nous présente une approche méthodologique de l'entretien de face-à-face dans la relation d'aide. Pour cela, il prend largement appui sur les travaux de Carl Rogers (voir plus haut paragraphe « L'approche non directive selon Carl Rogers ») et, plus particulièrement, le concept de l'entretien non directif dans la relation thérapeutique. Il nous présente ainsi ce que doit être et ne pas être un entretien.

a. Ce que l'entretien d'aide ne doit pas être

- Une conversation : converser implique d'échanger de manière informelle, sans but en soi, sinon de faire connaissance, ce qui peut être un préalable nécessaire à un entretien mais en aucun cas une finalité.
- Une discussion : la discussion implique le plus souvent un « face à face » en rivalité, des échanges de points de vue amenant le plus souvent des positions dominant/dominé qui ne sont pas souhaitables dans le cadre d'un entretien d'aide.
- Une interview journalistique : dans une interview journalistique, l'intervieweur ne cherche pas à comprendre son interlocuteur mais à intéresser le public. Les informations sont alors choisies pour leur caractère spectaculaire, en aucun cas pour une meilleure connaissance de soi-même.
- Un interrogatoire : à exiger des réponses, l'intervieweur positionne l'interlocuteur dans une situation d'accusé et se soucie davantage de la forme des réponses que du fond.
- Un discours : cette forme d'entretien se transforme le plus souvent en un monologue de la personne qui mène l'entretien. Il ne s'agit plus ici de comprendre l'autre.
- Une confession : l'objectif de l'entretien d'aide n'est pas de pardonner ou d'absoudre mais de comprendre le vécu de l'autre.
- Une recherche de diagnostic : quand un soignant mène un entretien à visée diagnostique, l'orientation de l'entretien est configurée par un ensemble de « tableaux cliniques ». Il s'agit pour le soignant de faire entrer le patient dans des « cases » préétablies. L'unicité du sujet lui échappe, son vécu ne l'intéresse pas.

Les principes nécessaires au bon déroulement d'un entretien

Afin de comprendre ce qui pose problème, ce qu'éprouve la personne sujette à l'entretien, celui ou celle qui mène l'entretien doit respecter un certain nombre de principes.

- Une attitude d'intérêt ouvert : une disponibilité sans *a priori* favorisant l'expression spontanée.
- Une attitude de non-jugement.

1. Mucchielli R. (1998), *L'Entretien de face-à-face dans la relation d'aide*, Thiron, ESF, coll. « Formation permanente ».

- Une attitude de non-directivité : l'entretien doit être mené sans présupposés à trouver.
- Une intention authentique de comprendre l'autre : cette intention participe clairement à la levée des boucliers défensifs et participe pleinement de la reconnaissance morale et professionnelle de l'intervieweur.
- Un effort continu d'objectivité.
- Un effort d'empathie : être en capacité de comprendre la personne sujette à l'entretien sans pour autant éprouver les mêmes émotions qu'elle.

b. Les variables de l'entretien

Toute situation d'entretien est influencée par un certain nombre de variables, qui n'ont pas le même poids selon la personne en face.

- Les variables « extérieures » d'espace-temps et de cadre social :
  - Le temps : cette variable renvoie à la fois au moment choisi pour l'entretien et au temps consacré à celui-ci. Trop court ou trop long, il devient inefficace. L'ajustement du temps est à effectuer en fonction d'autres variables. Il est convenu de dire qu'une durée efficace moyenne varie entre une heure et une heure et trente minutes.
  - Les conditions spatiales : cette variable renvoie à la fois au lieu où se déroule l'entretien et aux positions spatiales respectives des interlocuteurs. En effet, le lieu doit favoriser l'écoute. Les parasitages (téléphone, passages, etc.) doivent être absents. Par ailleurs, l'entretien de face-à-face implique que les interlocuteurs soient positionnés à un niveau d'égalité et de coopération.
  - Le cadre : cette variable renvoie au « cadre-décor » (taille de la pièce, mobilier) de l'entretien et au cadre socioinstitutionnel dans lequel il se déroule : les influences ne sont pas les mêmes quand, pour un même contenu et avec les mêmes interlocuteurs, un entretien se déroule dans le bureau du directeur ou dans le réfectoire de la cantine du midi.
- Les variables d'appartenance aux groupes respectifs :
  - Statuts et rôles sociaux : le statut social de l'intervieweur est une variable importante dans le déroulement de l'entretien. Un jeune ne s'adressera pas de la même manière à son éducateur référent ou au chef de service.
  - Stéréotypes des groupes sociaux d'appartenance : une trop grande proximité entre les deux protagonistes peut discréditer la position du professionnel. À l'inverse, les stéréotypes trop divergents peuvent induire des ruptures de dialogue, tant les représentations qu'ils véhiculent entravent les effets recherchés par l'entretien.
- Les variables d'âge et de sexe

Si elles ne sont pas prises en compte, elles peuvent constituer des obstacles au déroulement de l'entretien. Les éducateurs, qu'ils soient moniteurs éducateurs ou éducateurs spécialisés, éprouvent souvent des difficultés, quand ils sont très jeunes, à mener des entretiens auprès de personnes bien plus âgées qu'eux et qui ont, comme ils le disent souvent, « baroudé ». De même, la personne suivie peut ne pas se sentir rassurée d'avoir affaire à un « petit jeune ». Les déterminants de la relation éducative tels que décrits par Capul et Lemay sont ici des éléments importants auxquels on peut se référer pour pallier ces difficultés. Le sexe des protagonistes constitue également une variable importante : nombreuses sont les situations où le « client », pour reprendre le terme de Carl Rogers, se dira satisfait d'avoir affaire à quelqu'un du même sexe. Toutes aussi nombreuses sont les situations où le « client » dira l'inverse.

- Les variables « historiques » :
  - L'idée que chacun se fait à l'avance de l'entretien : son déroulement, l'ambiance anticipée, etc.
  - Les réactions affectives immédiates : ces variables sont fonctions des facteurs d'appartenance aux groupes sociaux, du sexe, de l'âge, de ce à quoi renvoie la personne (beauté, ressemblance, attitude, habitudes vestimentaires, etc.) et vont, de manière très subjective et le plus souvent inconsciente, rendre l'interlocuteur sympathique ou antipathique.

Roger Mucchielli nous explique que :

> « Savoir observer et savoir écouter exige la connaissance de toutes les variables de la situation, et le contrôle (la maîtrise) de ces variables. Ce qu'il ne faut pas oublier, c'est le but. Le but est de laisser paraître la réalité à comprendre, de faire en sorte que le «client» puisse exprimer le plus facilement possible son problème personnel. »
>
> Mucchielli R. (1998),
> *L'Entretien de face-à-face dans la relation d'aide*, *op. cit.*, p. 34.

c. Les freins à l'expression du sujet

Dans son ouvrage sur l'entretien dans la relation d'aide, Roger Mucchielli, dans la continuité des recherches de Porter, reprises par Carl Rogers, définit cinq attitudes pouvant constituer des freins à l'expression de l'interviewé :

1. La réponse d'évaluation ou de jugement moral : le sujet menant l'entretien fait référence, dans ce cas, à des valeurs, des normes qu'il approuve ou désapprouve chez le sujet interviewé, ce dernier se trouvant « jugé par un censeur moral[1] ». La désapprobation suscite des réactions défensives ou culpabilisantes, l'approbation induit, le plus souvent, une soumission et un comportement de recherche ultérieure d'accord.
2. La réponse interprétative : appelé également « interprétation personnelle ou explication », ce type d'attitude consiste à se focaliser sur une partie des données fournies par l'interviewé au détriment d'autres éléments, à interpréter de manière infidèle un propos ou encore, à expliquer de manière inadaptée les données fournies. Le risque est dans ce cas d'induire, chez l'interviewé, une attitude de désintérêt, d'irritation ou de blocage défensif.
3. La réponse de support affectif : dans une intention bienveillante, l'intervieweur peut être sur un registre essentiellement de compréhension de la pensée de l'autre. Cette attitude paternaliste ou maternaliste induit des réactions de soumission (l'interviewé attend d'être guidé), d'hostilité par refus de dépendance ou encore de passivité-dépendance.

1. *Ibid.*, p. 43.

4. La réponse investigatrice : appelé également « enquête-appel à renseignements complémentaires », ce type d'attitude consiste à insister sur une partie des données fournies par l'interviewé, orientant de manière inquisitrice l'entretien. Cette attitude provoque chez l'interviewé des réactions de soumission à l'interrogatoire, laissant de côté, par là même, l'investigation de son éprouvé, des réactions d'hostilité ou encore, conduit l'interviewé à se justifier et à donner la meilleure image de lui-même.

5. La réponse « solution du problème » : elle consiste à proposer à l'interviewé la solution qui va le tirer d'affaire et qui va, par la même occasion, mettre fin à l'entretien. Cette réponse très projective de la part de l'intervieweur, est le plus souvent plaquée et imposée à l'interviewé. Elle induit des réactions d'insatisfaction et crée de la dépendance vis-à-vis de l'intervieweur. En outre, quand la solution ne marche pas, c'est l'intervieweur qui est désigné responsable de l'échec, positionnant l'interviewé dans une attitude passive.

En résumé

L'entretien est une activité de communication risquée où les parasites sont nombreux et qui ne peut se pratiquer qu'après avoir acquis des outils méthodologiques clairs. Il implique une authenticité de l'effort de compréhension sans laquelle l'interviewé ne peut reconnaître les valeurs morales et professionnelles de l'intervieweur. Si l'acquisition d'outils méthodologiques est indispensable, la conduite de l'entretien est une pratique qui implique un entraînement régulier.

Les compétences traitées

- Instaurer une relation :
  - savoir prendre en compte la situation de la personne ou du groupe ;
  - savoir observer les attitudes et comportements des usagers ;
  - savoir développer une écoute attentive et créer du lien ;
  - savoir identifier et réguler son implication personnelle.
- Aider à la construction de l'identité et au développement des capacités :
  - savoir repérer et mobiliser les potentialités de la personne ou du groupe ;
  - savoir repérer et respecter les déficiences, incapacités, handicaps et les facteurs qui font obstacle au parcours individuel des personnes ;
  - savoir proposer et mettre en œuvre des activités susceptibles de permettre la progression de la personne aidée dans le respect de ses droits et aspirations ;
  - savoir s'interroger et interroger les dimensions éthiques ou déontologiques impliquées dans les pratiques ;
  - savoir favoriser l'expression et la communication.

Méthode

10 Épreuve 1 : « Évaluation des capacités du candidat à conduire des activités à destination d'un groupe »

Préambule sur les évaluations : une évaluation réussie est une évaluation dont les objectifs sont atteints. Cela semble aller de soi, mais nombreux sont les étudiants qui, pris dans l'élan de leur travail, l'oublient. Quelles que soient les épreuves de certification, ce sont les compétences qui sont évaluées et constituent les objectifs à atteindre. Il est donc essentiel que le « certifiable » soit très au clair avec les compétences évaluées de manière à ne pas être hors sujet, ce qui constitue la majorité des notes en dessous de la moyenne aux épreuves de certification.

La certification du DC/DF 1 se fait sur la base de **deux types d'épreuves** :

- Une épreuve organisée en cours de formation par l'établissement de formation « Évaluation des capacités du candidat à conduire des activités à destination d'un groupe ». Cette épreuve est coefficient 1.
- Une épreuve en centre d'examen organisée par le recteur « Présentation et soutenance d'une note de réflexion ». Cette épreuve est coefficient 2 (écrit : coefficient 1 + oral : coefficient 1). Elle a lieu en fin de parcours de formation (nous parlons alors d'« épreuve terminale »).

1 Compétences évaluées

Cette première épreuve, organisée par l'établissement de formation, appelée « Évaluation par le site de stage des capacités du candidat à conduire des activités à destination d'un groupe », vise à évaluer les compétences du candidat suivantes :

- animer la vie quotidienne de l'établissement ou du service ;
- concevoir et mener des activités de groupe.

La compétence « animer la vie quotidienne de l'établissement ou du service » se réfère aux activités suivantes :

- savoir utiliser les actes de la vie quotidienne et de la vie collective comme support des apprentissages ;
- savoir repérer, apprécier en équipe les indices inquiétants concernant la santé ou la mise en danger des personnes confiées ;
- savoir prévenir et repérer les situations de maltraitance ;
- savoir inscrire la vie quotidienne de l'individu ou du groupe dans une dimension citoyenne.

La compétence « concevoir et mener des activités de groupe » se réfère aux activités suivantes (liste non exhaustive) :

- savoir inventer et organiser des activités dans une visée socioéducative ;
- savoir analyser les besoins des personnes et les contraintes des activités ;
- savoir élaborer, gérer et rendre compte du budget des activités menées ;
- savoir respecter le cadre juridique des activités.

2 Objectif de l'épreuve

Évaluer les capacités d'animation du candidat.

3 Type d'épreuve

L'annexe II de l'arrêté du 20 juin 2007 relatif au diplôme d'État de moniteur éducateur stipule que l'épreuve de l'« Évaluation des capacités du candidat à conduire des activités à destination d'un groupe » est une « Évaluation par le site de stage des capacités du candidat à conduire des activités à destination d'un groupe sur la base des indicateurs des compétences "animer la vie quotidienne de l'établissement ou du service" et "concevoir et mener des activités de groupe". Détermination des notes effectuée à partir des évaluations, conjointement et paritairement par des référents professionnels et des formateurs ».

4 Modalités de l'épreuve

L'annexe II de l'arrêté du 20 juin 2007 relatif au diplôme d'État de moniteur éducateur stipule que l'épreuve de l'« Évaluation des capacités du candidat à conduire des activités à destination d'un groupe » se déroule : « […] lors d'un entretien oral, évaluation, réalisée sur le terrain, des activités conduites par le stagiaire et de la formalisation qu'il en fournit. Cette évaluation est réalisée à partir d'une grille fournie dans le livret de formation. »

Il est précisé dans le livret de formation, sur la grille qui sert de support à l'entretien oral, que : « Cette épreuve du DC 1 renvoie principalement aux fonctions et aux activités repérées, à savoir : l'animation et l'organisation de la vie quotidienne dans une visée de socialisation et d'intégration. Elle prend également en compte les capacités du candidat à œuvrer au développement des potentialités et à la compensation des difficultés des personnes dont il a la charge ainsi qu'à interroger et réajuster ses pratiques. »

5 À quel moment de la formation ?

Le type d'épreuve et les modalités de celle-ci font apparaître deux temps dans cette certification :

- un temps d'évaluation par le site de stage sous la forme d'un entretien oral qui a lieu sur le terrain de stage ;
- un temps où la note de certification est déterminée à partir de cette (ou ces) évaluation(s) effectuée(s) lors d'un entretien.

Selon les centres de formation et leur projet pédagogique (également appelé « Volet pédagogique du dossier de déclaration préalable de la formation au diplôme d'État de moniteur éducateur »), ces deux temps sont séparés ou n'en font qu'un. Quand l'épreuve se fait en deux temps distincts, il est courant que le référent professionnel présent lors de la détermination de la note de certification, établie sur la base des évaluations écrites (grille fournie dans le livret de formation), soit un représentant des référents professionnels et ne soit donc pas le référent professionnel du stagiaire ou du professionnel certifié.

Le moment de l'évaluation n'est pas précisé. Le choix est donc laissé aux centres de formation en fonction de leur projet pédagogique : certains centres demandent que les entretiens d'évaluation de cette épreuve s'effectuent en fin de première année de formation, puis en fin de deuxième année. D'autres centres de formation ne demandent qu'un seul entretien d'évaluation de cette épreuve en fin de deuxième année (généralement en début de quatrième semestre).

La détermination de la note école a lieu, elle, en fin de parcours de formation, quand l'ensemble des enseignements liés au DC 1 ont été dispensés. Elle est, le plus souvent, établie lors d'une commission paritaire regroupant des représentants professionnels et des représentants des formateurs.

Il est, de plus, courant que le(s) entretien(s) d'évaluation de cette épreuve du DC 1 se fasse(nt) en même temps que le(s) entretien(s) d'évaluation de l'épreuve organisée par le centre de formation du DC 3, du fait de leurs modalités similaires.

6 La grille d'évaluation

La grille d'évaluation du livret de formation est sommaire. Il s'agit d'une page à remplir par compétence repérée sur laquelle figurent :

- la compétence repérée ;
- les activités auxquelles se réfère la compétence ;
- le commentaire du référent ;
- les noms, qualités et signature du référent professionnel ainsi que le cachet de l'établissement.

7 L'entretien d'évaluation

L'entretien d'évaluation se déroule en présence de l'étudiant en certification, du référent professionnel et d'un responsable hiérarchique (cadre hiérarchique du site qualifiant), souvent le chef du service dans lequel a lieu la formation pratique, mais il peut s'agir également du directeur adjoint ou du directeur de l'institution. Le formateur école n'est pas présent lors de cet entretien, comme le stipule l'annexe II de l'arrêté du 20 juin 2007 relatif à la formation de moniteur éducateur.

Il s'agit d'un échange qui est généralement introduit durant une dizaine de minutes par l'étudiant. Ce dernier recense les actions et les comportements professionnels qui constituent les bases de son accompagnement au quotidien dans le cadre de l'institution. Il est conseillé d'ouvrir la discussion sur une autoévaluation de ses compétences au vu des indicateurs de compétences définis dans le livret de formation. Il est important que l'étudiant s'appuie sur un écrit court pour introduire son propos.

Bien que la durée de l'entretien ne soit pas précisée par l'annexe II de l'arrêté du 20 juin 2007 relatif au diplôme d'État de moniteur éducateur, il dure généralement de 45 à 60 minutes.

8 La préparation de l'entretien

Afin de préparer le(s) entretien(s), l'étudiant doit aller au-delà des activités nommées précédemment en identifiant les fonctions auxquelles renvoient ces compétences. La question essentielle est non pas de se demander si on réalise ces fonctions, mais comment on les met en place. C'est une question ouverte à laquelle l'élève, pour chacune des fonctions, va répondre par un ou plusieurs exemples illustrant son propos.

Par exemple, à la question « Comment favorisez-vous un climat de coopération et de solidarité entre les individus (implicitement, dans la vie quotidienne) ? », vous pourrez illustrer votre réponse à partir de moments collectifs forts (tels que le repas et son organisation ou encore les espaces de jeux) où la coopération et la solidarité sont des conditions au bien-être des individus.

Les compétences évaluées renvoient aux fonctions suivantes (*cf.* annexe I.2 – Référentiel fonctions/activités de l'arrêté du 20 juin 2007 relatif au diplôme d'État de moniteur éducateur).

Pour la compétence « animer la vie quotidienne de l'établissement ou du service », les fonctions auxquelles il faut se référer sont :

- Anime et régule la vie de groupe afin de susciter une dynamique structurante entre individu et collectif :
  - favorise un climat de coopération et de solidarité entre les individus ;
  - garantit la place et la parole de chacun au sein du collectif ;
  - œuvre à la transmission, à la compréhension et au respect des règles, assume l'autorité.
- Soutient l'inscription des personnes dans l'organisation spatiotemporelle de la vie quotidienne :
  - respecte le rythme de chacun ;
  - accompagne l'alternance collectif-individu ;
  - crée les conditions d'apprentissage des actes de la vie quotidienne ;
  - contribue à l'amélioration du cadre de vie.
- Favorise l'autonomie et la promotion des personnes et des groupes en créant des situations et des opportunités d'interaction avec l'environnement social :
  - inscrit les personnes et les groupes dans une dimension citoyenne ;
  - pense et met en œuvre des situations « dedans et en dehors » de l'établissement ;
  - favorise l'émergence de projet collectif, de coopération.

Pour la compétence « concevoir et mener des activités de groupe », les fonctions auxquelles il faut se référer sont :

- Construit et anime des activités dans les domaines des apprentissages, des loisirs, de la culture dans et hors de l'institution :
  - propose des activités de techniques éducatives comme support à une fonction de médiation ;
  - prend en compte les contextes et les milieux dans lesquels ces activités s'inscrivent.

- Participe à l'élaboration et la mise en œuvre d'actions éducatives, dans le cadre d'un projet global :
  - repère les besoins ;
  - définit des objectifs et moyens d'une action dans le cadre d'un projet plus global ;
  - organise et met en place ;
  - propose, évalue, réajuste et rend compte.
- Appuie l'intégration en milieu ordinaire par des actions de soutien et de médiation :
  - mobilise les ressources de l'environnement et en favorise l'accès (école, monde du travail, de la culture et des loisirs...).

Pour l'ensemble de ces compétences :

- Œuvre au développement des potentialités et à la compensation des difficultés des personnes dont il a la charge :
  - développe l'estime de soi par la valorisation ;
  - prend en compte les besoins essentiels et fondamentaux ;
  - prend en compte la singularité, les rythmes et les attentes des personnes ;
  - assure une fonction de repère et d'étayage ;
  - veille à la sécurité physique des personnes.
- Interroge et réajuste ses pratiques :
  - s'interroge et interroge les dimensions éthiques ou déontologiques impliquées dans les pratiques ;
  - exerce un sens critique et participe en équipe à l'analyse des pratiques éducatives ;
  - repère la pertinence et les limites des pratiques ;
  - a conscience des valeurs institutionnelles et associatives.

En résumé

Cette épreuve du DF/DC 1 constitue 1/3 de la note de certification du DF/DC 1. Afin de s'assurer de l'atteinte des compétences visées, la préparation de cette épreuve doit se réaliser tout au long de la formation pratique (stage) sur laquelle porte cette épreuve car c'est elle (la formation pratique) qui « nourrit » l'épreuve.

11 Méthode
Épreuve 2 : « Présentation et soutenance d'une note de réflexion »

1 Compétences évaluées

Cette seconde épreuve, organisée par le recteur et se déroulant en centre d'examen, appelée « Présentation et soutenance d'une note de réflexion » vise à évaluer les compétences du candidat suivantes :

- établir une relation ;
- aider à la construction de l'identité et au développement des capacités ;
- assurer une fonction de repère et d'étayage.

La compétence « Établir une relation » se réfère aux activités suivantes :

- savoir prendre en compte la situation de la personne ou du groupe ;
- savoir observer les attitudes et comportements des usagers ;
- savoir développer une écoute attentive ;
- savoir identifier et réguler son implication personnelle.

La compétence « aider à la construction de l'identité et au développement des capacités » se réfère aux activités suivantes :

- savoir repérer et mobiliser les potentialités de la personne ou du groupe ;
- savoir repérer et respecter les déficiences, incapacités, handicaps et les facteurs qui font obstacle au parcours individuel des personnes ;
- savoir proposer et mettre en œuvre des activités susceptibles de permettre la progression de la personne aidée dans le respect de ses droits et aspirations ;
- savoir s'interroger et interroger les dimensions éthiques ou déontologiques impliquées dans les pratiques ;
- savoir favoriser l'expression et la communication.

La compétence « assurer une fonction de repère et d'étayage » se réfère aux activités suivantes :

- savoir favoriser l'apprentissage des règles de vie collective ;
- savoir utiliser des techniques de gestion de conflits ;
- savoir se positionner auprès de la personne aidée en tant qu'adulte de référence.

2 Objectif de l'épreuve

Évaluer les capacités de réflexion du candidat sur l'accompagnement éducatif et social.

3 Type d'épreuve

L'annexe II de l'arrêté du 20 juin 2007 relatif au diplôme d'État de moniteur éducateur stipule que l'épreuve de « Présentation et [de] soutenance d'une note de réflexion » est une « [...] soutenance orale d'une note de réflexion. Avant de répondre aux questions du jury, le candidat présente de manière synthétique en 5 minutes environ sa note de réflexion d'une quinzaine de pages sur l'accompagnement social et éducatif spécialisé de personnes ou de groupes ».

4 Modalités de l'épreuve

L'annexe II de l'arrêté du 20 juin 2007 relatif au diplôme d'État de moniteur éducateur stipule que l'épreuve est une « épreuve terminale : épreuve orale d'une durée de 20 minutes », ce qui signifie que cette épreuve a lieu à l'issue de la formation (ou du DC 1 pour les candidats suivant un parcours partiel) et au centre d'examen du rectorat. La soutenance se fait auprès de « deux interrogateurs (n'ayant pas de lien avec le candidat notamment durant sa formation théorique ou pratique) ». Ces représentants sont, généralement, un représentant des centres de formation et un représentant d'institutions employant des moniteurs éducateurs.

Cette épreuve est coefficient 2 (écrit : coefficient 1 + oral : coefficient 1). La note de l'écrit est attribuée avant l'audition du candidat par les deux membres du jury.

5 L'écrit de la note de réflexion

L'écrit présenté doit répondre aux normes rédactionnelles en vigueur :

- interligne 1,5 ;
- police standard (Arial, Times New Roman, Courier...) de corps 12.

Il s'agit de réaliser une note de 15 pages présentant, à partir de l'expérience de stage ou de la pratique sur le terrain d'emploi, une analyse de l'accompagnement social et éducatif spécialisé. Cette note de réflexion s'appuie sur les observations et l'analyse de la situation d'une personne (ou d'un groupe de personnes) que l'étudiant a accompagné durant ses stages. Elle aura comme support un thème s'étayant sur un travail de recherche théorique et vos observations, les problèmes rencontrés dans votre pratique professionnel.

À titre d'exemples, et de manière non-exhaustive, les thèmes proposés par les candidats en juin 2011 furent :

- La relation parents-enfants en IME accueillant des enfants autistes ;
- L'accompagnement éducatif de personnes polyhandicapées ;
- L'enfant en MECS et la séparation ;
- L'image de soi en foyer d'hébergement ;
- L'intégration scolaire des enfants autistes ;

- La notion de contenance chez les enfants psychotiques ;
- Donner un cadre d'analyse à la relation éducative ;
- Le travail avec les familles ;
- L'accompagnement des personnes atteintes de troubles psychiques en CHRS ;
- L'accompagnement éducatif dans la mise en place d'un projet individualisé.

La forme de la note de réflexion peut être sensiblement différente d'un centre de formation à l'autre et d'une région à l'autre. Pour cette raison, il est important que le moniteur éducateur en formation se réfère au cadre qui lui est fourni par le centre de formation où il effectue sa formation. Néanmoins, afin de fournir au lecteur un minimum de repères, l'écrit de la note de réflexion est généralement composé de quatre parties précédées d'une introduction et suivie d'une conclusion.

Présentation de la note écrite de réflexion

Introduction (1 page)

- Annonce de ce qui a motivé le choix du thème pris dans la note de réflexion.
- Contexte institutionnel (type d'établissement concerné).
- Présentation d'une réflexion ou d'une question (le thème) concernant un ou des aspects de l'accompagnement social et éducatif spécialisé que l'étudiant souhaite questionner et/ou approfondir à partir de son expérience professionnelle au cours de sa formation pratique.
- Annonce des parties qui vont être développées (plan du document).

I – Présentation succincte de l'institution (1 page)

- Historique.
- Situation géographique.
- Cadre juridique et administratif.
- Équipe.

II – Présentation de la population accueillie ou suivie (2 pages environ)

- Déficiences/pathologies ou problématiques rencontrées (les facteurs qui font obstacle au parcours individuel des personnes).
- Capacités et incapacités.
- Besoins.
- Désirs.

Dans cette partie, le rédacteur doit faire le lien entre l'explicitation théorique sur le public (fourni lors de sa formation du DC 1) et la question choisie.

III – Présentation de l'accompagnement social et éducatif du moniteur éducateur au sein de l'institution dans le cadre du projet pédagogique (3 pages environ)

- À partir de situations succinctes (deux ou trois exemples) en lien avec le thème choisi, cette partie doit aborder et illustrer les compétences du métier de moniteur éducateur liées à l'épreuve, à savoir :
- Instaurer une relation éducative.
- Proposer une définition de la relation éducative.
- Mettre en avant sur quoi se fonde la relation (écoute, acceptation de la personne, lucidité et mobilisation des compétences…).
- Aider à la construction de l'identité et au développement des capacités.
- Assurer une fonction de repère et d'étayage.

IV – Réflexion critique sur l'accompagnement social et éducatif au regard de la problématique de la population accueillie et des projets inhérents à l'institution (6 pages environ)

Il s'agit ici de reprendre le questionnement sur les aspects de l'accompagnement que le rédacteur souhaite développer : à partir de l'analyse d'une ou plusieurs situations concrètes (deux ou trois exemples), l'étudiant doit se référer aux objectifs éducatifs définis dans le cadre du projet individuel, du projet de service et du projet institutionnel, les mettre en lien avec les approches théoriques afin d'en proposer une analyse en précisant comment il a adapté son accompagnement.

Conclusion (1 page)

Il s'agit ici de formuler en quoi ce travail de rédaction a permis à l'étudiant de mieux comprendre son accompagnement éducatif.

L'analyse, qu'il aura menée, apportera d'autres questionnements. Il est alors d'usage de finir la conclusion en ouvrant la réflexion à de nouvelles perspectives, de nouvelles interrogations sur une fonction particulière du métier de moniteur éducateur.

Les critères d'évaluation du jury de l'écrit de la note de réflexion sont les suivants :

- cohérence de la construction et de la réflexion ;
- pertinence de l'articulation théorie/pratique ;
- implication du candidat ;
- expression écrite.

6 La soutenance de la note de réflexion

L'épreuve de présentation et de soutenance de la note de réflexion dure 20 minutes : l'étudiant moniteur éducateur dispose de 5 minutes pour présenter de manière synthétique son écrit de 15 pages, les 15 minutes restantes étant un espace d'échange.

Quel que soit l'espace de présentation ou de soutenance, il s'agit d'adopter une attitude pédagogique bienveillante vis-à-vis de ses interlocuteurs : il faut partir du principe qu'ils ne connaissent rien à l'institution, ni à la problématique traitées ici. L'étudiant doit rendre ses interlocuteurs intelligents en étant intelligible ! Pour cela, il est important de s'entraîner dans les espaces que procure le centre de formation mais également entre étudiants, voire, et c'est souvent la meilleure manière de comprendre si l'on est intelligible, en exposant son travail à des personnes « naïves » qui ne sont pas issues du secteur éducatif.

Outre les éléments précités, il s'agit également d'être très au clair avec l'ensemble des éléments qui composent l'écrit : il ne s'agit en aucun cas de rester flou vis-à-vis d'un concept développé dans le travail.

Enfin, la réflexion a ses limites. Le jury se doit d'avoir un regard critique vis-à-vis du travail de réflexion fourni par l'étudiant : il est important d'être à l'écoute de ses remarques et suggestions, car cela participe de l'évaluation qu'il fera de la capacité d'ouverture de l'évalué.

Les critères d'évaluation du jury de l'oral de la note de réflexion sont les suivants :

- qualités de la présentation synthétique de l'écrit ;
- capacités à échanger avec le jury (argumentation, cohérence des propos et implication dans la posture professionnelle).

En résumé

Cette épreuve du DF/DC 1 constitue les 2/3 de la note de certification du DF/DC 1. L'écrit de la note de réflexion implique une élaboration qui ne peut se réaliser au dernier moment. Elle s'appuie sur des observations, des questionnements rencontrés tout au long de la formation pratique, que l'étudiant va devoir sélectionner, noter, mettre en lien avec les apports théoriques liés au DC 1, analyser dans une perspective d'appropriation. C'est ce travail au long court qui garantit une appropriation de qualité (et donc un accompagnement éducatif de qualité) et, par là même, un échange constructif avec le jury de l'épreuve de soutenance.

12

Pour aller plus loin
Bibliographie

Sur l'accompagnement éducatif

CAPUL M., LEMAY M. (1996), *De l'éducation spécialisée*, Toulouse, Érès, nouv. éd. 2019.

DRÉANO G. (2002), *Guide de l'éducation spécialisée*, Paris, Dunod, nouv. éd. 2015.

FUSTIER P. (2019), *Les corridors du quotidien*, Paris, Dunod.

STIKER H.J., PUIG J., HUET O. (2014), *Handicap et accompagnement – Nouvelles attentes, nouvelles pratiques*, Paris, Dunod, coll. « Santé Social ».

Sur la psychologie

ANZIEU D. (1985), *Le Moi-peau*, Paris, Dunod, 2e éd. 1995.

FREUD S. (1905), *Trois Essais sur la théorie de la sexualité*, Paris, Gallimard, coll. « Folio », 1989.

FREUD S. (1916), *Introduction à la psychanalyse*, Paris, Payot, 1989.

GOLSE B. (1989), *Le Développement affectif et intellectuel de l'enfant*, Paris, Masson, 3e éd. 2007.

HOUDÉ O. (2004), *La Psychologie de l'enfant*, Paris, PUF, coll. « Que sais-je ? ».

LAPLANCHE J, PONTALIS J.-B. (1967), *Vocabulaire de la psychanalyse*, Paris, PUF, 3e éd. 2004.

PIAGET J., INHELDER B. (1966), *La Psychologie de l'enfant*, Paris, PUF, 2004.

SPITZ R. (1957), *De la naissance à la parole, la première année de la vie*, Paris, PUF, 1988.

THIBAUT J.-P., RODAL J.-A. (1996), *Psychologie de l'enfant et de l'adolescent*, Paris, Labor, nouv. éd. 2000.

WINNICOTT D. W. (1975), *Jeu et Réalité, l'espace potentiel*, Paris, Gallimard.

Sur l'affect et ses carences

CYRULNIK B. (1999), *Un merveilleux malheur*, Paris, Odile Jacob.

DE SINGLY F., MESURE S. (dir.) (2001), *Le Lien familial, Comprendre*, n 2, Paris, PUF.

GREEN A. (1973), *Le Discours vivant. La conception psychanalytique de l'affect*, Paris, PUF, coll. « Le fil rouge », nouv. éd. 2004, coll. « Quadrige ».

JACKSON J. E. (1991), *De l'affect à la pensée. Introduction à la pensée d'André Green*, Paris, Mercure de France.

LEMAY M. (1979), *J'ai mal à ma mère*, Paris, Fleurus, nouv. éd. 1993.

RICŒUR P. (1950), *Philosophie de la volonté – Tome I, Le Volontaire et l'Involontaire*, Paris, Aubier Montaigne, 1993.

SPINOZA B. (1677), *L'Éthique*, Paris, Gallimard, coll. « Bibliothèque de la Pléiade », 1954.

Sur l'échec scolaire, les troubles des apprentissages et l'éducation spécialisée

BOIMARE S. (2014), *L'Enfant et la Peur d'apprendre*, Paris, Dunod.

BOIMARE S. (2016), *Ces enfants empêchés de penser*, Paris, Dunod.

CHARTIER J.-P. (2011), *Les Adolescents difficiles. Psychanalyse et éducation spécialisée*, Paris, Dunod.

FUSTER Ph., JEANNE Ph. (2004), *Dictionnaire de l'enseignement et de l'éducation spécialisés*, nouv. éd. revue et augmentée, Paris, Bordas, coll. « Bordas Pédagogie ».

GABERAN Ph. (1996), *Éduquer les enfants sans repères. Enquête sur une politique de l'éducation*, Paris, ESF, coll. « Pratiques et enjeux pédagogiques », nouv. éd. 2003.

KHALIFA M. (2008), *De l'échec scolaire au bonheur d'apprendre*, Paris, L'Harmattan.

LOUIS J.-M., RAMOND F. (2009), *Comprendre et accompagner les enfants en difficulté scolaire*, Paris, Dunod.

METZ-LUTZ M.-N. (dir.) (2004), *Développement cognitif et Troubles des apprentissages : évaluer, comprendre, rééduquer et prendre en charge*, Marseille, Solal.

PEUGEOT J. (2004), *Connaissance de l'enfant par l'écriture. L'approche graphologique de l'enfance et de ses difficultés*, Paris, Dunod, coll. « Enfances ».

TOUPIOL G. (dir.) (2004), *Comprendre et Aider les enfants en difficulté scolaire*, Paris, Retz.

Sur les handicaps

BRUN A. (2019), *Médiations thérapeutiques et Psychose infantile*, Paris, Dunod.

BUTEN H. (2004), *Il y a quelqu'un là-dedans ? Des autismes*, Paris, Odile Jacob.

COLLECTIF (2002), *Déficiences motrices et Situations de handicaps*, 2e éd., Paris, Association des paralysés de France.

DUBREUIL B. (2007), *Accompagner les jeunes handicapés ou en difficulté : éducation spécialisée et intégration*, 2e éd., Paris, Dunod.

GUIDETTI M. (2018), *Handicaps et Développement psychologique de l'enfant*, 4e éd., Paris, Dunod.

LENFANT A.-Y., LEROY C. (2011), *Autisme : L'accès aux apprentissages*, Paris, Dunod.

MICHELET A., WOODILL G. (1993), *Le Handicap dit mental : le fait social, le diagnostic, le traitement*, Paris, Delachaux et Niestlé, coll. « Actualités pédagogiques et psychologiques ».

NUSS M. (2014), *La présence de l'autre- accompagner les personnes en situation de grande dépendance*, 3e éd., Paris, Dunod.

PAGES V. (2017), *Handicaps et psychopathologies*, Paris, Dunod, coll. « Maxi fiches ».

RINGLER M. (2009), *Le Bonheur de l'enfant handicapé*, Paris, Dunod.

ROGÉ B. (2015), *Autisme, comprendre et agir*, 3e éd., Paris, Dunod.

ROUBY A. (2007), *Éduquer et soigner l'enfant psychotique*, Paris, Dunod.

SINASON V. (2001), *Comprendre votre enfant handicapé*, Paris, Albin Michel.

SOULIER B. (2008), *Vivre avec le handicap au quotidien. Guide du mieux-être de la personne handicapée et de ses proches*, Paris, InterEditions.

STIKER H.-J. (2013), *Corps infirmes et Sociétés. Essais d'anthropologie historique*, 3e éd., Paris, Dunod.

STIKER H.-J., PUIG J., HUET O. (2014), *Handicap et accompagnement*, Paris, Dunod.

VAGINAY D. (2005), *Découvrir les déficiences intellectuelles*, Toulouse, Érès.

Sur la psychologie sociale

AEBISCHER V., OBERLÉ D. (1990), *Le Groupe en psychologie sociale*, Paris, Dunod, 6e éd. 2021.

ANZIEU D., MARTIN J.-Y. (1986), *La Dynamique des groupes restreints*, Paris, PUF, 9e éd. 1990.

FISCHER G.-N. (1987), *Les Concepts fondamentaux de la psychologie sociale*, Paris, Dunod, nouv. éd. 2015.

FREUD S. (1913), *Totem et Tabou*, Paris, Payot, 2001.

LÉVY A. (éd.) (1965), *Psychologie sociale ? Textes fondamentaux anglais et américains. Tomes 1 et 2*, Paris, Dunod, nouv. éd. 2002.

LEWIN K. (1967), *Psychologie dynamique*, Paris, PUF, 1973.

MOSCOVICI S. (dir.) (1984), *Psychologie sociale*, Paris, PUF, nouv. éd. 2005.

MUGNY G., OBERLÉ D., BEAUVOIS J.-L. (1995), *La Psychologie sociale. Tome 1. Relations humaines, groupes et influence sociale*, Grenoble, PUG.

PAGÈS M. (1997), *La Vie affective des groupes. Esquisse d'une théorie de la relation humaine*, Paris, Dunod, 3e éd. 2002.

Sur la pédagogie

CHAULET E. (1998), *Manuel de pédagogie spécialisée. Exercices rééducatifs pour l'enfant handicapé*, Paris, Dunod, nouv. éd. 2006.

COHEN D. (1985), *Piaget, une remise en question*, Paris, Retz, nouv. éd. 1992.

CYRULNIK B. (1993), *Les Nourritures affectives*, Paris, Odile Jacob, nouv. éd. 2000.

RAYNAL F., RIEUNIER A. (2007), *Pédagogie : dictionnaire des concepts-clés : apprentissage, formation, psychologie cognitive*, 6e éd., Paris, ESF.

GAGNÉ R. M. (1976), *Les Principes fondamentaux de l'apprentissage*, Montréal, Holt, Rinehart & Winston.

HOUSSAYE J. (1988), *Le Triangle pédagogique. Théorie et pratiques de l'éducation scolaire*, Berne, Peter Lang, 3e éd. 2000.

HOUSSAYE J. (dir.) (1993), *La Pédagogie : une encyclopédie pour aujourd'hui*, Paris, ESF, nouv. éd. 2005.

MIALARET G. (1991), *Pédagogie générale*, Paris, PUF.

PERRENOUD Ph. (1996), *La Pédagogie à l'école des différences*, 2e éd., Paris, ESF, coll. « Pédagogies », nouv. éd. 2005.

Sur l'entretien

BENOÎT A. (1995), *Faire la synthèse d'une réunion, d'un dossier, d'un entretien*, Paris, Dunod, coll. « Efficacité professionnelle ».

MUCCHIELLI R. (1998), *L'Entretien de face à face dans la relation d'aide*, Thiron, ESF, coll. « Formation permanente ».

POUSSIN G. (2005), *La Pratique de l'entretien clinique*, 3e éd., Paris, Dunod.

REXAND-GALAIS F. (2002), *L'Entretien d'aide sociale, techniques de l'écoute et pratique de l'entretien*, Paris, Vuibert, coll. « Diplômes ».

Domaine 2

Participation à l'élaboration et à la conduite du projet éducatif spécialisé

300 heures

1 Présentation
Le programme et les compétences

1 La présentation du domaine de formation 2

Le domaine de formation (DF) 2 est référé au domaine de compétences (DC) 2 : « **Participation à l'élaboration et à la conduite du projet éducatif spécialisé** ».

2 Le domaine de compétences

Les compétences référencées dans ce domaine sont :

- observer, rendre compte et contribuer à l'évaluation des situations éducatives ;
- participer à la mise en œuvre d'un projet éducatif.

Le DF 2, qui comporte 300 heures d'apport théorique, aborde les thèmes suivants :

- L'approche globale de la notion de projet ;
- La construction des différents projets ;
- L'accompagnement du projet éducatif de l'usager ;
- Les supports et cadres de l'action éducative ;
- La place des familles dans l'action éducative.

3 La certification

La certification du DC/DF 2 se fait sur la base d'une seule épreuve terminale. Cette unique épreuve du DC/DF 2, appelée épreuve d'« entretien avec deux membres du jury portant sur la formation pratique », vise à déterminer si le candidat a su construire au cours de sa formation un positionnement professionnel sur les compétences suivantes :

- observer, rendre compte et contribuer à l'évaluation des situations éducatives ;
- participer à la mise en œuvre d'un projet éducatif.

Cette certification se déroule en centre d'examen du rectorat. Il s'agit d'une épreuve orale d'une durée de 30 minutes sous forme d'un entretien avec deux membres de jury. Elle porte sur l'expérience de stages (et de la formation pratique pour les candidats en situation d'emploi) du moniteur éducateur et a comme support le dossier de stages comprenant :

- les projets de stages du moniteur éducateur ;
- les évaluations des stages réalisées par les terrains de stages ;
- le compte rendu de la visite de stage ;
- un écrit du moniteur éducateur pour chaque stage, rendant compte de sa participation à la mise en œuvre du projet éducatif (environ 5 pages).

Le jury attribue une note à l'issue de l'audition du candidat. Seul l'entretien est évalué. La note est donnée sur 20 et est coefficient 1.

Les éléments du dossier tels que les projets de stages du moniteur éducateur et l'écrit rendant compte pour chaque stage de sa participation à la mise en œuvre du projet éducatif sont élaborés pendant la formation et accompagnés par le centre de formation.

Les modalités de cette épreuve et une aide à la préparation de celle-ci seront développées dans cette partie.

4 La place du DF 2 dans le métier de moniteur éducateur

Nous l'avons vu dans la définition de la profession et du contexte d'intervention issue de l'arrêté du 20 juin 2007, le moniteur éducateur :

> « [...] participe à l'action éducative, à l'animation et à l'organisation de la vie quotidienne de personnes en difficulté ou en situation de handicap. [Il] assure une relation éducative au sein d'espaces collectifs. [...] Il peut ainsi mettre en place et encadrer des médiations éducatives. [...] Il contribue, dans le cadre d'équipes pluriprofessionnelles, à la mise en œuvre au quotidien de projets personnalisés ou adaptés auprès des personnes accompagnées. Grâce à sa connaissance des situations individuelles, il contribue à l'élaboration de ces projets personnalisés et participe au dispositif institutionnel. »

Le DF 2 « Participation à l'élaboration et à la conduite du projet éducatif spécialisé » est au cœur de ces éléments de définition de la profession de moniteur éducateur. Il constitue environ un tiers (300 heures) de la formation théorique et est, dans la plupart des centres de formation dispensant la formation de moniteur éducateur, consacré, pour une bonne part, aux techniques éducatives et à la méthodologie de projet. Nous allons donc dans ce chapitre présenter au lecteur des outils méthodologiques lui permettant de se situer dans les projets organisant la vie institutionnelle et de garantir au mieux la mise en adéquation des besoins des personnes accompagnées avec les projets que le moniteur éducateur met en place.

Parce que la relation éducative est au cœur des activités quotidiennes du moniteur éducateur, des techniques éducatives et des projets mis en place, parce qu'elle constitue une relation intersubjective où les affects, les transferts sont en jeu mais aussi parce que cette relation éducative, ainsi que la relation aux familles, constituent une condition essentielle à l'élaboration du mieux-être chez l'enfant ou l'adulte pris en charge et ce, quelle que soit la rigueur méthodologique, nous fournirons dans ce chapitre un certain nombre de repères sur ces relations, sur ce qui les fonde et ce sur quoi elles doivent s'appuyer.

Mais avant d'aborder l'intersubjectivité en jeu dans les projets, nous débuterons par quelques repères méthodologiques sur les projets rencontrés dans le secteur médico-éducatif.

Cours

2 Approche globale de la notion de projet

1 La notion de projet

a. Généralités

Étymologie

Le mot « projet » provient du mot latin *projectum*, issu lui-même du verbe *projicere*, « jeter quelque chose vers l'avant » dont le préfixe *pro-* signifie « qui précède dans le temps » et le radical *jacere* signifie « jeter ». Ainsi, le mot « projet » signifie « quelque chose qui vient avant que le reste soit fait ». Étymologiquement et initialement, le mot se rapporte au plan d'une action, non à l'exécution proprement dite de ce plan.

Le projet apparaît ainsi comme un dess(e)in de l'action à venir, un cadre pour structurer l'action.

Définition

Le terme « projet » revêt, selon le contexte dans lequel il se place, différentes significations. Il peut s'agir, en effet d'un :

- dessein, idée de ce que l'on pense réaliser, conception des moyens qu'on croit utiles pour exécuter ce qu'on médite.

> *Faire des projets.*
>
> *Je m'oppose à votre projet.*
>
> *Cela dérange, déconcerte mon projet.*
>
> *Ceci n'est encore qu'en projet.*

- ensemble des plans, coupes et élévation d'un édifice à construire (architecture).

> *Les projets des concurrents au prix de Rome sont exposés à l'École des beaux-arts.*

- première pensée, première rédaction d'un acte, d'un écrit.

> *Faire un projet de contrat de mariage.*
>
> *C'est un projet à peine ébauché.*
>
> *Projet de loi, texte législatif soumis à l'examen du Parlement par le Gouvernement.*
>
> *Projet de résolution, projet dont une assemblée est saisie par l'un de ses membres pour prendre une décision sur un sujet déterminé.*

Un projet, c'est aussi :

- une anticipation stratégique et hiérarchisée des actions ;
- un outil de fédération des intentions et de mutualisation des ressources d'une équipe ;
- un compromis entre le souhaitable et le possible.

Un projet est, dans un contexte professionnel, une aventure temporaire entreprise dans le but de créer un produit ou un service unique :

- temporaire car un projet se termine à une date déterminée ;
- unique car le résultat final est propre au projet entrepris.

En éducation spécialisée, un projet est un outil d'adaptation destiné à produire une « plus-value » éducative.

b. Les projets en éducation spécialisée

Les formes de projets dans l'activité éducative

Les formes de projets dans les établissements et services sociaux et médico-sociaux sont multiples. Du plus large au particulier, ces projets s'imbriquent en cascade, se déterminent les uns les autres dans une dynamique d'interinfluences.

À retenir

Quelles que soient leurs formes, les projets constituent des outils essentiels à la compréhension du fonctionnement institutionnel : leur lecture, leur compréhension et leur analyse sont incontournables et permettent au moniteur éducateur (comme à l'ensemble de l'équipe) de se situer dans un cadre, d'en comprendre les déterminants et les finalités afin de construire une « culture » collective.

Les cinq principaux projets, dans le secteur d'intervention du moniteur éducateur sont les suivants.

Le projet associatif

Le projet associatif est l'entité la plus large.

Il affirme des principes et des valeurs : une philosophie de l'action et une représentation des personnes destinataires et des moyens d'interventions.

Exemples

- projet de l'Association pour la sauvegarde de l'enfance, de l'adolescence et des adultes (ADSEA) dépendant de l'UNASEA ;
- projet de l'UNAPEI (structurée sous forme de charte).

Le projet d'établissement ou institutionnel

Le projet d'établissement, appelé également projet institutionnel, se réfère à une mission précise, donc à des textes réglementaires, fixant :

- les conditions d'exercice de cette mission et sa référence administrative (référence à une convention collective, à des décrets ministériels, aux annexes 24, à la loi 2002-2, etc.) ;
- les moyens mis à disposition (locaux, personnels, logistique de communication) ;
- le mode d'accès des usagers à l'établissement ou au service (conditions et processus d'admission, règlement intérieur précisant les rapports entre usager et service) ;
- les modalités d'évaluation concernant la marche générale du service ou de l'établissement (démarche qualité).

Le projet de service ou pédagogique ou thérapeutique

Le projet de service ou pédagogique ou thérapeutique décrit la spécificité des modalités pédagogiques ou thérapeutiques mises à disposition sur un service en particulier du fait des besoins spécifiques de la population du service (type d'approche des difficultés de la personne, organisation de l'enseignement ou des apprentissages, stratégies d'insertion).

Le projet d'activité

Il décrit la spécificité des modalités éducatives, individuelles ou collectives mises à disposition sur une activité en particulier (modalités d'approche des difficultés de la personne, organisation de l'activité, fréquence des interventions…).

Le projet personnalisé

Il traduit la mise en œuvre de la pédagogie de l'établissement au niveau de chaque usager. Il comporte à la fois un énoncé de moyens (les actions déterminées) et une procédure réglant son déroulement dans le temps.

La loi n 2002-2 du 2 janvier 2002 rénovant l'action sociale et médico-sociale a eu un impact considérable dans la mise en place des projets individualisés dans l'ensemble des institutions du secteur. Positionnant l'usager au centre du dispositif de sa prise en charge, la loi a permis d'affirmer légalement le droit de l'usager et de son entourage à participer à la conception et à la mise en œuvre de sa prise en charge.

Cette loi implique ainsi :

- une meilleure prise en compte de la parole de l'usager et de son entourage (pour autant qu'elle puisse s'exprimer) ;
- un diagnostic établi par l'équipe à partir d'informations recueillies à propos de l'usager ;
- l'évaluation des besoins de l'usager et la prise en compte de ses souhaits.

Par ailleurs, nous renvoyons le lecteur vers les recommandations de l'ANESM (Agence nationale de l'évaluation et de la qualité des établissements et services sociaux et médico-sociaux) qui a édité en 2008 des « recommandations de bonnes pratiques professionnelles » sur les « attentes de la personne et le projet personnalisé » (téléchargeable sur Internet).

Le projet personnalisé est généralement établi pour une période allant de 3 mois à 2 ans suivant les pratiques institutionnelles. La moyenne est généralement d'un projet par an par usager.

Le projet personnalisé est élaboré en réunion de synthèse (souvent précédée d'une présynthèse). Cette réunion de synthèse vise à faire le bilan du projet précédent et à élaborer le projet suivant centré sur des actions concrètes. Pour cela, elle réunit les acteurs de l'action sociale intervenant sur la situation de l'usager afin que ceux-ci exposent leurs bilans, en présence de l'usager et de sa famille. Les temps de formalisation pluridisciplinaire du projet, de rencontre avec l'usager et sa famille peuvent se faire dans des temps différés. Un ou plusieurs référents sont alors désignés. Celui-ci est le garant du projet et de la mise en œuvre de ses actions et le « médiateur » privilégié. Des bilans intermédiaires peuvent alors être réalisés dans la perspective d'un réajustement éventuel du projet.

Nous décrirons plus loin les différentes étapes d'un projet personnalisé.

c. Le projet questionne...

Quelle que soit sa forme, un projet doit prendre en compte, en amont de sa conception, un certain nombre de paramètres incontournables. Il s'agit, pour la ou les personnes qui conçoivent celui-ci, d'identifier et d'évaluer, en amont du projet, le système qui va le circonscrire. Les paramètres devant être pris en compte sont les suivants :

- le contexte légal et la logique administrative dans lesquels se déroule le projet ;
- la place des droits attachés à la population ;
- l'environnement institutionnel :
  - son organisation ;
  - ses moyens de régulation ;
  - son ouverture sur l'extérieur ;
  - la marge de manœuvre laissée aux acteurs du projet ;
- les valeurs des acteurs du projet ;
- les capacités de la population concernée par le projet relatives à son environnement et sa réalité psychologique.

2 Méthodologie du projet

Dans ce chapitre, nous nous arrêterons plus particulièrement sur les éléments constitutifs des projets auxquels participent les moniteurs éducateurs. En effet, si les moniteurs éducateurs peuvent être associés, au même titre que les autres professionnels, à la construction du projet d'établissement ou institutionnel, ils interviennent le plus souvent sur les projets de service, sur les projets d'activité ou sur les projets éducatifs individualisés.

Il n'a pas dû vous échapper que l'intitulé de ce domaine de compétences est « Participation à l'élaboration et à la conduite du projet éducatif spécialisé ». Alors que l'éducateur spécialisé se situe dans la conception (*cf.* DC 2 DEES « Conception et conduite de projet éducatif spécialisé »), le moniteur éducateur se situe dans la participation à l'élaboration. Cependant, il nous semble essentiel que le moniteur éducateur, pour participer à l'élaboration d'un projet, puisse identifier les différents éléments de celui-ci.

En effet, lorsque l'on construit un projet, il convient de respecter un certain nombre d'étapes et de se poser les bonnes questions, si l'on veut garantir l'aboutissement de celui-ci.

Pour cela, nous proposons un procédé mnémotechnique afin de garantir que l'ensemble des étapes soit effectivement présent.

Il s'agit de repérer les cinq étapes essentielles à la conception du projet, à sa mise en forme, que nous développerons sous l'acronyme FORME. À chaque lettre du mot FORME, nous affilions une fonction et un questionnement, à savoir :

- **F** pour Fondements, correspondant aux questions : pour qui, pourquoi ?
- **O** pour Objectifs, correspondant à la question : quoi ?
- **R** pour Ressources, correspondant aux questions : avec qui, avec quoi, combien de temps, combien ce projet coûte ?
- **M** pour Méthode correspondant aux questions : comment, quelle durée, quelle fréquence ?
- **E** pour Évaluation correspondant à la question : quels effets attendus ?

a. Les fondements

Un projet de service, d'activités ou éducatif individualisé est une réponse aux besoins d'une population ou d'un individu, ces besoins étant déterminés par une ou plusieurs pathologies ou une ou plusieurs problématiques.

Interroger les fondements, c'est se demander pour qui, pourquoi je réalise ce projet ?

Avant tout, vous devez définir les caractéristiques de la population concernée par ce projet :

- Quelles sont les caractéristiques de la ou des pathologies ? Quelle est la problématique qui caractérise cette population ou cet individu ?
- Quelles sont les capacités de la population ou de l'individu concerné ? Quelles sont ses compétences fortes ? Quelles sont ses limites ?
- Quels sont les désirs de la population ou de l'individu concerné ? Qu'est-ce qui le ou les motive ?
- Qu'est-ce qui le ou les contraint ?

Votre projet existe parce qu'il est censé répondre à des besoins. Il s'agit, par exemple, pour un PEI, d'identifier les compétences qui limitent l'autonomisation de la personne. Ce besoin d'autonomisation constitue le leitmotiv du projet.

Exemple du PEI de Florence

Florence, âgée de 30 ans, est accueillie dans un foyer d'hébergement depuis onze ans. Elle travaille la journée en établissement et service d'aide par le travail (ESAT), où elle fait du conditionnement. Elle est atteinte d'une déficience intellectuelle modérée. Son handicap est inné. Elle possède des compétences sociales globalement bonnes tant sur le plan de sa vie sociale que de sa vie intellectuelle, de son rapport au corps et à sa santé, de sa vie affective et de sa capacité à s'insérer dans un environnement connu d'elle-même. Elle a le projet de quitter l'établissement pour vivre de manière autonome dans un appartement thérapeutique avec l'aide d'un service d'accompagnement et de suite (SAS). Cependant, ses compétences apparaissent limitées sur plusieurs points : elle présente des difficultés pour poser les jalons de son projet malgré son désir manifeste, elle présente un rapport à l'alimentation défaillant tant sur le plan de l'équilibre alimentaire (elle ne mange que des féculents) que sur le plan des conduites alimentaires (elle a une tendance boulimique). En outre, elle est systématiquement dans l'évitement des conflits qu'elle fuit avec angoisse (les appartements thérapeutiques étant, la plupart du temps, partagés entre plusieurs individus, Florence doit être en capacité de faire face à un conflit). Enfin, sa connaissance de l'environnement mérite d'être élargie.

b. Qu'est-ce qu'un besoin ?

Le besoin se manifeste à travers une sensation de manque, d'inconfort ou de privation, accompagnée, le plus souvent et quand cela est possible, d'un désir de la faire disparaître par un comportement adéquat.

Les besoins de l'être humain sont multiples et le regard que l'on peut porter sur ceux-ci diffère selon l'approche que l'on va utiliser.

Freud, dans son approche psychanalytique, envisage les besoins sous l'angle des pulsions : une pulsion d'autoconservation que l'on peut assimiler aux besoins primaires tels que la faim ou la soif et une pulsion sexuelle qui assure la survie de l'espèce.

Les économistes ont défini les besoins selon une hiérarchie de trois catégories :

- **les besoins primaires** indispensables à la vie : se nourrir, dormir, s'habiller… ;
- **les besoins secondaires** nécessaires mais non indispensables à la vie : lire, travailler, avoir des activités de loisirs, avoir des activités sociales… ;
- **les besoins tertiaires** comprenant tout ce qui est « superflu » : ces besoins correspondent à l'ensemble des gadgets qui jalonnent de plus en plus notre vie quotidienne.

Virginia Henderson, en élaborant ses principes fondamentaux des soins infirmiers (1960), a défini 14 besoins fondamentaux de l'être humain en ayant à la fois une approche biologique et physiologique (besoins primaires), psychologique et sociale (besoins secondaires), ainsi que spirituelle (besoins tertiaires). La grille des 14 besoins de Virginia Henderson est principalement utilisée pour établir l'anamnèse d'une personne en nécessité de soins. Les 14 besoins fondamentaux sont les suivants :

- respirer ;
- boire et manger ;
- éliminer (selles et urine pour assurer son hygiène intime) ;
- se mouvoir, conserver une bonne posture et maintenir une circulation sanguine adéquate ;
- dormir, se reposer ;
- se vêtir et se dévêtir ;
- maintenir une bonne température corporelle ;
- être propre et soigné ;
- éviter les dangers ;
- communiquer avec ses semblables ;
- agir selon ses croyances et ses valeurs ;
- s'occuper en vue de se réaliser ;
- se divertir ;
- apprendre.

Abraham Maslow (1908-1970) est un psychologue célèbre pour ses recherches sur la motivation, sur ce qui pousse l'individu à agir, à élaborer un modèle rendant compte des besoins globaux de l'individu. Les besoins sont, selon Abraham Maslow, hiérarchisés ; cela signifie que l'homme n'atteint le plein développement de son psychisme que s'il est satisfait sur tous les plans. Cette hiérarchisation des besoins est généralement représentée sous la forme d'une pyramide, de la base au sommet, qui distingue cinq niveaux de besoins (voir figure ci-après) :

- à la base, les besoins physiologiques ou organiques (tels que la faim, la soif) ;
- ensuite, les besoins de sécurité et de protection (avoir un logement, une couverture santé…) ;

- les besoins d'appartenance à un groupe (famille, groupe secondaire...) ;
- ensuite, les besoins d'estime de soi ;
- enfin, au sommet de la pyramide, les besoins de réalisation de soi (au travers d'un projet, d'un engagement...).

La pyramide de Maslow

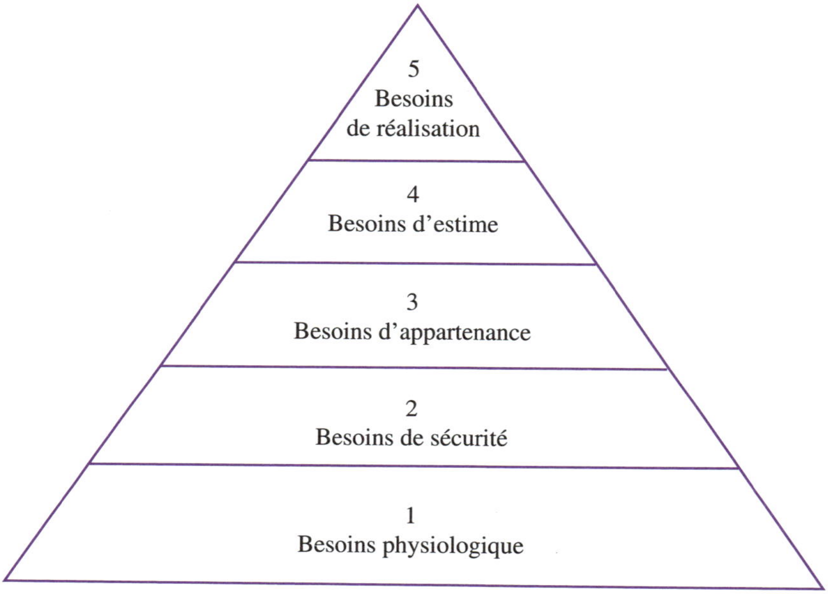

Jacques Danancier, dans son ouvrage *Le Projet individualisé dans l'accompagnement éducatif*[1], propose un modèle visant à répondre aux besoins d'autonomisation. Ce modèle est, pour l'ensemble des acteurs intervenant dans un cadre éducatif, intéressant dans la mesure où il vise l'autonomisation de l'usager par l'acquisition de compétences sociales[2]. Le référentiel d'observation des compétences sociales (ROCS) qu'il propose permet d'appréhender l'individu dans sa globalité grâce à un programme en cinq dimensions, elles-mêmes déclinées en cinq critères, eux-mêmes déclinés en cinq degrés. Cet outil constitue une aide à l'évaluation de l'autonomie des usagers et, ainsi, de leur projet individualisé, compris comme un moyen d'accompagner leur insertion-intégration dans le lien social.

1. Danancier J. (1999) *Le Projet individualisé dans l'accompagnement éducatif. Contexte, méthodes, outils*, Paris, Dunod, nouv. éd. 2011.
2. Les compétences sociales recouvrent l'ensemble des capacités qu'un individu peut mettre en œuvre pour s'inscrire de façon complète dans son milieu habituel de vie, sans qu'il y soit reconnu par des caractéristiques particulières de déficiences ou d'échec liées à son histoire, sa vie familiale ou son handicap, mais comme un élément participant à la vie de l'ensemble de façon active, assurant sa part de la continuité et de la cohérence de l'ensemble.

Chaque ROCS est adapté aux caractéristiques de la population accompagnée ou accueillie dans un établissement et se définit pour chacun des critères en une compétence haute (seuil à partir duquel l'établissement pourrait envisager une réorientation vers une structure permettant l'acquisition d'une plus grande autonomie) et une compétence faible (seuil en dessous duquel l'établissement ne peut répondre aux besoins de l'individu). Chaque ROCS est conçu avec le personnel éducatif, médical et paramédical de la structure pour les usagers. À titre d'exemple, voir le tableau suivant élaboré dans un foyer pour adultes handicapés mentaux. Comme nous l'avons préalablement expliqué, chaque critère se décline en cinq degrés, nous laissons au lecteur le soin de consulter l'ouvrage de Jacques Danancier pour en savoir plus sur la déclinaison de ceux-ci.

Un tableau général de référentiel ROCS

Dimensions				
Vie sociale	**Vie intellectuelle**	**Rapport au corps et à la santé**	**Vie affective**	**Compétences dans l'environnement**
Position dans le groupe	Utilisation des acquis scolaires dans la vie quotidienne	Hygiène corporelle	Vie familiale	Communication avec les personnes de l'extérieur
Communication-échanges avec les autres	Intérêt pour apprendre, curiosité	Entretien, habillement	Vie sexuelle	Capacités de déplacement
Présentation, image de soi	Repérage dans l'espace	Rapport à l'alimentation	Expression, contrôle des émotions	Connaissance de l'environnement
Loisirs	Repérage dans le temps	Propreté chambre	Liens amicaux	Réaction aux situations nouvelles
Communication avec les encadrants	Capacité de projet	Gestion de la santé	Positions dans les conflits	

c. Identifier les compétences sociales

Identifier les compétences sociales en matière d'autonomie n'est évidemment pas suffisant. Cette première étape effectuée, il s'agira ensuite :

- d'en effectuer la synthèse où il s'agira de repérer les compétences sociales acquises, celles pour lesquelles la personne a progressé et celles qui ont besoin d'être travaillées dans le cadre d'un projet individuel ;
- d'élaborer un projet individuel qui prendra en compte, dans la mesure du possible, la demande de la personne ainsi que les propositions de l'équipe ;
- de définir les actions à mettre en place :
  - les critères à travailler en matière d'autonomie,
  - les actions à mener afin d'atteindre ces critères,
  - le rythme de travail permettant de tendre vers les objectifs fixés.

Trois facteurs sont déterminants dans la variation des compétences sociales :

- l'augmentation de l'indépendance : plus je suis compétent dans les différents actes de la vie quotidienne (préparation des repas, hygiène, courses, démarches administratives…), plus mon indépendance augmente (ce travail d'autonomisation est l'une des principales missions des auxiliaires de vie sociale ainsi que des techniciens de l'intervention sociale et familiale) ;
- la diversification des modalités d'appartenance et d'inscription dans un groupe : plus je m'inscris dans des groupes sociaux divers selon des modalités différentes (collectif professionnel, club de sport, groupe culturel, association bénévole, etc.), plus je suis en capacité de me positionner dans un groupe et d'avoir une image de moi positive ;
- l'élargissement de l'environnement : plus mon environnement est large, plus j'acquiers des compétences dans mes déplacements, dans ma connaissance de l'environnement, dans ma capacité à communiquer avec l'extérieur ou encore, plus je suis en capacité de réagir aux situations nouvelles.

d. Les objectifs

Interroger les objectifs, c'est s'interroger sur le quoi : qu'est-ce que je cherche à atteindre ? Quelles sont les compétences sociales vers lesquelles je tends ?

Il convient de distinguer ce qu'il en est de l'objectif général par rapport à l'objectif spécifique. Un objectif général se décline en plusieurs objectifs spécifiques ou, dit autrement, un objectif spécifique est un sous-objectif général.

L'objectif général

Un objectif général est un énoncé qui exprime une intention à l'égard d'un objet (un contenu) décrivant un produit (un comportement) à obtenir d'un sujet (un individu ou un groupe). Il s'agit ainsi d'un comportement global attendu dans le cadre de ce projet.

Exemple du PEI de Florence (suite)

Pour reprendre l'exemple de Florence préalablement cité, l'un des objectifs généraux de son projet pourrait être : concevoir de manière autonome un repas équilibré. Nous pouvons comprendre ici que pour atteindre cet objectif général, Florence devra être en capacité d'atteindre les objectifs spécifiques concernant des éléments de connaissance de ce qu'est un repas équilibré mais aussi, sa capacité à gérer ses pulsions boulimiques.

L'objectif spécifique

Nous l'avons dit : un objectif général se décline en plusieurs objectifs spécifiques.

Un objectif spécifique est un énoncé qui exprime une intention à l'égard d'un objet décrivant un produit à obtenir d'un sujet et qui se doit d'être :

- observable ;
- précis ;
- univoque (compréhensible sans ambiguïté) ;
- mesurable.

Exemple du PEI de Florence (suite)

Pour poursuivre l'exemple de Florence, l'un des objectifs spécifiques pourrait être : à l'issue de six mois de projet et à raison d'un atelier cuisine par semaine au sein du foyer d'hébergement, Florence sera en capacité de réaliser six repas hebdomadaires équilibrés pour cinq personnes.

e. Les ressources

Interroger les ressources, c'est se poser les questions suivantes : avec qui, avec quoi, combien de temps, combien ce projet coûte ? Dans le cadre de votre projet, les ressources qui vous sont nécessaires sont à définir.

Ses ressources sont :

- humaines : il s'agit de définir les acteurs de votre projet en fonction de leurs compétences spécifiques, mais aussi de leurs appétences. Ce point inclut les acteurs de l'institution, mais également l'ensemble des partenaires extérieurs à l'institution ;
- matérielles : il s'agit de définir le matériel dont vous allez avoir besoin ;
- financières : il s'agit de définir le budget qui vous est nécessaire pour mettre en place les actions définies dans le cadre de ce projet.

Exemple du PEI de Florence (suite)

À l'objectif spécifique suivant : « À l'issue de six mois de projet et à raison d'un atelier cuisine par semaine au sein du foyer d'hébergement, Florence sera en capacité de réaliser six repas hebdomadaires équilibrés pour cinq personnes », les ressources nécessaires sont :

- sur le plan humain : un à deux moniteurs éducateurs pour encadrer le groupe des cinq participants à l'atelier cuisine ainsi que la mobilisation d'une diététicienne une séance par mois ;
- sur le plan matériel : la mise à disposition par le foyer d'hébergement de l'atelier cuisine et de l'ensemble du matériel nécessaire à la confection des repas ;
- sur le plan financier : le matériel nécessaire à la confection des repas étant mis à disposition par le foyer d'hébergement, celui-ci est inclus dans le budget global de l'établissement. Toutefois, un budget de 20 euros pour la confection des repas (pour cinq personnes) est nécessaire à chaque séance. Pour six mois, à raison de quatre séances par mois, le budget s'élève donc à 480 euros.

f. Les méthodes

Interroger les méthodes, c'est se poser les questions suivantes : comment, quelle durée, quelle fréquence ?

Il s'agit ici de définir les méthodes et le dispositif que vous allez mettre en place pour atteindre les objectifs. Vous comprendrez que cette partie est un préalable à la définition des ressources mais que, pour des raisons liées au modèle FORME, cette partie suit la partie « Ressources ».

En ce qui concerne le dispositif, il s'agit de déterminer concrètement les actes que vous allez mettre en place pour tendre vers les objectifs que vous vous êtes fixés.

La question de la méthode que vous allez utiliser est à interroger sur le plan pédagogique (voir paragraphe « Les grands courants pédagogiques »). Il s'agit de définir ici si vous allez plutôt utiliser une approche comportementaliste, orienter votre projet sur des fondements psychanalytiques, être dans le laisser-faire ou encore adopter une pédagogie traditionnelle. Dans tous les cas, l'approche que vous allez utiliser doit faire sens, c'est-à-dire qu'elle doit être déterminée par les caractéristiques de la population ou de l'individu que vous allez accompagner dans le cadre de ce projet.

La durée que vous allez définir a comme finalité de donner une temporalité à votre action. Il ne s'agit pas forcément de viser, dans ce temps, l'atteinte de vos objectifs mais plutôt, à l'issue de ce temps, d'évaluer si l'action que vous avez mise en place doit être arrêtée, reconduite, où encore réorientée parce que vos objectifs ne sont plus adaptés.

La fréquence consiste à désigner la redondance de l'action et la durée de celle-ci à chaque séquence.

Exemple du PEI de Florence (suite)

Pour continuer sur l'exemple de Florence et l'objectif spécifique « À l'issue de six mois de projet et à raison d'un atelier cuisine par semaine au sein du foyer d'hébergement, Florence sera en capacité de réaliser six repas hebdomadaires équilibrés pour cinq personnes », on définira les éléments suivants :

- le dispositif : l'atelier cuisine ;
- la méthode : des apprentissages théoriques adaptés transmis par un diététicien ;
- ses mises en pratique des apprentissages théoriques dans le cadre de l'atelier ;
- la durée du dispositif : six mois ;
- la fréquence du dispositif : 1 séance de deux heures par semaine dont une séance par mois consacrée à des apprentissages théoriques.

9. L'évaluation

Interroger l'évaluation, c'est se demander : quels sont les effets attendus ?

L'évaluation s'interroge sur la valeur d'une action, une méthode de travail, un comportement, une compétence. Elle a pour but de légitimer cette action, de l'adapter, de la faire cheminer. Elle permet de remanier notre perception de l'objet sur lequel notre regard est porté, elle visualise l'évolution de cet objet. Elle suppose « […] une observation de départ fiable et aussi complète que possible sur laquelle reposeront les études ultérieures du parcours[1] » de l'objet évalué.

Évaluer, c'est donc recueillir des informations de manière à porter des jugements de valeur sur une action. Le principe de l'évaluation consiste donc d'abord à identifier les valeurs que l'on va porter sur les différents éléments qui sont à évaluer.

1. Danancier J. (1999), *Le Projet individualisé dans l'accompagnement éducatif. Contexte, méthodes, outils, op. cit.*, p. 71.

Ainsi, évaluer, c'est mettre en rapport, comparer deux séries de données :

- des données qui sont de l'ordre du fait et qui concernent l'objet ou la personne à évaluer ;
- des données qui sont de l'ordre de l'idéal et qui concernent des attentes, des intentions qui sous-tendent les projets que l'on a par rapport au même objet ou à la même personne.

Évaluer, c'est mettre en relation des faits à partir d'objectifs.

Pourquoi évaluer ?

Il n'y a d'évaluation que s'il y a des objectifs à atteindre et des décisions à prendre. Ainsi, il ne sert à rien d'évaluer, s'il n'y a rien à décider. Les décisions à prendre sont multiples. Il peut s'agir d'ajuster, d'augmenter, de reprendre, de changer, de maintenir, d'arrêter…

Quand évaluer ?

L'évaluation peut intervenir à différents moments :

- L'évaluation existe en amont du projet. Cette évaluation est appelée évaluation diagnostique. Cette première évaluation vise à appréhender les besoins, les pré-acquis, les prérequis de l'individu ou de la population afin d'élaborer le projet. Elle vise, en outre, à identifier les ressources ainsi que le temps nécessaire à l'élaboration du projet. Cette première évaluation est déterminante et nécessaire pour les éléments qui vont décliner le projet car elle en donne le sens.
- Elle peut avoir lieu pendant le processus, à l'intérieur même du projet. Cette évaluation vise à réajuster les objectifs, à augmenter les ressources, à reprendre un travail ou encore à changer les méthodes utilisées pour tendre vers les objectifs. On parle alors d'évaluation intermédiaire ou d'évaluation formatrice ou encore d'évaluation itérative (ce qui est produit à plusieurs reprises).
- L'évaluation est nécessaire à l'issue du processus. On parle alors d'évaluation sommative ou sanctionnelle : elle fait la somme des actions entreprises afin d'évaluer l'atteinte des objectifs et de prendre les décisions qui s'imposent : arrêter, poursuivre, réorienter le projet.

Qui évalue ?

L'évaluation peut être établie par la personne elle-même (autoévaluation) ou bien un tiers (extérieur ou non). Il est évident que les incidences ne sont pas les mêmes dans la prise de conscience ou non des difficultés, dans l'acceptation ou non des décisions qui sont prises.

Comment évalue-t-on ? (La nature des indicateurs)

On peut distinguer deux approches de l'évaluation :

1. Le contrôle des résultats : il ponctue le projet par des procédures de vérification de l'atteinte des objectifs, des capacités acquises. La reconnaissance des acquis se fait de façon :

- normative et quantifiable, en référence à un système de valeurs prédéfini. Elle vise principalement la sélection et l'orientation des personnes ;
- en référence à des critères qualitatifs qui prennent en compte l'ensemble des activités des sujets et leur implication (savoir mais aussi savoir être et savoir-faire). Le but de ce contrôle est d'approcher l'apprentissage des conduites complexes.

2. Les effets du changement : relier l'analyse à la pratique, transformer un vécu de projet en expérience, vérifier la valeur et attribuer un sens à ce qui est fait dans le cadre de ce projet.

En résumé

Le projet éducatif vise à créer et à déterminer les conditions et l'environnement objectifs permettant aux individus de produire du changement. Il s'agit, comme le dit Joseph Rouzel, d'une réponse globale visant à « [...] réaliser une action et impliquer au titre d'auteurs, les bénéficiaires et les partenaires du projet. »

Quand il met en place un projet, le moniteur éducateur doit se doter d'outils méthodologiques plaçant l'usager (ses besoins, sa problématique, ses désirs...) au cœur de son dispositif, garantissant ainsi l'intégrité de son projet. La mise en place d'un projet ne peut faire l'économie de cette rigueur. Sans cela, les projets risquent de devenir, non pas des projets au service de l'usager, mais des projets pour le plaisir, pour la satisfaction des éducateurs.

Pour autant, le projet ne peut vivre que parce qu'il est un lieu de projection du désir.

Cela est valable pour les « usagers » du projet comme pour ceux qui le conduisent. À titre personnel, nous prônons ainsi, auprès des moniteurs éducateurs, de pouvoir autant que possible joindre l'utile à l'agréable : partir certes des besoins et des problématiques en tenant compte des désirs des usagers (quand ils peuvent s'exprimer ou s'interpréter) mais en les mettant en adéquation avec les compétences et les appétences du personnel éducatif accompagnant ces projets.

Enfin, cela posé, il est important d'avoir conscience que, dans tout processus désirant, la destination est souvent ratée et que si vous aviez décidé d'aller de Paris à Marseille par la route la plus courte, il y a de fortes chances pour que, dans vos projets, vous passiez par Besançon puis Grenoble (si vous ne vous êtes pas arrêté en chemin ou si, finalement, vous vous retrouvez à Montpellier, ce que vous n'aviez pas du tout anticipé). C'est ce qui fait aussi l'intérêt (et le charme ?) de ce lieu de croisement entre le collectif et l'individuel que constitue le projet.

3 La notion de référent dans les projets personnalisés

Nombreux sont les professionnels qui interviennent auprès de l'enfant ou de l'adulte pris en charge dans le cadre institutionnel (ou à son domicile). Cette prise en charge se concrétise de manière plus ou moins directe, de façon plus ou moins quotidienne. Au regard de cette multiplicité, le repérage des fonctions de chacun, la coordination des actions peuvent devenir un vrai labyrinthe où il est difficile de se repérer. Et si la prise en charge peut déjà sembler complexe pour les professionnels habitués au jargon professionnel, elle peut devenir totalement inextricable pour les parents ou l'entourage proche de l'usager.

En effet, quand l'usager est admis dans une structure chargée de faire face à la gestion de sa globalité, que celle-ci s'intercale entre lui et sa famille, que cet usager confié à un service sur une décision de la MDPH, du juge des enfants ou sous la forme d'un contrat administratif, rencontre, au moment de l'admission, directeur, chef de service, assistante sociale pour ensuite, être pris en charge par toute une équipe pluridisciplinaire, il y a vraiment de quoi s'y perdre !

Afin de pallier ces difficultés, les institutions désignent un ou plusieurs professionnels pour suivre individuellement la situation de l'usager. Le référent sert alors d'interlocuteur privilégié, de médiateur tant pour l'usager que pour sa famille et les partenaires internes ou externes à l'institution.

a. La fonction du référent

Le référent constitue pour l'usager un repère central. Ses rôles sont multiples. Il exerce une fonction :

- d'écoute ;
- d'observation ;
- de guidance ;
- de garant de la continuité et de la cohérence de la prise en charge.

Pour cela, le référent doit être en capacité de faire preuve d'empathie, de compréhension, de bienveillance tant cette référence, pour être constructive, doit se situer dans un espace de confiance et de proximité. Néanmoins, l'affect étant au cœur de la relation référent/usager, il s'agit pour le référent d'être vigilant à ne pas créer de la dépendance (de l'usager) ou de la toute-puissance (de la part de celui exerçant cette fonction éducative) mais bien au contraire, d'avoir toujours à l'esprit que la relation personnalisée vise à favoriser l'autonomisation et la prise en charge de sa vie par la personne elle-même (voir plus bas « La relation éducative »).

b. Le cadre de la référence

Afin d'éviter les écueils liés à une référence qui deviendrait trop « fusionnelle » ou dans la toute-puissance, l'institution doit se prémunir d'un cadre. Ce cadre doit être établi, si possible, selon une procédure connue par tous, personnel et usager. Le projet d'établissement décline, la plupart du temps, le cadre de l'exercice de cette référence.

Sans être exhaustif, le cadre de cette référence doit présenter les éléments suivants.

- Le référent doit être désigné par l'institution. Il ne peut être le choix de celui exerçant cette fonction éducative et, encore moins, le choix de l'usager. Comme l'écrivent Jacques Trémintin et Guy Benloulou :

  > « C'est bien cette dimension symbolique qui permet d'éviter des pratiques telles que le choix du référent par l'enfant ou le contraire. Si le facteur affectif est incontournable dans l'établissement d'une relation de qualité, il ne doit pas constituer le point de départ du travail engagé. Il ne s'agit ni d'une amitié ni d'une filiation plus ou moins artificielle, mais d'un rapport professionnel pour lequel l'adulte reçoit un salaire et a des comptes à rendre. »
  >
  > *Lien social*, n 340, 15 février 1996.

- L'équipe (au sens large, c'est-à-dire parents ou tuteurs légaux compris) est actrice dans la médiation du projet : parce que l'affect est au cœur de la relation éducative, il est important que l'équipe puisse faire tiers afin que les désirs du référent ne deviennent pas les désirs de l'usager. La situation doit être ainsi discutée et analysée en équipe, les rencontres avec les parents ou les tuteurs légaux doivent être effectuées en présence de tiers professionnels, les synthèses et les orientations issues de celles-ci doivent être discutées avec l'ensemble des acteurs intervenant sur le projet éducatif individuel de l'usager (usager compris). Les supervisions et les groupes de parole ont pour fonction de se dégager des écueils affectifs ou, tout du moins, de permettre au personnel éducatif de comprendre ce qui est en jeu dans la relation affective que constitue cette référence. Ils fournissent ainsi les outils de base nécessaires à la compréhension des projections que l'éducateur mobilise à partir de sa propre histoire, de sa propre éducation et de sa propre culture.

c. Référence et coréférence

Le choix d'établir une simple référence, avec le risque de créer une relation fusionnelle ou bien une coréférence (de multiples référents), avec le risque de créer de la dispersion dans les différents repères, fait débat depuis de nombreuses années au sein de l'éducation spécialisée. Ce débat, qui plus est, est réactivé depuis que la loi 2002-2 a été instituée, positionnant l'usager au centre du dispositif de sa prise en charge.

Dans cette perspective, il convient soit, avec une référence unique, de permettre à la personne accompagnée d'intégrer un cadre rassurant, des repères structurants, soit, avec une coréférence, d'appréhender la nécessité pour celle-ci d'avoir des figures identificatoires multiples dans la perspective d'ouvrir davantage le champ des possibles.

En effet, quand un enfant ou un adulte présente un déficit important (par exemple un polyhandicap), il est nécessaire de se poser la question de savoir si, au regard de cette régression, il ne serait pas judicieux de créer une référence unique afin de permettre à cette personne d'avoir des repères simples. À l'inverse, quand un adolescent est déstructuré, morcelé, il est important de réfléchir à ce que la référence unique ne favorise pas le caractère « magique » attendu par cette référence et d'appréhender les avantages de la coréférence : l'enfant morcelé a tendance à ne montrer qu'une facette à chacun des référents ; en échangeant leurs observations, en travaillant le morcellement, les référents peuvent travailler à l'homogénéisation du Moi qui fait défaut au jeune.

En résumé

Le référent a pour mission de donner à l'usager des repères précis. La fonction de référent est empreinte de charges affectives qui ne doivent pas être négligées. Bien au contraire, celles-ci doivent être prises en compte dans l'accompagnement pluridisciplinaire mis en place et ce, dans un cadre clair et compris par tous. Cette référence doit s'appuyer sur des outils d'observation permettant de réduire la subjectivité et une analyse approfondie des situations. Les écrits professionnels portant sur la situation de l'usager dont le référent a, la plupart du temps, la responsabilité, constituent des outils essentiels afin de laisser une trace dans le temps et de mieux appréhender le caractère dynamique de l'évolution de celui-ci.

Les compétences traitées

- Observer, rendre compte et contribuer à l'évaluation des situations éducatives :
  - savoir collecter des données et des observations ;
  - savoir formaliser et restituer les éléments recueillis ;
  - savoir évaluer ses actions dans le cadre du projet éducatif ;
  - savoir réajuster son action en fonction de cette évaluation ;
  - savoir faire des propositions pour l'élaboration du projet éducatif.
- Participer à la mise en œuvre d'un projet éducatif :
  - savoir mettre en œuvre des activités dans le respect du projet éducatif ;
  - savoir prendre en compte les ressources, projets et réseaux internes et externes à l'institution ;
  - savoir prendre en compte la place et le rôle des familles ;
  - savoir anticiper les difficultés, ajuster et réguler les actions.

Cours 3

Les techniques éducatives et leur mise en forme

Les techniques éducatives sont les outils éducatifs privilégiés du moniteur éducateur. Elles s'inscrivent dans des espaces d'expression inhérents à l'art, au sport, à la créativité en associant dynamiques d'insertion, d'éducation et d'apprentissage.

Les techniques éducatives, comme l'ensemble des médiations éducatives, sont au cœur de l'espace institutionnel dont la mission première est la prise en charge et l'accompagnement des personnes en souffrance physique, psychique ou sociale. Elles doivent ainsi être bornées, à la fois, par le projet institutionnel, le projet de service (ou pédagogique ou thérapeutique) et le projet personnalisé. De ce fait, les techniques éducatives constituent, pour ces projets, de véritables outils stratégiques d'orientation.

Les techniques éducatives visent à la fois à :

- mettre en lien la démarche de projet et le processus dynamique d'accompagnement au changement ;
- ouvrir l'univers des possibles en permettant aux individus d'acquérir de nouveaux savoirs, de nouvelles compétences médiatrices et relationnelles.

En outre, elles visent à favoriser :

- le bien-être des personnes ;
- la démarche thérapeutique articulée à une pratique de soins (voir exemple ci-dessous) ;
- les dimensions pédagogiques recherchant à développer les capacités cognitives (transmission des connaissances, des savoirs, des comportements) et l'autonomie ;
- les dimensions éducatives visant à la formation de la personnalité et cherchant à développer l'expression de soi et la relation à autrui.

Enfin, les techniques éducatives constituent de véritables unités d'observation permettant au personnel éducatif d'appréhender l'individu dans son rapport :

- à lui-même, par la relation qu'il entretient à son corps et à sa santé ;
- à l'autre, par la qualité relationnelle de sa vie affective ;
- à l'espace, par la capacité à intégrer les repères et le cadre ;
- au temps, par la capacité à s'inscrire dans un projet.

Exemple de technique éducative et visée thérapeutique : Pierre et l'atelier « perles »

Pierre est un adolescent de 13 ans, diagnostiqué psychotique, pris en charge dans une unité spécialisée pour les adolescents violents au sein d'un service psychiatrique. Il a été diagnostiqué vers l'âge de 5 ans. Sa psychose semble trouver son origine dans une séparation d'avec sa mère lorsque Pierre était âgé de 2 ans et demi. Celle-ci, atteinte d'un cancer, avait dû retourner dans son pays d'origine pour se faire soigner durant une période de neuf mois, période pendant laquelle Pierre fut totalement séparé d'elle et élevé par son père. Au retour de celle-ci, Pierre a commencé à présenter des signes de retrait de la réalité qui, plus tard, se sont traduits par un retrait des apprentissages, un évitement des conduites sociales et des hallucinations visuelles importantes. Pierre réagit très mal à toute frustration, se mettant dans des colères paroxystiques en détruisant tout ce qui l'entoure.

L'équipe médico-éducative du service psychiatrique décide de travailler la difficulté de Pierre à gérer la frustration et la séparation. Pour cela, un des outils de médiation mis en place se formalise par un atelier « perles ». L'atelier consiste à faire enfiler à l'enfant des perles sur un fil, dans un temps court, de manière à ce qu'il ne puisse pas, dans le temps imparti, terminer le collier demandé. Pierre devra alors attendre la séance suivante pour reprendre son collier inachevé.

Dans un premier temps, l'arrêt de la séance et la frustration, qu'il génère, rendent Pierre « fou de rage », manifestation claire d'une angoisse ingérable. Au fil des séances, l'éducatrice de l'adolescent, avec l'aide de l'équipe médicale, commence à verbaliser les angoisses de Pierre : elle lui dit combien il est difficile pour celui-ci de laisser son travail, de s'en séparer, de peur de ne pas le retrouver, tout comme il a eu peur, petit, de ne pas retrouver sa maman dont il avait été séparé. Les pleurs prennent petit à petit le relais des crises de violence, manifestant ainsi un véritable changement dans l'expression de l'angoisse de Pierre.

Cet exemple nous montre la portée thérapeutique que peut revêtir une technique éducative qui, de prime abord, semble banale (un travail sur la motricité fine). Cette technique s'étaie sur un diagnostic précis du conflit psychique de Pierre et de ce qui l'a généré. La mise en place de cette technique éducative a mobilisé des compétences pluridisciplinaires afin d'être au plus près des besoins de Pierre, à savoir être en capacité de mieux gérer ses émotions.

Les compétences traitées

- Participer à la mise en œuvre d'un projet éducatif :
  - savoir mettre en œuvre des activités dans le respect du projet éducatif ;
  - savoir prendre en compte les ressources, projets et réseaux internes et externes à l'institution ;
  - savoir prendre en compte la place et le rôle des familles ;
  - savoir anticiper les difficultés, ajuster et réguler les actions.

4 Cours
La place des familles dans l'action éducative

1 Préambule

Il s'agit tout d'abord de définir ce qu'on entend par famille. Car si cela semble aller de soi, il est très courant d'utiliser ce terme pour définir une unité qui se limite souvent au couple parental. Trop nombreuses sont les situations où l'on entend encore, en protection de l'enfance notamment, le personnel éducatif parler d'un enfant qui a perdu sa mère et son père en disant de lui qu'il « n'a plus de famille ». En effet, la famille ne peut se réduire au simple couple parental, elle inclut un ensemble bien plus vaste : la fratrie, les grands parents, les oncles et tantes, les cousins… Pour éviter cette réduction, les institutions, notamment dans le cadre de la protection de l'enfance, dressent ce que l'on appelle un génogramme. Le génogramme est une représentation graphique rassemblant sur un même schéma les membres de la famille, le plus souvent sur deux ou trois générations et figurant les liens qui les unissent et les informations psychosociales qui les rattachent.

Pour en savoir davantage sur le concept de famille, nous renvoyons le lecteur aux nombreux ouvrages sur le sujet et plus particulièrement aux ouvrages de François de Singly (voir bibliographie en fin de chapitre).

2 Une dynamique évolutive

La relation de l'éducation spécialisée aux familles est une problématique qui, si elle a évolué depuis une vingtaine d'années, reste extrêmement sensible.

Longtemps, les parents, considérés comme les déterminants des problématiques « à caractère social » présentés par les enfants mais aussi de ceux présentant des handicaps mentaux (on disait alors que l'autisme de l'enfant était déterminé par un problème relationnel précoce entre la mère et l'enfant), furent évincés de l'accompagnement de ceux-ci. L'éloignement, la séparation étaient alors considérés comme la meilleure solution pour le bien-être des enfants.

L'avènement de la sociologie a, petit à petit, considéré l'inadaptation juvénile non plus comme émanant essentiellement de la sphère familiale, mais plutôt comme le symptôme d'un trouble de la société. À partir de ce constat vont se développer les mesures en milieu ouvert, où les familles seront positionnées en actrices des changements souhaités pour l'enfant.

Dans le secteur du handicap, la loi du 30 juin 1975 dite « en faveur des personnes handicapées adultes et enfants » (rénovée ensuite par la loi 2002-2 du 2 janvier 2002 rénovant l'action sociale et médico-sociale), portée par les associations de parents, a renforcé le droit des usagers (droit au travail, droit à une garantie minimum de ressources grâce aux prestations mises en place et droit à l'intégration scolaire et sociale). L'article 3 des annexes 24 issues de la circulaire du 30 octobre 1989 a confirmé cette tendance en incitant fortement l'association des parents ou des représentants « à l'élaboration du projet individuel pédagogique, éducatif et thérapeutique, à sa mise en œuvre, à son suivi régulier et à son évaluation » et à l'accès à des « informations détaillées sur l'évolution de l'enfant ou de l'adolescent » handicapé.

La loi du 2 janvier 2002 a généralisé ce principe existant depuis 1989 dans le secteur de l'enfance handicapée en rendant obligatoire pour tout établissement et service l'association des parents ou de leurs représentants, en matière d'information, de réflexion de projet et d'orientation et décision concernant leur enfant ou parent et, en général, toutes les personnes sujettes à accompagnement.

3 Repères pour une relation aux familles constructive

Néanmoins, le travail avec les familles revêt un caractère souvent bien différent selon si le suivi relève de la protection de l'enfance ou du secteur du handicap : en protection de l'enfance, les relations avec les familles s'engagent de manière disparate suivant si elles relèvent de décisions de justice ou bien de mesures d'accompagnement. Dans tous les cas, nous avons affaire à une famille préoccupée, blessée ou encore en colère, une famille souvent ambivalente qui peut être autant dans l'opposition que dans une demande d'aide illusoire souvent accaparante pour l'ensemble du personnel éducatif.

Beaucoup moins ambivalente mais non moins teintée d'affect est la position des personnels éducatifs : en effet, celui-ci est plus souvent enclin à prendre parti pour les enfants qu'ils accompagnent, plutôt que d'adopter une attitude compréhensive et empathique envers les parents. Attitude souvent inadaptée aux attentes des enfants qui ne souhaitent généralement pas cette prise de position de la part du personnel éducatif.

Afin d'éviter ces écueils, le moniteur éducateur, comme l'éducateur spécialisé, doit avoir une position éthique claire face à cette relation, certes difficile, néanmoins déterminante dans l'accompagnement qui va être mis en place. Pour cela, il doit construire un espace de confiance entre lui, l'enfant et ses parents. Cet espace doit être empreint de :

- reconnaissance : le moniteur éducateur doit clairement signifier à l'enfant et aux parents l'autorité de ces derniers de manière à les rassurer ;
- respect : le respect est une donnée fondamentale et basique dans l'instauration d'un espace de confiance ;
- considération : le moniteur éducateur doit avoir une attitude attentive aux propos des parents.

Il s'agit tout d'abord de comprendre la situation sans la juger. Sans cela, le moniteur éducateur ne sera pas en mesure d'engager, de manière constructive et cohérente, son accompagnement et permettre ainsi aux différents acteurs de la situation de la dépasser.

Le moniteur éducateur doit être clair sur le sens du projet de l'enfant. Il l'a non seulement compris mais est également en capacité de l'exposer de manière intelligible et adaptée (nous pourrions dire, de manière pédagogique) aux capacités des parents. Il doit évidemment s'assurer de la compréhension de ceux-ci.

Les interlocuteurs des parents (moniteurs éducateurs ou éducateurs spécialisés) doivent avoir été « institués » par la direction de l'établissement dans leur fonction de médiation. Là encore, les parents, comme le personnel éducatif, doivent savoir clairement pour quoi et dans quelles circonstances ces relations s'établissent.

Dans le souci de garantir le projet de l'enfant, il est important que le moniteur éducateur s'autorise à ne pas tout dire (règle de discrétion), au même titre qu'il n'est pas obligé de tout savoir. À l'extrême, il y a des situations pour lesquelles le personnel ne dispose que de très peu d'éléments sans que cela l'empêche pour autant de travailler, de mettre en place des actions, des stratégies permettant à l'enfant de dépasser la situation qui est la sienne et de s'accomplir dans sa vie d'adulte.

Les compétences traitées

- Participer à la mise en œuvre d'un projet éducatif :
  - savoir mettre en œuvre des activités dans le respect du projet éducatif ;
  - savoir prendre en compte les ressources, projets et réseaux internes et externes à l'institution ;
  - savoir prendre en compte la place et le rôle des familles ;
  - savoir anticiper les difficultés, ajuster et réguler les actions.

5 Méthode
Épreuve : « Entretien avec deux membres du jury portant sur la formation pratique »

La certification du DC/DF 2 se fait sur la base d'une unique épreuve orale : un entretien sur l'expérience de stage du moniteur éducateur à partir du dossier de stages (épreuve terminale en centre d'examen).

1 Compétences évaluées

Cette épreuve, organisée par le recteur et se déroulant en centre d'examen, appelée « Entretien avec deux membres du jury portant sur la formation pratique » vise à évaluer les compétences du candidat suivantes :

- observer, rendre compte et contribuer à l'évaluation des situations éducatives ;
- participer à la mise en œuvre d'un projet éducatif.

La compétence « observer, rendre compte et contribuer à l'évaluation des situations éducatives » se réfère aux activités suivantes :

- savoir collecter des données et des observations ;
- savoir formaliser et restituer les éléments recueillis ;
- savoir évaluer ses actions dans le cadre du projet éducatif ;
- savoir réajuster son action en fonction de cette évaluation ;
- savoir faire des propositions pour l'élaboration du projet éducatif.

La compétence « participer à la mise en œuvre d'un projet éducatif » se réfère aux activités suivantes :

- savoir mettre en œuvre des activités dans le respect du projet éducatif ;
- savoir prendre en compte les ressources, projets et réseaux internes et externes à l'institution ;
- savoir prendre en compte la place et le rôle des familles ;
- savoir anticiper les difficultés, ajuster et réguler les actions.

2 Objectif de l'épreuve

Déterminer si le candidat a su construire au cours de sa formation un positionnement professionnel.

3 Type d'épreuve

Entretien avec deux membres du jury portant sur l'expérience de stage du moniteur éducateur à partir du dossier de stages comprenant *a minima* :

- les projets initiaux et évaluations de stages du candidat (fiches du livret) ;
- les évaluations des stages réalisées par les terrains de stages (y compris la partie : « Conditions de déroulement du stage ») ;
- le compte rendu de la visite de stage (ou note de stage) ;
- un écrit du moniteur éducateur pour chaque stage rendant compte de sa participation à la mise en œuvre du projet éducatif (environ 5 pages) et répondant aux normes rédactionnelles en vigueur : interligne 1,5 ; police standard (Arial, Times New Roman, Courrier…) de corps 12.

4 Modalités de l'épreuve

Un entretien de 30 minutes avec deux examinateurs (n'ayant pas de lien avec le candidat, notamment durant sa formation théorique ou pratique).

Cette épreuve a lieu en centre d'examen et est organisée par le recteur.

Le dossier de stages constitue le support à l'entretien sur le parcours de formation. Le dossier et l'entretien sont les seuls supports de validation du DC 2, « Participation à l'élaboration et à la conduite du projet éducatif spécialisé », qui ne comporte pas d'autres épreuves.

L'entretien est noté sur 20 par points entiers.

Les critères d'évaluation du jury de l'épreuve d'« entretien » sont les suivants :

- l'évolution du positionnement de l'étudiant tout au long du parcours de formation ;
- sa participation à la mise en œuvre d'un projet éducatif sur le terrain ;
- sa capacité à échanger sur les différents documents produits dans le dossier de stages.

5 Repères sur le dossier de stages

a. Le projet de stage

Votre projet de stage s'élabore en deux parties :

- votre projet initial ;
- l'autoévaluation que vous faites de votre projet.

Votre projet initial

Cette première partie consiste à présenter vos objectifs généraux de manière synthétique. Ils partent des objectifs généraux définis dans le cadre du projet de formation et sont personnalisés en fonction des spécificités que vous désirez approfondir.

Exemple : si l'objectif général du centre de formation est « S'initier à la notion de projet et aux supports et cadres de l'action éducative » et que vous effectuez votre stage dans un institut médico-éducatif accueillant des enfants autistes, un de vos objectifs généraux peut alors être « Découvrir des spécificités méthodologiques de prise en charge de l'enfant autiste en fonction de ses particularités ».

L'autoévaluation que vous faites de votre projet

Il s'agit ici de décrire et d'analyser cette expérience de formation pratique au regard d'une dynamique de formation, c'est-à-dire en faisant le lien avec les éléments théoriques acquis en formation et dans les lectures annexes.

Il s'agit de répondre aux questions suivantes :

- Quelles sont les découvertes que vous avez faites ?
- Quelles sont, selon vous, les compétences que vous avez acquises en termes de savoir, savoir-être, savoir-faire ?
- Quelles sont les représentations que cette formation pratique (ce stage) a remises en cause ?
- Quels sont les questionnements que cette formation pratique (ce stage) a suscités ?
- Quels sont les questionnements que cette formation pratique (ce stage) suscite encore ?

Ces questions se posent au niveau :

- de la population rencontrée (relations avec les usagers) ;
- des problématiques spécifiques abordées (approches des inadaptations/handicaps) ;
- du cadre institutionnel (institution, équipe, environnement institutionnel...) ;
- de l'action éducative spécialisée (actions, activités, pratiques...).

b. Les rapports de stage

Chaque lieu de formation pratique (ou stage) donne lieu à un rapport de 5 pages. Il est convenu de présenter au minimum deux types de rapports :

- un rapport présentant la participation du candidat à la mise en œuvre d'un projet éducatif individuel ;
- un rapport présentant la participation du candidat à la mise en œuvre d'un projet éducatif collectif.

Pour les personnes en situation d'emploi, il est convenu (mais cela n'a aucun caractère obligatoire), de traiter du projet éducatif individuel sur son lieu d'emploi et du projet éducatif collectif sur le lieu de stage hors employeur (appelé également « stage externe »).

Présentation du rapport de stage

Quel que soit le type de projet traité, votre plan traitera des parties suivantes :

Introduction

- Motivations.
- Situer le lieu et l'activité.

I – Présentation succincte de l'établissement

- Statut juridique et administratif.
- Population et problématique.

II – Présentation du projet éducatif de l'établissement (les objectifs principaux)

III – Élaboration d'un projet éducatif individuel ou collectif

Repérage des besoins et analyse, objectifs du projet, conception du projet, moyens définis (matériels, techniques, humains, budgétaires), validation et évaluation du projet.

IV – Réalisation du projet

- Mise en œuvre du projet, organisation mise en place, déroulement.
- Ces quatre premières parties représentent environ la moitié de l'écrit du candidat. La seconde moitié est consacrée aux parties suivantes.

V – Évaluation du projet et de la participation du stagiaire

- Résultats par rapport aux objectifs.
- Perspectives éventuelles.
- Place et rôle du professionnel en formation pratique dans une perspective autocritique…

Conclusion

Les apports du stage dans la construction du positionnement professionnel de l'étudiant moniteur éducateur.

En résumé

L'épreuve de l'entretien du DF/DC 2 est l'unique épreuve de certification du DC 2. Le dossier de stages en constitue le support : il est essentiel que les éléments de ce dossier produits par l'étudiant en formation de moniteur éducateur soient clairs, structurés et fassent l'objet d'un regard (auto)critique. Ils doivent mettre en avant les compétences de l'étudiant dans l'élaboration méthodologique des projets éducatifs inhérents au métier de moniteur éducateur et présenter un caractère dynamique quant à l'évolution de ces acquis. Pour cela, il est essentiel que l'étudiant prépare ses écrits dès le début des différentes formations pratiques (stages).

6 Pour aller plus loin
Bibliographie

Sur les projets

CHAVAROCHE Ph. (2006), *Le Projet individuel. Repères pour une pratique avec les personnes gravement handicapées mentales*, Toulouse, Érès, nouv. éd. 2009.

DANANCIER J. (1999), *Le Projet individualisé dans l'accompagnement éducatif. Contexte, méthodes, outils*, Paris, Dunod, nouv. éd. 2011.

DUBREUIL B. (2006), *Accompagner le projet des parents en éducation spécialisée*, Paris, Dunod.

LOUBAT J.-R. (2012), *Élaborer un projet d'établissement ou de service en action sociale et médico-sociale*, Paris, Dunod, coll. « Santé Social ».

Sur la relation éducative

ANZIEU D. (1985), *Le Moi-peau*, Paris, Dunod, 3e éd. 2022.

CAPUL M., LEMAY M. (1996), *De l'éducation spécialisée*, Toulouse, Érès, p. 212, nouv. éd. 2008.

CYRULNIK B. (1999), *Un merveilleux malheur*, Paris, Odile Jacob.

DE LA MONNERAYE Y. (2005), *La Parole rééducatrice. La relation d'aide à l'enfant en difficulté scolaire*, 2e éd., Paris, Dunod.

DRÉANO G. (2002), *Guide de l'éducation spécialisée*, Paris, Dunod, nouv. éd. 2015.

ELIACHEFF C. (1996), *Vies privées. De l'enfant roi à l'enfant victime*, Paris, Odile Jacob, nouv. éd. 2001.

FUSTIER Ph. (2000), *Le Lien d'accompagnement. Entre don et contrat salarial*, Paris, Dunod, nouv. éd. 2015.

FUSTIER Ph. (2009), *L'Identité de l'éducateur spécialisé*, Paris, Dunod (1re éd. 1972, Paris, Éditions universitaires).

GABERAN Ph. (2003), *La Relation éducative. Un outil professionnel pour un projet humaniste*, Toulouse, Érès.

HUGLI M. (2002), *Rêver, Écrire, Éduquer. Il faut imaginer l'éducateur heureux*, Toulouse, Érès.

LEMAY M. (1979), *J'ai mal à ma mère*, Paris, Fleurus, nouv. éd. 1993.

ROUZEL J. (1998), *Paroles d'éduc. Éducateur spécialisé au quotidien*, Toulouse, Érès.

ROUZEL J. (2002), *Le Transfert dans la relation éducative. Psychanalyse et travail social*, Paris, Dunod, nouv. éd. 2014.

ROUZEL J. (2004), *Le Travail d'éducateur spécialisé. Éthique et pratique*, 3e éd., Paris, Dunod, nouv. éd. 2014.

ROUZEL J. (2016), *La Parole éducative*, Paris, Dunod.

Sur la place des familles

Berger M. (1995), *Le Travail thérapeutique avec la famille*, Paris, Dunod, nouv. éd. 2012.

de Singly F., Mesure S. (dir.) (2001), *Le Lien familial*, *Comprendre*, n 2, Paris, PUF.

de Singly F. (1993), *Sociologie de la famille*, Paris, Nathan, nouv. éd., Paris, Armand Colin, 2007.

de Singly F. (2001), *Famille et Individualisation* (2 tomes), Paris, L'Harmattan.

de Singly F. (2003), *Les Uns avec les Autres. Quand l'individualisme crée du lien*, Paris, Armand Colin, nouv. éd., Paris, Hachette, 2005.

Domaine 3

Travail en équipe pluriprofessionnelle

125 heures

1 Présentation
Le programme et les compétences

1 La présentation du domaine de formation 3

Le domaine de formation (DF) 3 est référé au domaine de compétences (DC) 3 : « **Travail en équipe pluriprofessionnelle** ». Les compétences référencées dans ce domaine sont les suivantes :

- s'inscrire dans un travail d'équipe ;
- élaborer, gérer et transmettre de l'information.

2 Le domaine de compétences

Le DF 3, qui comporte 125 heures d'apport théorique, aborde les thèmes suivants :

- la compréhension de l'organisation des établissements et services sociaux et médico-sociaux ;
- les enjeux de la communication au sein de l'institution ;
- l'accompagnement de l'élaboration d'une posture et d'une méthodologie professionnelles.

3 La certification

La certification du DC/DF 3 se fait sur la base de deux types d'épreuves :

La première, organisée par l'établissement de formation, appelée « Évaluation des capacités du candidat à travailler en équipe pluriprofessionnelle » vise à évaluer les compétences du candidat à « s'inscrire dans un travail d'équipe ».

Cette certification a lieu pendant la formation et, en fonction du projet de formation de l'établissement de formation, s'effectue indifféremment sur le premier stage (formation pratique sur site qualifiant) ou sur le second, voire sur les deux sites ; dans ce cas, la note proposée au jury plénier du DC 3 au rectorat est la moyenne des deux notes proposées sur chaque lieu.

Cette épreuve est coefficient 1.

La seconde, organisée par le rectorat, appelée « Entretien à partir d'un dossier thématique » vise à évaluer les compétences du candidat à « élaborer, gérer et transmettre l'information ».

Cette certification est une épreuve terminale organisée par le recteur. Elle a lieu au centre d'examen du rectorat.

Il s'agit d'une épreuve orale d'une durée de 20 minutes sous forme d'un entretien avec deux membres de jury. Cette épreuve orale a comme support le dossier thématique écrit par le candidat et élaboré pendant sa formation. Le dossier thématique, ne devant pas excéder 20 pages, porte sur un domaine professionnel abordé sous divers angles.

Le jury attribue une note à cet écrit avant l'audition du candidat.

Oral : coefficient 1.

Écrit : coefficient 1.

Les modalités de ces épreuves et une aide à la préparation de celles-ci seront développées dans cette partie.

4 La place du DF 3 dans le métier de moniteur éducateur

Le DF 3 « Travail en équipe pluriprofessionnelle » vise à comprendre l'organisation des institutions du secteur social et médico-social et à en comprendre les enjeux.

Travailler en équipe ne va pas de soi. Ce travail est au carrefour d'enjeux qui, comme on le dit souvent, « nous dépassent ». Or, quand on pousse un peu la réflexion, on se rend compte que l'affect et la technicité sont souvent au cœur des difficultés rencontrées et qu'il est nécessaire, comme nous l'avons vu dans la partie portant sur la psychologie sociale (voir chapitre 2), afin de se mettre à distance des enjeux affectifs, d'en comprendre les mécanismes. Pour autant, nous sommes acteurs de ces mécanismes et il s'agit également d'interroger notre part de responsabilité dans les mécanismes mis en place.

Nous traiterons dans ce chapitre des enjeux affectifs et techniques mais aussi éthiques inhérents à ces outils *a priori* d'aide à la décision que constituent le travail d'équipe et les écrits professionnels.

Cours

2 L'équipe et ses différents modes de fonctionnement

1 La compétence professionnelle

La compétence se définit en termes de capacité, de qualification mais aussi « d'autorisation à ». En effet, ce n'est pas parce que l'on sait ou croit savoir traiter un problème que l'on est autorisé à le traiter. Le travail en équipe pluridisciplinaire s'étaye sur ce principe afin que les uns n'empiètent pas sur les compétences et responsabilités des autres. Les membres de l'équipe deviennent ainsi complémentaires.

a. La capacité

Elle se décline en compréhension (du problème) et en actions (sur le problème).

La compréhension

Cette compréhension repose sur des données didactiques et empiriques, sachant que les premières influencent les secondes (les moniteurs éducateurs qui ont fait la formation ne nous reprendront pas, nous l'espérons, sur ce point).

- Didactique : la compréhension que vous avez d'un problème fait référence aux différents savoirs mais aussi aux différents regards inhérents aux formations suivies par tout un chacun. C'est, pour chacun, son référentiel de compétences. La déclinaison de ce référentiel permet à chaque personne de créer sa spécificité mais aussi d'identifier les référentiels communs aux différents membres d'une équipe, de parler la même « langue », d'avoir une approche globalisante d'un « problème ».
- Empirique : ce référentiel de compétences se construit (se déforme même) à partir de ce que l'on apprend et éprouve auprès du problème en question au fur et à mesure que la personne nous devient familière. Il ne s'agit plus seulement alors d'accompagner les personnes trisomiques 21 en étayant cet accompagnement sur ce que l'on sait des caractéristiques psychologiques et physiologiques de la trisomie mais, tout en prenant en compte ces données, d'accompagner Jacqueline, Pierre ou Paul par une approche individualisée. Et s'il y a bien quelque chose que les professionnels des institutions spécialisées ont en commun, c'est cette expérience empirique, le vécu de cette expérience variant cependant d'un individu à l'autre, cette connaissance familière de Jacqueline ou de Paul.

Cette compréhension est donc dynamique et évolutive. L'aidé et l'aidant sont pris dans une relation interactive où apprendre, comprendre et faire sont difficilement dissociables.

L'action

C'est l'ajustement de ce que l'on pense qu'il faut faire, de ce que l'on sait faire et de ce qu'il est réaliste de tenter selon les règles d'éthique générale.

L'action mobilise ainsi des savoirs, repose sur les savoir-faire dans un cadre de savoir être.

b. L'autorisation

Nous l'avons dit, ce n'est pas parce que l'on sait ou croit savoir traiter un problème que l'on est autorisé à le faire. Tout employé, quelles que soient ses qualifications et aspirations, est tributaire de son statut et de l'organisation qui détermine les objectifs et les modalités d'action.

2 Les responsabilités

Est responsable celui qui doit rendre compte de ses actes (de ses actions) ou de ceux d'autrui et en accepter les conséquences.

La responsabilité est l'obligation de remplir une charge de travail. On comprendra ici que ces actes à accomplir sont déterminés par la capacité de l'individu et, plus que l'autorisation à accomplir une tâche, le devoir d'accomplir un acte professionnel.

Dans le contexte qui vous est propre, les charges de travail sont matérielles mais aussi, et peut-être surtout, humaines.

Qu'elles soient matérielles ou humaines, les charges de travail sont ainsi des réponses, déterminées par vos capacités, les objectifs de l'institution et les modalités d'action, aux besoins des personnes dont vous avez la charge.

3 La dynamique du travail d'équipe

Il n'y a pas de notion d'équipe sans but. Toute équipe, qu'elle soit sportive, musicale ou professionnelle, n'a de sens qu'en fonction d'objectifs à réaliser.

L'efficacité d'une équipe repose sur les compétences des uns et des autres et sur la complémentarité de ces compétences. Seulement la complémentarité est une condition, certes déterminante, mais non suffisante, de l'efficacité d'une équipe. En effet, les responsabilités ne doivent pas être diluées mais orchestrées, l'équipe s'unifiant autour d'objectifs et de valeurs partagées et d'un cadre consenti.

C'est de cette capacité à agir ensemble et de manière coordonnée, en utilisant au mieux les compétences de chacun, que l'institution et chaque membre de l'équipe tirent efficacité et satisfaction.

La satisfaction, c'est d'abord le bon accomplissement de la tâche, éventuellement l'atteinte des objectifs fixés. Cette satisfaction est garantie par une bonne coordination des actions.

Dans les institutions où travaillent les moniteurs éducateurs, cette coordination est rendue d'autant plus difficile que les membres des équipes ne sont pas présents tous les jours, en même temps. La réussite tient alors d'autant plus à la coordination des informations sur le vécu du quotidien : vécu des résidants, vécus de l'équipe, vécus de l'institution. Un certain nombre d'outils sont prévus à cet effet tels que les réunions, les cahiers de liaison mais aussi des moments plus informels tels que la pause-café ou le déjeuner. Quels que soient ces moments, l'efficacité tient au partage de l'information centrée sur la tâche, sur les objectifs à atteindre sans jamais oublier que ces objectifs sont centrés sur un seul sujet, qu'on soit directeur, chef de service ou moniteur éducateur : la personne au centre du dispositif.

En résumé

Le travail d'équipe se situe au carrefour d'enjeux affectifs, techniques et éthiques. Il implique des garanties méthodologiques (projets, réunions d'équipe, etc.) et nécessite souvent le regard d'un tiers pour comprendre les enjeux des dynamiques collectives. Cependant, il doit se constituer et s'organiser pour répondre aux besoins des personnes accompagnées. Il est au service des usagers.

Les compétences traitées

- S'inscrire dans un travail d'équipe :
  - savoir coopérer avec d'autres professionnels de son service, solliciter leur avis, leurs connaissances, leurs compétences ;
  - savoir transmettre ses propres observations ;
  - savoir confronter ses observations.

Cours

3 Les vecteurs de transmission de l'information : les écrits professionnels

1 Les écrits professionnels

Si la communication orale constitue la forme de communication la plus prégnante du moniteur éducateur, il n'en est pas moins important d'acquérir des compétences quant à la communication écrite. En effet, le travail au quotidien amène le moniteur éducateur à établir et transmettre ses observations, à participer à l'élaboration d'évaluations, à concevoir des projets, etc. Ces interventions impliquent une articulation importante avec d'autres acteurs institutionnels, d'autres partenaires, qui ne peut se réaliser sans écrits. Ces écrits professionnels constituent de véritables aides à la prise de décision dans l'optique de répondre de manière adaptée aux besoins des personnes accompagnées.

a. Les obstacles à l'écriture

Joseph Rouzel dégage trois obstacles à l'écriture, ce qu'il nomme les trois imaginaires du pouvoir, du savoir et l'imaginaire narcissique.

- L'imaginaire du pouvoir renvoie à la difficulté qu'éprouve le moniteur éducateur à repérer de quelle place il écrit et à quelle place est situé le destinataire. Il correspond à la question qui nous bloque dans l'écriture : qu'est-ce que la personne à laquelle je m'adresse va penser de moi si j'écris ceci ou cela ? Mais cela n'est qu'une illusion. Il convient en effet de s'adresser à la fonction et non pas à l'image que l'on a de celle-ci ou encore l'image que l'on veut transmettre car dans ce cas, l'auteur prend vite des détours séducteurs ou de langue de bois qui ne servent pas son propos.
- L'imaginaire du savoir : la difficulté du « bien écrire » en respectant les règles de l'écriture et en ayant une expression parfaite. Si les difficultés peuvent être bien présentes, nous sommes souvent dans l'illusion que l'écriture est réservée à ceux qui savent écrire. Mais le « savoir écrire » n'est ni inné, ni le fruit essentiel d'acquisitions scolaires : c'est en éprouvant l'exercice de l'écriture que l'on apprend à écrire. Comme tout sport, c'est en pratiquant l'écriture que l'on augmente ses performances.
- L'imaginaire narcissique renvoie évidemment aux deux premiers susnommés : c'est parce que l'on ne veut pas éprouver le regard de l'autre que l'on s'abstient d'écrire ou que l'on écrit le minimum. Rouzel nous renvoie ici aux très courants « RAS » (rien à signaler) rencontrés dans les cahiers de liaison des équipes. Une façon d'écrire, nous dit Rouzel : « Vous n'en saurez rien, je me le garde[1]. »

1. Rouzel J. (2000), *La Pratique des écrits professionnels en éducation spécialisée. Méthode et cas concrets*, Paris, Dunod, nouv. éd. 2014, p. 36.

b. Les questions préalables à un écrit professionnel

Nous allons ici dégager les questions essentielles que l'on doit se poser pour formaliser son écrit. De manière aménagée, le lecteur retrouvera ici les éléments de mise en forme d'un projet que nous avons traités dans la partie consacrée aux projets dans le DC 2 (voir chapitre 3). Un écrit, quel qu'il soit, est le maillon d'une chaîne qui projette l'individu pris en charge vers un mieux-être.

Pour quoi ?

Désigne ici le fondement même de l'écrit. Quelle en est l'origine et dans quel but est-il établi ? Quelle qu'en soit sa forme, un écrit est un outil à la relation d'aide. De ce fait, il engage la responsabilité de celui qui l'écrit.

À qui ? Pour qui ?

On peut s'adresser à soi-même ou aux autres. Seulement, quand on s'adresse à quelqu'un d'autre, les styles doivent être adaptés à son interlocuteur du fait de sa fonction : on ne s'adresse pas de la même manière à un chef de service, un partenaire ou un collègue. Mais, indépendamment de ces stratégies langagières, nous devons toujours avoir présent à l'esprit que c'est l'usager qui est au cœur de cet écrit. Aussi, lorsque nous écrivons sur une personne que nous accompagnons, il est essentiel, ne serait-ce que par respect, d'être attentif aux termes que nous employons.

Qui écrit ?

Si le moniteur éducateur établit un écrit, c'est parce qu'il en a la légitimité du fait de ses compétences. Cette légitimité est liée à la connaissance, didactique et/ou empirique, qu'il a de l'objet de son écrit mais aussi, et peut-être surtout, à sa fonction.

Quoi (ou sur quoi) ?

Cette question correspond aux objectifs de cet écrit, son objet. L'objet peut être d'informer mais aussi de solliciter une aide, un partenariat, des moyens supplémentaires, etc. C'est une fois que l'objet, les objectifs sont posés que le moniteur éducateur pourra développer son argumentaire (répondant au « Pourquoi ? ») en donnant des informations complémentaires.

Quand ?

L'écrit doit être daté. Il renvoie à une réalité dans un temps donné. Il permet une temporalisation de l'évolution de la personne et, ainsi, de repérer les aspects régressifs, évolutifs ou stabilisants de la situation de la personne.

Cette question renvoie également à la temporalité de l'écrit : il peut être l'aboutissement d'un projet, d'une réflexion mais il peut revêtir aussi un caractère d'urgence pour répondre à des besoins qui le sont tout autant.

Où ?

Cette question renvoie à l'environnement dont est originaire l'écrit et sa destination : il est essentiel de pouvoir situer le rédacteur par rapport à son service, l'usager par rapport à son environnement et le destinataire par rapport à sa fonction et son environnement. Dans tout écrit doivent figurer, au minimum, la date, le nom et la fonction de l'auteur.

Dans les écrits à destination d'un partenaire institutionnel, le support doit être, si possible, un papier à en-tête de l'institution expéditrice. Sur ce document doivent figurer, au minimum, le destinataire, le lieu et la date de l'écrit, l'objet de l'écrit, le nom et la fonction de l'auteur et bien entendu l'argumentaire.

Comment ?

Cette question renvoie à trois dimensions essentielles des écrits professionnels : une dimension éthique, technique et réflexive.

1. Dimension éthique : l'ensemble des écrits issus de l'exercice professionnel obéissent à quatre critères.

- Le respect de la dignité et de l'intégrité de la personne : tout écrit diffamant, injurieux ou mensonger peut donner lieu à des poursuites pénales et administratives.
- Le respect de la vie privée de tout citoyen (article 9 du Code civil). Toute trahison du secret professionnel peut donner lieu à des poursuites pénales[1]. Il ne peut y avoir d'exception que si la loi l'exige, notamment dans le cadre d'une situation d'enfance en danger.
- Le respect de la liberté de chacun. Nombreuses sont les lois qui protègent l'usager face aux administrations. Nous retiendrons : la loi informatique et libertés du 6 janvier 1978, la loi qui régit les relations entre l'administration et les usagers du 17 juillet 1978 (modifiée par la loi du 11 juillet 1979) et les lois sur les archives et leur usage du 3 janvier 1979.
- Le droit de l'usager à accéder à son dossier : la loi du 17 juillet 1978 instaure la possibilité pour toute personne prise en charge dans le cadre d'un établissement d'un service d'accéder aux écrits qui lui sont relatifs.

2. Dimension technique : sur le plan technique, les écrits professionnels, et plus particulièrement les rapports, doivent présenter un certain nombre de caractéristiques.

- Les éléments transmis doivent être pertinents au regard de l'observation et de l'évaluation menées en amont de l'écrit ainsi que de la fonction et des compétences du destinataire de cet écrit.
- Si l'écrit se finalise par une proposition ou une demande, celle-ci doit être préalablement argumentée. C'est la logique et la force de l'argumentation qui sont déterminantes dans l'acceptation ou le refus de la demande (ou de la proposition).
- Les idées doivent être :
  - cohérentes : elles font lien pour donner du sens à la description ou l'argumentaire ;
  - claires et univoques : elles doivent rendre le lecteur (le destinataire) intelligent, le vocabulaire se doit donc d'être adapté et il convient de ne pas le noyer dans un jargon professionnel indigeste ; elles ne doivent pas laisser de place à l'ambiguïté quant à leur sens ;
  - précises et concises : il s'agit d'exposer les idées de la manière la plus nette possible, sans laisser de place à l'ambiguïté. Pour cela, le rédacteur est tenté de développer son idée. Pour autant, il convient de ne pas se perdre dans des détails inutiles : le temps des professionnels est compté et un développement trop long dessert l'argumentation ; la difficulté technique majeure de l'écrit réside dans cette difficile (et paradoxale) conciliation entre précision et concision.

1. Article 226-13 du Nouveau Code pénal.

3. Dimension réflexive : il s'agit de se mettre à distance de son observation, des actions engagées pour mieux analyser la relation initiée avec l'usager. Comme nous l'avons vu dans la partie consacrée à la relation éducative (voir chapitre 3), le moniteur éducateur, comme l'ensemble des travailleurs sociaux, intervient dans un environnement intersubjectif où l'affect est constamment présent.

La dimension réflexive de l'écrit professionnel consiste à interroger ce que l'on pense de la personne concernée par cet écrit : en quoi les observations que j'ai retenues, les orientations que je préconise pour cet usager sont-elles déterminées par le vécu et les représentations que j'ai de celui-ci ?

L'écriture apparaît ici comme un travail favorisant la distanciation et l'évaluation dans une perspective d'objectivation. Cette dimension réflexive participe pleinement d'un positionnement éthique de la fonction de moniteur éducateur.

C'est, le plus souvent, cette dimension qui est en jeu dans les écrits demandés par les formateurs des centres de formation en travail social.

2 Les différents types d'écrits dans le secteur social et médico-social

a. Le projet

- le projet d'établissement ou institutionnel ;
- le projet de service ou pédagogique ou thérapeutique ;
- le projet d'activité ;
- le projet personnalisé.

b. Le contrat

Il s'agit ici d'un écrit qui engage, de manière réciproque, deux parties et définit les droits et les devoirs de chacune dans un temps défini. Cet écrit constitue, avant tout, un outil de responsabilisation et de rationalisation. Le moniteur éducateur pourra rencontrer notamment :

- le contrat d'accueil temporaire conclu dans le cadre de l'aide sociale à l'enfance ;
- le contrat d'insertion dans le cadre du revenu de solidarité active.

c. Le rapport

Le rapport vise à restituer une situation sociale et/ou éducative afin de définir les propositions concrètes ou d'effectuer une demande d'aide. Le rapport peut être de deux types.

- Le rapport d'évaluation vise à évaluer la pertinence de mise en place d'un dispositif ou d'une prestation. Nous pouvons retrouver, dans ce cadre, le rapport visant à une demande d'aide, une procédure d'agrément (assistantes maternelles, adoption, etc.), à établir une enquête sociale, ou encore le rapport visant un signalement dans le cadre de la protection de l'enfance.
- Le rapport d'évolution consiste à interroger la pertinence de poursuivre ou d'arrêter le bénéfice d'un dispositif ou d'une prestation. Nous pouvons retrouver ici les rapports établis dans le cadre d'une ordonnance de placement provisoire (OPP), les mesures de tutelle aux prestations sociales, ou encore le rapport d'activité.

d. Le cahier de liaison

L'objectif du cahier de liaison est de transmettre des informations d'une équipe un autre lors d'une relève ou de la fin d'un service.

e. Le compte rendu

L'objectif du compte rendu est d'établir une synthèse et de consigner, par écrit, les décisions prises lors d'un événement donné. Nous pouvons retrouver dans ce cadre la note de synthèse, appelée également compte rendu de réunion, relatant les éléments essentiels d'une réunion, ou encore la note de situation visant à relater un événement exceptionnel devant être porté à la connaissance d'un cadre hiérarchique.

f. Les documents définissant et garantissant les droits et devoirs des usagers

- le règlement de fonctionnement ;
- le règlement intérieur ;
- le livret d'accueil ;
- le contrat de séjour.

En résumé

La démarche des écrits professionnels est une démarche complexe au carrefour d'enjeux affectifs, techniques et éthiques. Elle requiert, outre un entraînement régulier, une rigueur impliquant, pour le professionnel débutant, l'utilisation d'outils garantissant l'objectivation de ceux-ci.

Les compétences traitées

- Élaborer, gérer et transmettre de l'information :
  - savoir sélectionner des informations pour les transmettre en protégeant la vie privée des personnes ou le caractère confidentiel des informations saisies ;
  - savoir traiter et conserver des informations ;
  - savoir donner du sens aux informations pour une aide à la décision ;
  - savoir argumenter des propositions ;
  - savoir utiliser les nouvelles technologies ;
  - savoir rédiger les comptes rendus des situations éducatives.

Méthode

4 Épreuve 1 : « Évaluation des capacités du candidat à travailler en équipe pluriprofessionnelle »

1 Compétences évaluées

Cette première épreuve, organisée par l'établissement de formation, appelée « Évaluation des capacités du candidat à travailler en équipe pluriprofessionnelle » vise à évaluer les compétences du candidat à « s'inscrire dans un travail d'équipe ».

La compétence « s'inscrire dans un travail d'équipe » se réfère aux activités suivantes :

- savoir coopérer avec d'autres professionnels de son service, solliciter leur avis, leurs connaissances, leurs compétences ;
- savoir transmettre ses propres observations ;
- savoir confronter ses observations.

2 Objectif de l'épreuve

Évaluer les capacités du candidat à travailler en équipe pluriprofessionnelle.

3 Type d'épreuve

L'annexe II de l'arrêté du 20 juin 2007 relatif au diplôme d'État de moniteur éducateur stipule que l'épreuve de l'« Évaluation des capacités du candidat à conduire des activités à destination d'un groupe » est une « Évaluation par le site de stage des capacités du candidat à conduire des activités à destination d'un groupe sur la base des indicateurs des compétences "animer la vie quotidienne de l'établissement ou du service" et "concevoir et mener des activités de groupe". Détermination des notes effectuée à partir des évaluations, conjointement et paritairement par des référents professionnels et des formateurs ».

4 Modalités de l'épreuve

L'annexe II de l'arrêté du 20 juin 2007 relatif au diplôme d'État de moniteur éducateur stipule que l'épreuve de l'« Évaluation des capacités du candidat à travailler en équipe pluriprofessionnelle » se déroule « lors d'un entretien oral, évaluation, réalisée sur le terrain à partir d'une grille fournie dans le livret de formation ».

5 À quel moment de la formation ?

Comme pour l'épreuve 1 du DF 1 dite « Évaluation par le site de stage des capacités du candidat à conduire des activités à destination d'un groupe », le type d'épreuve et les modalités de l'épreuve 1 du DF 3 font apparaître deux temps dans cette certification :

- un temps d'évaluation par le site de stage sous la forme d'un entretien oral qui a lieu sur le terrain de stage ;
- un temps où la note de certification est déterminée à partir de cette (ou ces) évaluation(s) effectuée(s) lors d'un entretien.

Selon les centres de formation et leur projet pédagogique, ces deux temps sont séparés ou n'en font qu'un. Quand l'épreuve se fait en deux temps distincts, il est courant que le référent professionnel présent lors de la détermination de la note de certification, établie sur la base des évaluations écrites (« grille fournie dans le livret de formation »), soit un représentant des référents professionnels et ne soit donc pas le référent professionnel du stagiaire ou du professionnel certifié.

Le moment de l'évaluation n'est pas précisé, le choix est donc laissé aux centres de formation en fonction de leur projet pédagogique : certains centres de formation demandent que les entretiens d'évaluation de cette épreuve s'effectuent en fin de première année de formation, puis en fin de deuxième année. D'autres centres de formation ne demandent qu'un seul entretien d'évaluation de cette épreuve en fin de deuxième année (généralement en début de quatrième semestre).

La détermination de la note école a lieu, elle, en fin de parcours de formation, quand l'ensemble des enseignements liés au DF 3 ont été dispensés. Elle est le plus souvent établie lors d'une commission paritaire regroupant des représentants professionnels et des représentants des formateurs.

Il est, de plus, courant que le(s) entretien(s) d'évaluation de cette épreuve du DF 3 se fasse(nt) en même temps que le(s) entretien(s) d'évaluation de l'épreuve organisée par le centre de formation du DF 1 du fait de modalités similaires.

6 La grille d'évaluation

La grille d'évaluation du livret de formation est sommaire. Il s'agit d'une page à remplir par compétence repérée sur laquelle figure :

- la compétence repérée ;
- les activités auxquelles se réfère la compétence ;
- le commentaire du référent ;
- les noms, qualités et signature du référent professionnel ainsi que le cachet de l'établissement.

7 L'entretien d'évaluation

L'entretien d'évaluation se déroule en présence de l'étudiant en certification, du référent professionnel et d'un responsable hiérarchique (cadre hiérarchique du site qualifiant), souvent le chef du service dans lequel a lieu la formation pratique, mais il peut s'agir aussi du directeur adjoint ou du directeur de l'institution. Le formateur école n'est pas présent lors de cet entretien, comme le stipule l'annexe II de l'arrêté du 20 juin 2007 relatif à la formation de moniteur éducateur.

Il s'agit d'un échange qui est généralement introduit durant une dizaine de minutes par l'étudiant. Ce dernier recense les actions et les comportements professionnels qui constituent les bases de son accompagnement au quotidien dans le cadre de l'institution. Il est conseillé d'ouvrir la discussion sur une autoévaluation de ses compétences au vu des indicateurs de compétences définis dans le livret de formation. Il est important que l'étudiant s'appuie sur un écrit court pour introduire son propos.

Bien que la durée de l'entretien ne soit pas précisée par les annexes II de l'arrêté du 20 juin 2007 relatif au diplôme d'État de moniteur éducateur, il dure généralement de 45 à 60 minutes.

8 Préparation de l'entretien

Afin de préparer le(s) entretien(s), vous devez aller au-delà des activités nommées précédemment en identifiant les fonctions auxquelles renvoient ces compétences. La question essentielle est non pas de vous demander si vous réalisez ces fonctions, mais comment vous les mettez en place. C'est une question ouverte à laquelle vous allez, pour chacune des fonctions, répondre par un ou plusieurs exemples illustrant votre propos.

La compétence évaluée, « s'inscrire dans un travail d'équipe », renvoie aux fonctions suivantes (*cf.* Annexe II, « Référentiel fonctions/activités » de l'arrêté du 20 juin 2007 relatif au diplôme d'État de moniteur éducateur. Ces éléments sont également stipulés sur le document d'évaluation).

- Elle se situe et agit au sein d'une équipe pluriprofessionnelle :
  - tient compte du projet et des missions institutionnels ;
  - identifie les différents acteurs et les instances ;
  - repère les statuts et fonctions.
- Elle concourt à l'élaboration de l'action éducative :
  - communique ses observations et ses remarques ;
  - rend compte de sa pratique ;
  - produit des écrits professionnels.

Vous l'aurez compris, pour s'inscrire dans un travail d'équipe, il s'agit, au préalable, de repérer les différents acteurs de l'établissement où le candidat aura effectué sa formation pratique. Pour cela, le candidat doit s'imprégner du projet institutionnel, connaître les missions de l'établissement, observer les instances où les acteurs mettent en « jeu » leur statut, rôle et fonction, notamment les réunions d'équipe. Ainsi, le candidat pourra observer les éventuels écarts entre les référentiels officiels de chaque métier et la pratique effective de l'institution.

- **Le statut** indique la place de l'individu au sein d'une équipe donnée. Il représente les droits et les devoirs auxquels la personne peut s'attendre à la place qu'elle occupe dans cette équipe et cette institution. Le statut est un cadre de référence stable.
- **Le rôle** correspond aux attitudes particulières que la personne développe pour occuper son statut ou pour exercer sa mission, sa fonction au sein du collectif.
- **La fonction** recouvre les actions, les tâches, les responsabilités caractéristiques d'une personne dans l'exercice de ses compétences au regard des objectifs institutionnels.

En résumé

Au même titre que l'épreuve dite d'« Évaluation des capacités du candidat à conduire des activités à destination d'un groupe » du DF/DC 1, l'épreuve dite d'« Évaluation des capacités du candidat à travailler en équipe pluriprofessionnelle » du DF/DC 3 constitue 1/3 de la note de certification de ce DF. Afin de s'assurer de l'atteinte des compétences visées, la préparation de cette épreuve doit se réaliser tout au long de la formation pratique (stage) sur laquelle porte cette épreuve car c'est elle (la formation pratique), en articulation avec la formation théorique, qui « nourrit » l'épreuve.

5

Méthode
Épreuve 2 : « Entretien à partir d'un dossier thématique »

1 Compétence évaluée

Cette seconde épreuve, organisée par le recteur et se déroulant en centre d'examen, appelée « Entretien à partir d'un dossier thématique » vise à évaluer les compétences du candidat à « Élaborer, gérer et transmettre de l'information ».

La compétence « Élaborer, gérer et transmettre de l'information » se réfère aux activités suivantes :

- savoir sélectionner des informations pour les transmettre en protégeant la vie privée des personnes ou le caractère confidentiel des informations saisies ;
- savoir traiter et conserver des informations ;
- savoir donner du sens aux informations pour une aide à la décision ;
- savoir argumenter des propositions ;
- savoir utiliser les nouvelles technologies ;
- savoir rédiger les comptes rendus des situations éducatives.

2 Objectif de l'épreuve

Évaluer les capacités du candidat à réunir des informations pertinentes sur un domaine professionnel donné et à les mettre en forme.

Un argumentaire doit donc être développé sur le choix des données et des angles privilégiés afin d'apporter le maximum de cohérence au dossier. Il s'agit d'élaborer, gérer et transmettre de l'information dans la perspective d'une transmission à l'équipe (sous la forme d'un exposé oral) et contribuer ainsi à une réflexion professionnelle d'équipe.

3 Type d'épreuve

L'annexe II de l'arrêté du 20 juin 2007 relatif au diplôme d'État de moniteur éducateur stipule que l'épreuve d'« entretien à partir d'un dossier thématique » est un « entretien à partir d'un dossier, élaboré par le candidat, se rapportant à un domaine professionnel abordé sous divers angles. Le dossier ne devra pas excéder 20 pages ».

4 Modalités de l'épreuve

L'annexe II de l'arrêté du 20 juin 2007 relatif au diplôme d'État de moniteur éducateur stipule que l'épreuve est une « épreuve terminale : épreuve orale d'une durée de 20 minutes », ce qui signifie que cette épreuve a lieu à l'issue de la formation (ou du DF 3 pour les candidats suivant un parcours partiel) et au centre d'examen du rectorat. La soutenance se fait auprès de « deux interrogateurs (n'ayant pas de lien avec le candidat, notamment durant sa formation théorique ou pratique) ». Ces représentants sont, généralement, un représentant des centres de formation et un représentant d'institutions employant des moniteurs éducateurs.

Cette épreuve est coefficient 2 (écrit : coefficient 1 + oral : coefficient 1). La note de l'écrit est attribuée avant l'audition du candidat par les deux membres du jury.

5 L'écrit du dossier thématique

L'écrit présenté doit répondre aux normes rédactionnelles en vigueur :

- interligne 1,5 ;
- police standard (Arial, Times New Roman, Courier…) de corps 12.

Il s'agit de réaliser un dossier thématique ne devant pas excéder 20 pages se rapportant à une thématique relevant d'un domaine professionnel du champ éducatif, abordé sous différents angles, et issu, dans la mesure du possible, des observations, réflexions et/ou interrogations menées lors de la formation pratique du candidat (expérience de stage ou pratique sur le terrain d'emploi).

À titre d'exemples, voici une liste, non exhaustive, de thématiques pouvant être traitées dans le cadre de ce dossier :

- L'évolution de la prise en charge des autistes ;
- La sexualité des personnes handicapées ;
- Le vieillissement des personnes handicapées ;
- L'intimité ;
- La sanction ;
- Les troubles du sommeil chez l'enfant ;
- Les conduites à risques chez les adolescents ;
- L'obésité ;
- La maltraitance sur enfant ;
- L'adoption internationale ;
- L'immigration en France ;
- Les sans domicile fixe en France ;
- L'aide alimentaire en France, etc.

La forme de ce dossier thématique peut être sensiblement différente d'un centre de formation à l'autre et/ou d'une région à l'autre. Pour cette raison, il est important que le moniteur éducateur en formation se réfère au cadre qui lui est fourni par le centre de formation dans lequel il effectue sa formation. Néanmoins, afin de fournir au lecteur un minimum de repères, l'écrit du dossier thématique est généralement composé de la manière suivante.

Présentation du dossier thématique

Introduction (environ 2 pages)

- Présentation du thème en situant le lien avec le domaine professionnel, les expériences professionnelles et les motivations de ce choix.
- Mettre en avant le lien du thème avec les compétences à évaluer. Présenter le choix des sources (elles doivent être variées et peuvent être contradictoires), la documentation choisie, le choix des angles.
- Annonce des différentes parties du travail.

Développement (environ 16 pages)

Présentation des informations sous différents angles (trois ou quatre angles différents). En introduction de chaque sous-partie, le candidat doit justifier le choix de l'angle choisi.

Les angles sous lesquels les informations peuvent être traitées (liste non exhaustive) :

- psychologique ;
- sociologique ;
- éducatif ;
- pédagogique ;
- économique ;
- juridique ;
- historique ;
- ethnologique ;
- des cadres institutionnels.

Les sources doivent clairement apparaître : enquêtes, articles, fiches de lecture, émissions TV, radios, DVD, Internet…

Conclusion (environ 2 pages)

- Synthèse des informations.
- Difficultés rencontrées du point de vue du traitement de l'information.
- Lien avec le travail d'équipe.
- La réflexion, que vous aurez menée, apporte généralement d'autres questionnements. Il est alors d'usage de terminer la conclusion en ouvrant votre réflexion à de nouvelles perspectives, de nouvelles interrogations sur un domaine professionnel du champ éducatif que vous désirerez, plus tard, approfondir.

Bibliographie

Annexes

Les critères d'évaluation du jury de l'écrit du dossier thématique sont les suivants :

- La pertinence des sources.
- L'articulation avec la dimension professionnelle.
- La diversité des angles d'approche.

- La diversité des outils de recueil de données.
- La clarté de la formalisation et de la présentation.
- La référence aux sources documentaires.
- La mise en lien avec la communication d'équipe.
- L'expression écrite.

6 La soutenance du dossier thématique

L'épreuve de présentation et de soutenance de la note de réflexion dure 20 minutes. Contrairement à l'épreuve de soutenance de la note de réflexion du DF/DC 1, rien n'est précisé sur le déroulé de ces 20 minutes. Il convient néanmoins que l'étudiant moniteur éducateur prépare une présentation synthétique de 5 minutes de son écrit de 20 pages. Il est de la responsabilité du jury de décider de laisser un temps de présentation au candidat, ou bien de consacrer l'entretien essentiellement à un échange sur le dossier thématique.

Nous tenons à rappeler aux candidats à la certification qu'ils doivent présenter une attitude pédagogique bienveillante vis-à-vis des interlocuteurs : partez du principe que les membres du jury ne connaissent rien à la thématique traitée (ce qui peut être le cas). Vous devez rendre vos interlocuteurs intelligents en étant intelligible ! Pour cela, il est important de s'entraîner dans les espaces que vous procure votre centre de formation mais également entre étudiants, voire, et c'est souvent la meilleure manière de comprendre si l'on est intelligible, en exposant votre travail à des personnes « naïves » qui ne sont pas issues du secteur éducatif.

Outre les éléments précités, il s'agit également d'être très au clair avec l'ensemble des éléments qui composent votre écrit : vous ne pouvez rester flou vis-à-vis d'un concept que vous avez étudié.

Enfin, votre réflexion a ses limites. Le jury se doit d'avoir un regard critique vis-à-vis de votre travail de réflexion et de communication : il est important d'être à l'écoute de ses remarques et suggestions car cela participe de l'évaluation qu'il fera de votre capacité d'ouverture.

Les critères d'évaluation du jury de l'oral du dossier thématique sont les suivants :

- qualités de l'exposé oral ;
- capacités à s'engager dans un débat avec les membres du jury.

En résumé

Cette épreuve du DF/DC 3 constitue les 2/3 de la note de certification du DF/DC 3. L'écrit du dossier thématique implique une élaboration qui ne peut se réaliser au dernier moment. L'acte le plus difficile est souvent, pour l'étudiant, de choisir sa thématique. Il faut garder en tête que le thème doit répondre à une curiosité (un désir) que vous souhaitez approfondir mais aussi que, quelle que soit la thématique choisie, il s'agit de répondre aux critères d'évaluation du jury. L'élaboration s'appuie sur le recueil de données qui impliquent une maturation : plus tôt vous aurez choisi votre thématique, plus vous serez susceptible d'être outillé avec des données pertinentes. C'est ce travail au long court qui garantit une appropriation de qualité et, par là même, un échange constructif avec le jury de l'épreuve de soutenance.

6 Pour aller plus loin
Bibliographie

Bouquet B. (2003), *Éthique et Travail social*, Paris, Dunod, nouv. éd. 2012.

Capul M., Lemay M. (1996), *De l'éducation spécialisée*, Toulouse, Érès, p. 212, nouv. éd. 2008.

Dréano G. (2002), *Guide de l'éducation spécialisée*, Paris, Dunod, nouv. éd. 2015.

Ejzenberg E. (2008), *Les Écrits professionnels dans le secteur social et médico-social*, 2e éd., Paris, Vuibert.

Fustier P. (1999), *Le Travail d'équipe en institution. Clinique de l'institution médico-sociale et psychiatrique*, Paris, Dunod, nouv. éd. 2015.

Kohn R. C. (1998), « Exploration interculturelle et science sociale », in *Les enjeux de l'observation : sur les enjeux de nos façons de percevoir et de décrire les faits humains et une exploration de l'observation questionnante*, Paris, Anthropos, p. 227.

Mucchielli R. (2014), *Le travail en équipe*, 14e éd., Issy-les-Moulineaux, ESF Éditeur, coll. « Formation permanente en sciences humaines ».

Mucchielli R. (2016), « Formation permanente », in *L'entretien de face à face dans la relation d'aide*, 24e éd., Issy-les-Moulineaux, ESF Éditeur, p. 172.

Quilliou-Rioual M. (2011), *DC3 Communication professionnelle et travail en équipe pluriprofessionnelle*, Paris, Dunod, coll. « Maxi fiches », nouv. éd. 2014.

Riffault J. (2006), « Action sociale », in *Penser l'écrit professionnel en travail social : contexte, pratiques, significations*, 2e éd., Paris, Dunod, p. 215.

Rouzel J. (2000), *La Pratique des écrits professionnels en éducation spécialisée. Méthode et cas concrets*, Paris, Dunod, nouv. éd. 2018

Rouzel J. (2014), *Le Travail d'éducateur spécialisé. Éthique et pratique*, 3e éd., Paris, Dunod.

Rouzel J. (2015), *La Supervision d'équipes en travail social*, 2e éd., Paris, Dunod.

Domaine 4

Implication dans les dynamiques institutionnelles

125 heures

1 Présentation
Le programme et les compétences

1 La présentation du domaine de formation 4

Le domaine de formation (DF) 4 est référé au domaine de compétences (DC) 4 : « **Implication dans les dynamiques institutionnelles** ». Les compétences référencées dans ce domaine sont :

- situer son action dans le cadre des missions de l'institution et de son projet ;
- s'informer et se former pour faire évoluer ses pratiques (veille professionnelle) ;
- établir une relation professionnelle avec les partenaires.

2 Le Domaine de compétences

Le DF 4, qui comporte 125 heures d'apport théorique, aborde les thèmes suivants :

- Cadre institutionnel, administratif, juridique et politique des dispositifs éducatifs et d'action sociale ;
- Approches des politiques sociales, médico-sociales, éducatives et d'insertion professionnelle ;
- Approche des cadres juridiques ;
- Approche du fonctionnement partenarial et en réseau ;
- Accompagnement de l'élaboration d'une posture et d'une méthodologie professionnelles.

3 La certification

La certification du DC/DF 4 se fait sur la base de deux types d'épreuves.

La première, organisée par l'établissement de formation, appelée « Composition sur le cadre institutionnel et la position du moniteur éducateur » vise à évaluer les compétences du candidat suivantes :

- situer son action dans le cadre des missions de l'institution et de son projet ;
- s'informer et se former pour faire évoluer ses pratiques (veille professionnelle) ;

Si le moment de la certification n'est pas précisé dans les textes, elle a généralement lieu à l'issue de la formation (ou de l'enseignement du DF 4). S'il s'agit d'une composition, les modalités précises sont fonction du projet de formation de l'établissement de formation. L'étudiant doit donc s'informer des modalités de passation de cette « composition » auprès de son centre de formation.

Cette épreuve est coefficient 1.

La seconde, organisée par le rectorat, appelée « Épreuve écrite sur les dynamiques institutionnelles » vise à évaluer les compétences du candidat suivantes :

- établir une relation professionnelle avec les partenaires ;
- s'informer et se former pour faire évoluer ses pratiques (veille professionnelle).

Cette certification est une épreuve terminale organisée par le recteur. Elle a lieu au centre d'examen du rectorat.

Il s'agit d'une épreuve écrite d'une situation relative aux politiques sociales et aux cadres juridiques et institutionnels d'une durée de 1 h 30. Le candidat a le choix entre deux situations proposées.

L'écrit est corrigé par un correcteur.

Cette épreuve est coefficient 1.

Les modalités de ces épreuves et une aide à la préparation de celles-ci seront développées dans cette partie.

4 La place du DF 4 dans le métier de moniteur éducateur

Le DF 4 « Implication dans les dynamiques institutionnelles » vise à fournir des repères dans le cadre institutionnel qui compose l'environnement du moniteur éducateur. Mais il vise aussi, et peut-être surtout, à fournir aux professionnels de l'éducation spécialisée des outils juridiques sur lesquels ils pourront s'appuyer pour, dans un fondement éthique et juridique, réaliser leurs actions.

Parce que rien n'est plus mouvant, dans l'action sociale, que les cadres juridiques, administratifs et politiques qui l'organisent, ce domaine de formation et les éléments de programme qui le composent impliquent une veille constante des professionnels. Si nul n'est censé ignorer la loi, les travailleurs sociaux doivent la maîtriser. La loi, plus souvent méconnue qu'ignorée, « contient » l'action et en définit les limites. En posant les droits mais aussi les devoirs, la loi constitue un véritable outil de travail pour le moniteur éducateur.

Nous débuterons donc ce chapitre en clarifiant l'environnement dans lequel évolue le moniteur éducateur, à savoir les acteurs et les institutions.

La partie qui suit est largement constituée de lois, arrêtés, décrets et circulaires. Afin de comprendre comment ils s'articulent, il faut comprendre que les lois doivent être conformes à la Constitution, les décrets conformes à la loi, les arrêtés conformes aux décrets et les circulaires conformes aux décrets. Autrement dit, ils se déclinent les uns par rapport aux autres.

Rappels juridiques

La loi renvoie aux règles de droit écrites, à portée générale et impersonnelle, applicables à tous. Les lois sont votées par le Parlement (Assemblée nationale et Sénat). La loi est promulguée (signée) par le président de la République et publiée au *Journal officiel* (*JO*). Le *Journal officiel* est une publication gouvernementale qui assure l'information des administrés, sur les lois, décrets et arrêtés à portée générale.

Un arrêté est une décision émanant d'un ou plusieurs ministres ou d'autres autorités administratives (exemple : préfet, maire, etc.)

Un décret est un acte administratif exécutoire signé, au minimum, par le président de la République ou le Premier ministre. Les ministres concernés peuvent être signataires.

Une circulaire, dans la fonction publique française, est un texte émanant d'un ministère et destiné à donner une interprétation d'un texte de loi ou d'un règlement (décret, arrêté), afin que ce texte soit appliqué de manière uniforme sur le territoire.

L'ensemble des lois, arrêtés, décrets et certaines circulaires sont consultables sur le site du service public de la diffusion du droit : www.legifrance.gouv.fr

Cours 2 — Les différents dispositifs, établissements et services de l'action éducative, sociale et médico-sociale

1 Les institutions sanitaires et sociales

a. L'État

L'État incarne à la fois le pouvoir central, les gouvernements et les pouvoirs publics. En outre, il incarne l'intérêt général.

Sur le plan national, ce principe de l'intérêt général amène l'État à assumer diverses missions :

- des missions de législation qui consistent à fixer des règles minimales applicables pour tous ;
- des missions de péréquation afin de garantir davantage d'équité entre les territoires ;
- des missions de justice et de police et de contrôle d'évaluation.

Au niveau régional, les compétences des préfets représentant l'État, s'exercent dans les domaines suivants :

- l'aménagement du territoire et le développement durable ;
- l'emploi ;
- la culture ;
- les politiques communautaires ;
- le logement et la rénovation urbaine ;
- la santé publique (sous réserve des pouvoirs reconnus aux agences régionales d'hospitalisation).

Depuis quelques années, l'État se fait fort de marquer sa volonté de réformer son organisation politique et administrative par un transfert de compétences du niveau central au niveau local et de moderniser l'administration : la déconcentration et la décentralisation en sont le résultat.

- La déconcentration consiste à placer à la tête de chaque circonscription administrative un représentant du pouvoir central. Le préfet, représentant le département de chacun des ministres, en est l'exemple type.
- La décentralisation vise à rapprocher les centres de décision des territoires. Elle consiste à accorder à des personnes morales, les collectivités territoriales, le pouvoir de prendre certaines décisions dans le champ de compétence définie par la loi.

Depuis 1973, l'État-providence est soumis à une triple crise :

- une crise philosophique, par la remise en cause des principes de la solidarité et de la conception des droits sociaux ;
- une crise financière due à l'accroissement des dépenses sociales, et plus particulièrement de la santé, ainsi qu'à la stagnation des recettes du fait de l'aggravation du chômage, et du vieillissement de la population ;
- une crise idéologique par la remise en cause de la capacité de l'État à gérer les problèmes sociaux.

b. Les collectivités territoriales

Organisation décentralisée de l'État, les collectivités territoriales sont composées de trois entités : les régions, les départements, les communes (et groupements de communes).

Les collectivités territoriales ont en commun les caractéristiques suivantes :

- leur autorité : elles sont représentées et gérées par des conseils élus au suffrage universel direct ou indirect ;
- des responsabilités propres : les collectivités locales règlent par leurs délibérations les affaires relevant de leur seule compétence ;
- des moyens propres : les collectivités disposent de recettes fiscales et des dotations de l'État ;
- un contrôle de tutelle exercé par l'administration de l'État.

c. L'administration sanitaire et sociale

L'administration sanitaire et sociale de l'État se décompose en trois entités.

- L'administration centrale du secteur solidarité-santé, représentée par les ministères en charge des affaires sociales, du travail et de la santé et les directions d'administration centrale telles que, entre autres, la Direction générale de la santé (DGS), la Direction générale de la cohésion sociale et de la protection des populations (DGCSPP), la Délégation générale à l'emploi et à la formation professionnelle (DGEFP) ou encore, la Direction de la recherche, des études, de l'évaluation et des statistiques (DREES). Créée le 26 janvier 2010 (décret n 2010-95 du 25 janvier 2010), la DGCS regroupe les administrations qui intervenaient jusque-là dans des domaines proches ou similaires : la direction générale de l'action sociale (DGAS), la délégation interministérielle à la famille (DIF), la délégation interministérielle à l'innovation, à l'expérimentation sociale et à l'économie sociale (DIIESES), le service des droits des femmes et de l'égalité (SDFE) et les personnels de la Délégation interministérielle aux personnes handicapées. Elle anime l'action des pouvoirs publics en matière de politiques publiques de solidarité, de développement social et de promotion de l'égalité. En particulier, elle est compétente en matière de politique familiale, autonomie des personnes handicapées et des personnes âgées, égalité entre les femmes et les hommes et de promotion des droits des femmes, prévention et lutte contre les exclusions, inclusion sociale et insertion des personnes en situation de précarité, économie sociale et solidaire.

- Les grands acteurs nationaux du champ sanitaire et social, tels que les établissements publics sous tutelle de l'État (les caisses nationales, les agences nationales, les organismes à vocation pédagogique et scientifique), les organismes de conseil et d'expertise (la Conférence nationale de santé, le Haut Comité de la santé publique, le Comité national de sécurité sanitaire, le Conseil national des politiques de lutte contre la pauvreté et l'exclusion sociale – CNLE, le Conseil supérieur du travail social, l'Observatoire national de la pauvreté et d'exclusion sociale – ONPES, etc.) ainsi que les autorités administratives indépendantes.
- Les institutions territorialisées, décomposées en trois types de services jusqu'au 1er avril 2010 (les directions régionales et les directions départementales des affaires sanitaires et sociales (DRASS et DDASS), les délégués régionaux et les chargés de mission départementale au droit des femmes, les agences régionales de l'hospitalisation (ARH)), sont maintenant regroupées en agences régionales de santé (ARS) en vertu de la loi n 2009-879 du 21 juillet 2009 dite « Hôpital, patients, santé et territoire » (HPST). Leur but étant d'assurer un pilotage unifié de la santé en région, de mieux répondre aux besoins de la population et d'accroître l'efficacité du système.
- **Dans chaque région**, les directions régionales de la jeunesse, des sports et de la cohésion sociale (DRJSCS) dans le cadre de la révision générale des politiques publiques et plus spécifiquement du processus de regroupement des services déconcentrés de l'État remplacent la direction régionale de la jeunesse et des sports (DRJS) et la direction départementale de la jeunesse et des sports (DDJS), la direction régionale des affaires sanitaires et sociales (DRASS) et la direction départementale des affaires sanitaires et sociales (DDASS) pour les missions qui n'ont pas été transférées à l'agence régionale de santé, la direction régionale de l'Agence nationale pour la cohésion sociale et l'égalité des chances (ACSé). Ainsi, les DRJSCS et les ARS mettent en œuvre les politiques sanitaires et sociales définies par la DGCS (Direction générale de la cohésion sociale) et la DGOS (Direction générale de l'offre de soins) et ce, sous l'autorité du préfet de région.
- **Dans chaque département**, les directions départementales de la cohésion sociale et de la protection des populations (DDCSPP) remplacent les anciennes DDASS et rassemblent leurs compétences sociales avec les missions des anciennes directions départementales de la jeunesse et des sports.

Récapitulatif de l'organisation administrative sanitaire et sociale de l'État

Niveau national	**DGOS** Direction générale de l'offre de soins	**DGCSPP** Direction générale de la cohésion socialeet de la protection des populations
Niveau régional	**ARS** Agence régionale de santé	**DRJSCS** Direction régionale de la jeunesse, des sports et de la cohésion sociale
Niveau départemental	Délégation territoriale	**DDCSPP** Direction départementale de la cohésion sociale et de la protection des populations

d. La répartition des compétences après l'acte II de la décentralisation

Depuis 2003, le Gouvernement a fait adopter plusieurs textes qui sont présentés comme l'acte II de la décentralisation. La révision constitutionnelle du 28 mars 2003 sur l'organisation décentralisée de la République étend les responsabilités des collectivités, renforce leur autonomie financière et élargit la démocratie locale (droit accordé aux collectivités locales d'organiser des référendums décisionnels et droit de pétition pour les électeurs).

La loi relative aux libertés et responsabilités locales du 13 août 2004 est présentée par le Gouvernement comme la dernière étape législative de ce nouvel « acte » de la politique de décentralisation. On parle de l'acte II de la décentralisation. Ce texte énumère l'ensemble des nouvelles compétences transférées par l'État aux collectivités locales. Il définit les principes permettant la compensation financière des différents transferts de compétences et il organise les modalités de transferts des personnels de l'État vers les collectivités, ainsi que les garanties apportées aux fonctionnaires transférés.

L'encadré suivant permettra à l'étudiant de repérer les différentes compétences réparties entre les collectivités territoriales dans les domaines suivants[1] :

- formation professionnelle (décentralisée depuis 1983) ;
- action sanitaire et sociale, de solidarité et d'insertion (décentralisée depuis 1984) ;
- de santé ;
- de logement et de logement social.

Les champs de compétences

	État	Région	Département	Commune ou groupement de communes
Formation professionnelle et apprentissage	Définition du cadre juridique de la formation professionnelle, du contenu pédagogique des formations.	Définition et mise en œuvre de la politique d'apprentissage et de formation professionnelle des jeunes et des adultes.		
	Évaluation des politiques régionales de formation professionnelle, tutelle de l'association nationale pour la formation professionnelle des adultes (AFPA).	Instauration du plan régional de développement des formations professionnelles/apprentissage des jeunes et des adultes ainsi que des formations sociales et sanitaires.		

1. Nous avons fait le choix délibéré de ne pas présenter les compétences territoriales en matière d'urbanisme, de transport et d'infrastructures, d'enseignement, d'action économique. Nous laissons le lecteur, s'il le souhaite, effectuer ses recherches sur ces champs.

	État	Région	Département	Commune ou groupement de communes
Action sanitaire et sociale, solidarité et insertion	Définition des normes, évaluation de l'action des collectivités. Prise en charge des populations vulnérables sans domicile de secours (personnes étrangères, SDF, gens du voyage).		Définition et mise en œuvre de la politique d'action sociale.	Attribution de l'aide sociale facultative par les centres communaux d'action sociale (CCAS).
			Depuis le 1er janvier 2004, les départements sont chargés du versement de l'allocation et du dispositif du RSA (ex-RMI, devenu revenu de solidarité active depuis le 1er janvier 2009).	
			Création du fonds d'aide aux jeunes (FAJ) : financement et gestion des nouveaux FAJ.	
			Expérimentation dans certains départements de compétences élargies en matière de protection judiciaire de la jeunesse.	
			Définition et mise en application de l'action sociale en faveur des personnes âgées.	
			Responsabilité de la politique de protection sanitaire de la famille et de l'enfance.	
Santé	Schéma national d'organisation sanitaire.	Participation au schéma régional d'organisation sanitaire, financement possible des hôpitaux.		
	Couverture maladie universelle (CMU).			
	Programme régional de santé publique.	Les régions deviennent responsables des formations sociales et paramédicales.	Schéma départemental des établissements et des services sociaux et médico-sociaux.	Possibilité de créer un établissement social ou médico-social.
	Contrôlée surveillance des établissements de santé relevant de l'État et des établissements sociaux et médico-sociaux.	Possibilité d'exercer des activités en matière de vaccination, de lutte contre la tuberculose, le sida et les infections sexuellement transmissibles.		Services communaux d'hygiène et de santé.

	État	Région	Département	Commune ou groupement de communes
Logement, logement social	Droits de réservation en matière d'attribution de logements sociaux au profit des personnes prioritaires.		Transfert par l'État du fonds de solidarité logement (FSL) et de la responsabilité du logement des étudiants.	Programme local de l'habitat (action en faveur des personnes mal logées défavorisées).
				Lutte contre l'insalubrité à titre expérimental pour quatre ans.

2 Les usagers au cœur du dispositif de l'action sociale : la loi 2002-2 rénovant l'action sociale

Autant la loi du 30 juin 1975 était principalement tournée vers les établissements, autant la loi du 2 janvier 2002 rénovant l'action sociale et médico-sociale affirme les droits des usagers mais surtout, et pour la première fois, leur donne un contenu concret.

La loi présente cinq orientations :

- affirmer et promouvoir les droits des usagers ;
- diversifier les missions et les offres en adaptant les structures aux besoins ;
- mieux articuler la planification, la programmation, l'allocation de ressources, l'évaluation des dispositifs ;
- instaurer une coordination entre les différents acteurs ;
- rénover le statut d'établissement public.

La loi définit les droits fondamentaux intégrant l'association de la personne, son entourage et sa famille à la conception et à la mise en œuvre du projet en revendiquant :

- un respect de la dignité, l'intégrité, la vie privée, l'intimité et la sécurité de la personne ;
- le libre choix entre les prestations : domicile, établissement… ;
- un accompagnement individualisé et de qualité dans le respect d'un consentement éclairé ;
- la confidentialité des données concernant l'usager ;
- l'accès à l'information ;
- une information sur les droits fondamentaux et voies de recours ;
- une participation directe au projet d'accueil et d'accompagnement.

La mise en œuvre de ces droits se réalise grâce à sept « outils » :

1. Le livret d'accueil : il constitue un outil de prévention de la maltraitance, en incluant une charte des droits et des libertés de la personne accueillie ainsi qu'un règlement de fonctionnement de l'établissement (art. 311-4).

2. La charte des droits et libertés (arrêté du 8 septembre 2003) promulguant le principe de non-discrimination, le droit à une prise en charge ou un accompagnement adapté, le droit à l'information, le principe du libre choix, du consentement éclairé et de la participation de la personne, le droit à la renonciation, le droit au respect des liens familiaux, le droit à la protection, le droit à l'autonomie, le principe de prévention et de soutien, le droit à l'exercice des droits civiques attribués à la personne accueillie, le droit de la pratique religieuse, la dignité de la personne et de son intimité.

3. Le contrat de séjour : ce document individuel définit la prise en charge et/ou d'accompagnement à travers les objectifs, la nature de la prise en charge et les détails des prestations offertes ainsi que leur coût prévisionnel (art. 311-4).

4. Un conciliateur ou médiateur : le préfet et le président du conseil général fixent la liste des conciliateurs qualifiés. Celui-ci intervient en cas de conflit entre l'usager, son entourage et l'établissement. Un décret en Conseil d'État fixe les modalités de compte rendu aux autorités et aux usagers (art. 311-5).

5. Le règlement de fonctionnement de l'établissement, qui définit les droits et les devoirs des personnes accueillies. Ce règlement est établi après consultation du conseil de la vie sociale. Les dispositions minimums sont fixées par décret en Conseil d'État (art. 311-7).

6. Le projet d'établissement ou de service est établi pour cinq années, après avis du conseil de la vie sociale. L'établissement dispose d'un an pour le mettre en place. Ce projet définit les objectifs de coordination et de coopération, les objectifs d'évaluation des activités et de la qualité des prestations, les modalités d'organisation et de fonctionnement (art. 311-8).

7. Le conseil de la vie sociale. Un décret précise les catégories d'établissements ou de services devant mettre en œuvre obligatoirement un conseil de la vie sociale. Le conseil de la vie sociale réunit les acteurs de l'établissement ou du service et associe ainsi les personnes bénéficiaires de prestations au fonctionnement de l'établissement (art. 311-6).

3 Les établissements sociaux et médico-sociaux

Nous invitons le lecteur à faire le lien avec « Les lieux d'interventions » (p. 16) présentant les missions des institutions dans lesquelles travaillent les moniteurs éducateurs.

L'article L. 312-1 du Code de l'action sociale et des familles (CASF) modifié par la loi n 2007-293 du 5 mars 2007 est ainsi rédigé :

I.-Sont des établissements et services sociaux et médico-sociaux, au sens du présent code, les établissements et les services, dotés ou non d'une personnalité morale propre, énumérés ci-après :

1° Les établissements ou services prenant en charge habituellement, y compris au titre de la prévention, des mineurs et des majeurs de moins de vingt et un ans relevant des articles L. 221-1, L. 222-3 et L. 222-5 ;

2° Les établissements ou services d'enseignement qui assurent, à titre principal, une éducation adaptée et un accompagnement social ou médico-social aux mineurs ou jeunes adultes handicapés ou présentant des difficultés d'adaptation ;

3 Les centres d'action médico-sociale précoce mentionnés à l'article L. 2132-4 du code de la santé publique ;

4° Les établissements ou services mettant en œuvre les mesures éducatives ordonnées par l'autorité judiciaire en application de l'ordonnance n° 45-174 du 2 février 1945 relative à l'enfance délinquante ou des articles 375 à 375-8 du code civil ou concernant des majeurs de moins de vingt et un ans ou les mesures d'investigation préalables aux mesures d'assistance éducative prévues au code de procédure civile et par l'ordonnance n° 45-174 du 2 février 1945 relative à l'enfance délinquante ;

5° Les établissements ou services :

a) D'aide par le travail, à l'exception des structures conventionnées pour les activités visées à l'article L. 322-4-16 du code du travail et des entreprises adaptées définies aux articles L. 323-30 et suivants du même code ;

b) De réadaptation, de préorientation et de rééducation professionnelle mentionnés à l'article L. 323-15 du code du travail ;

6° Les établissements et les services qui accueillent des personnes âgées ou qui leur apportent à domicile une assistance dans les actes quotidiens de la vie, des prestations de soins ou une aide à l'insertion sociale ;

7° Les établissements et les services, y compris les foyers d'accueil médicalisé, qui accueillent des personnes adultes handicapées, quel que soit leur degré de handicap ou leur âge, ou des personnes atteintes de pathologies chroniques, qui leur apportent à domicile une assistance dans les actes quotidiens de la vie, des prestations de soins ou une aide à l'insertion sociale ou bien qui leur assurent un accompagnement médico-social en milieu ouvert ;

8° Les établissements ou services comportant ou non un hébergement, assurant l'accueil, notamment dans les situations d'urgence, le soutien ou l'accompagnement social, l'adaptation à la vie active ou l'insertion sociale et professionnelle des personnes ou des familles en difficulté ou en situation de détresse ;

9° Les établissements ou services qui assurent l'accueil et l'accompagnement de personnes confrontées à des difficultés spécifiques en vue de favoriser l'adaptation à la vie active et l'aide à l'insertion sociale et professionnelle ou d'assurer des prestations de soins et de suivi médical, dont les centres de soins, d'accompagnement et de prévention en addictologie, les centres d'accueil et d'accompagnement à la réduction des risques pour usagers de drogue, les structures dénommées « lits halte soins santé » et les appartements de coordination thérapeutique ;

10° Les foyers de jeunes travailleurs qui relèvent des dispositions des articles L. 351-2 et L. 353-2 du code de la construction et de l'habitation ;

11° Les établissements ou services, dénommés selon les cas centres de ressources, centres d'information et de coordination ou centres prestataires de services de proximité, mettant en œuvre des actions de dépistage, d'aide, de soutien, de formation ou d'information, de conseil, d'expertise ou de coordination au bénéfice d'usagers, ou d'autres établissements et services ;

12° Les établissements ou services à caractère expérimental ;

13° Les centres d'accueil pour demandeurs d'asile mentionnés à l'article L. 348-1 ;

14° Les services mettant en œuvre les mesures de protection des majeurs ordonnées par l'autorité judiciaire au titre du mandat spécial auquel il peut être recouru dans le cadre de la sauvegarde de justice ou au titre de la curatelle, de la tutelle ou de la mesure d'accompagnement judiciaire ;

15° Les services mettant en œuvre les mesures judiciaires d'aide à la gestion du budget familial.

Les établissements et services sociaux et médico-sociaux délivrent des prestations à domicile, en milieu de vie ordinaire, en accueil familial ou dans une structure de prise en charge. Ils assurent l'accueil à titre permanent, temporaire ou selon un mode séquentiel, à temps complet ou partiel, avec ou sans hébergement, en internat, semi-internat ou externat.

II.-Les conditions techniques minimales d'organisation et de fonctionnement des établissements et services relevant des catégories mentionnées au présent article, à l'exception du 12° du I, sont définies par décret après avis de la section sociale du Comité national de l'organisation sanitaire et sociale.

Les établissements mentionnés aux 1°, 2°, 6° et 7° du I s'organisent en unités de vie favorisant le confort et la qualité de séjour des personnes accueillies, dans des conditions et des délais fixés par décret.

Les établissements et services mentionnés au 1° du même I s'organisent de manière à garantir la sécurité de chacun des mineurs ou des majeurs de moins de vingt et un ans qui y sont accueillis.

Les prestations délivrées par les établissements et services mentionnés aux 1° à 15° du I sont réalisées par des équipes pluridisciplinaires qualifiées. Ces établissements et services sont dirigés par des professionnels dont le niveau de qualification est fixé par décret et après consultation de la branche professionnelle ou, à défaut, des fédérations ou organismes représentatifs des organismes gestionnaires d'établissements et services sociaux et médico-sociaux concernés.

Les associations qui organisent l'intervention des bénévoles dans les établissements sociaux et médico-sociaux publics ou privés doivent conclure avec ces établissements une convention qui détermine les modalités de cette intervention.

III.-Les lieux de vie et d'accueil qui ne constituent pas des établissements et services sociaux ou médico-sociaux au sens du I doivent faire application des articles L. 311-4 à L. 311-8. Ils sont également soumis à l'autorisation mentionnée à l'article L. 313-1 et aux dispositions des articles L. 313-13 à L. 313-25, dès lors qu'ils ne relèvent ni des dispositions prévues au titre II du livre IV relatives aux assistants maternels, ni de celles relatives aux particuliers accueillant des personnes âgées ou handicapées prévues au titre IV dudit livre. Un décret fixe le nombre minimal et maximal des personnes que ces structures peuvent accueillir et leurs règles de financement et de tarification.

IV.-Les équipes de prévention spécialisée relevant du 1° du I ne sont pas soumises aux dispositions des articles L. 311-4 à L. 311-7. Ces dispositions ne s'appliquent pas non plus aux mesures d'investigation préalables aux mesures d'assistance éducative prévues au code de procédure civile et par l'ordonnance n° 45-174 du 2 février 1945 relative à l'enfance délinquante.

Alors que le secteur public sanitaire représente 70 % des capacités d'accueil, le secteur public médico-social ne représente que 35 % des places, les 65 % restants étant dévolus au secteur associatif et au secteur commercial. Dans ce chapitre, nous ne nous arrêterons pas sur le secteur commercial, qui concerne essentiellement le secteur gérontologique, où très peu de moniteurs éducateurs travaillent.

54 % des places disponibles du secteur social et médico-social sont consacrées au secteur gérontologique, les 46 % restants concernent le secteur du handicap, les enfants, adolescents, adultes et familles en difficulté sociale.

Autorités compétentes et financements en fonction des catégories d'établissements et services

Catégorie d'établissements et services (article L.312-1 CASF)	Autorité compétente			Financeurs possibles			
	État	ARS	CD	Etat	S.S.	CD	Aides
Aide sociale à l'enfance (1-1°)			X	X[1]		X	
Enfance handicapée (1-2°)		X			X		X[2]
Centre d'action médico-sociale précoce (1-3°)		X	X		X	X	X[2]
Protection judiciaire de la jeunesse (1-4°)	X		X	X			
Personnes handicapées adultes (1-5a°)		X		X			X[2]
Personnes handicapées adultes (1-5b°)		X			X		X[2]
Personnes âgées (1-6°)		X	X		X	X	X[2]
Personnes handicapées adultes (1-7°)		X	X		X	X	
Personnes sans domiciles (1-8°)	X			X			X[2-4]
Traitement des addictions (1-9°)		X			X		X[3]

Catégorie d'établissements et services (article L.312-1 CASF)	Autorité compétente			Financeurs possibles			
	État	ARS	CD	Etat	S.S.	CD	Aides
Les foyers de jeunes travailleurs (1-10°)	X			X			X[3]
Centres de ressources (1-11°)	X	X			X		X[2]
Structures expérimentales (1-12°)	X	X	X		X		
Centres d'accueil des demandeurs d'asile (1-13°)	X						
Services mettant en œuvres les mesures de protections des majeurs (1-14°)	X						
Services mettant en œuvres les mesures judiciaires d'aide à la gestion du budget familial (1-15°)	X					X	

1 Si habilitation justice
2 Contribution de solidarité pour l'autonomie
3 Participation de la collectivité locale
4 Participation des usagers

ARS : Agence régionale de santé
CD : Conseil départemental
S.S. : Sécurité sociale

a. La prise en charge des personnes handicapées

Avec 397 000 places au sein de plus de 9 000 établissements et services, la prise en charge des personnes handicapées rassemble 32 % des places réservées au secteur social et médico-social.

- 157 000 places concernent 3 800 établissements consacrés à la prise en charge des enfants et adolescents handicapés.
- 240 000 places concernent 5 500 établissements consacrés à la prise en charge des adultes.

Les services et établissements pour enfants et adolescents handicapés

On distinguera les établissements dont les activités sont centrées :

- sur le dépistage, le diagnostic et le traitement :
  – les centres d'action médico-sociale précoce (CAMSP) ;
  – les centres médico-psycho-pédagogiques (CMPP) ;
  – les services d'éducation spéciale et de soins à domicile (SESSAD).
- sur la prise en charge spécialisée liée aux handicaps :
  – les instituts médico-éducatifs pour enfants atteints de déficiences intellectuelles (IME) ;
  – les instituts d'éducation sensorielle pour enfants atteints de déficiences visuelles ou auditives ;
  – les instituts pour enfants et adolescents polyhandicapés ;
  – les instituts thérapeutiques, éducatifs et pédagogiques pour enfants présentant des troubles du comportement (ITEP).

- sur des activités de soutien à des enfants handicapés ne bénéficiant pas d'un accompagnement parental : les centres d'accueil familial spécialisés.

Les services et établissements pour adultes handicapés

Sous ces termes sont regroupés les services et établissements dont les activités sont centrées sur les soins, l'accompagnement, la rééducation, la formation, le travail :

- les établissements et services d'aide par le travail (ESAT) ;
- les foyers d'hébergement pour adultes handicapés, les foyers de vie, les foyers d'accueil médicalisé (FAM), les maisons d'accueil spécialisées (MAS) ;
- les services d'accompagnement à la vie sociale (SAVS), les services de soins d'aide et d'accompagnement à domicile (SESSAD).

b. Les établissements et services accueillant des enfants et adolescents en difficulté sociale

Avec 86 000 places au sein de 2 700 structures, la prise en charge des enfants et adolescents en difficulté sociale représente 7 % du secteur social et médico-social.

Dans ce cadre, les enfants et adolescents en difficulté sociale relèvent d'une protection administrative ou judiciaire et bénéficient d'actions éducatives, de placements dans des établissements, privés ou publics, de l'aide sociale à l'enfance, ou dans des services et établissements pour mineurs dépendant des ministères de la Justice ainsi que des services de la Protection judiciaire de la jeunesse (PJJ).

50 000 places concernent 1 870 établissements relevant de la protection de l'enfance :

- les maisons d'enfants à caractère social (MECS) ;
- les foyers de l'enfance ;
- les villages d'enfants ;
- les lieux de vie ;
- les pouponnières à caractère social.

12 000 places concernent 350 établissements relevant de la PJJ :

- les centres d'action éducative (CAE) proposant des mesures d'investigation ou des mesures de milieu ouvert, au civil ou au pénal ;
- les centres éducatifs fermés (CEF) et les centres éducatifs renforcés (CER) ;
- les centres de placement immédiat ;
- les foyers d'action éducative ;
- les services d'enquête sociale.

c. Les établissements et services accueillant des adultes et des familles en difficulté sociale

Avec environ 85 000 places réparties sur plus de 1 500 établissements, la prise en charge des adultes et familles en situation d'exclusion, des personnes prises en charge pour des dépendances à l'alcool ou aux stupéfiants et des jeunes hébergés en foyers de jeunes travailleurs représentent 7 % des places réservées au secteur social et médico-social.

Les principaux établissements et services liés à l'hébergement et à la réinsertion sociale sont :

- les centres d'adaptation à la vie active (CAVA) ;
- les centres maternels ;
- les organismes conventionnés au titre de l'aide au logement temporaire (ALT) ;
- les centres d'hébergement et de réadaptation sociale (CHRS) ;
- les maisons relais ;
- les foyers de jeunes travailleurs (FJT).

Les principaux établissements d'accueil, de conseil, de soins et d'accompagnement en addictologie sont :

- les centres d'accueil et d'accompagnement à la réduction des risques pour les usagers de drogues ;
- les centres de cure ambulatoire en alcoologie (CCAA) ;
- les centres spécialisés de soins aux toxicomanes (CSST) ;
- les appartements de coordination thérapeutique pour personnes atteintes de maladies chroniques ou du VIH.

Les établissements pour les personnes réfugiées et demandeurs d'asile comprennent :

- les centres provisoires d'hébergement (CPH) ;
- les centres d'accueil des demandeurs d'asile (CADA).

Les compétences traitées

- Établir une relation professionnelle avec les partenaires :
  - savoir se présenter et présenter son service ;
  - savoir accueillir ;
  - savoir adapter son mode de communication aux différents partenaires.
- Situer son action dans le cadre des missions de l'institution et de son projet :
  - connaître le cadre juridique et les missions de l'institution ;
  - connaître le projet institutionnel et/ou associatif ;
  - savoir identifier les différents acteurs ;
  - savoir établir avec ces acteurs les relations nécessaires et justifiées par la mission confiée.

Cours

3 Approche des politiques sociales, médico-sociales, éducatives et d'insertion professionnelle

1 Les politiques sociales catégorielles

a. La protection de l'enfance

Le dispositif de l'aide sociale à l'enfance s'inscrit dans le cadre plus général de la protection de l'enfance en danger. L'Observatoire national de l'action sociale décentralisée (ODAS) définit l'enfance en danger selon deux catégories : les enfants qui font l'objet d'actes de maltraitance (violence physique, abus sexuels, violence psychologique, négligences lourdes ayant des conséquences graves sur le développement physique et psychique de l'enfant) et ceux confrontés à une situation de risques liés à des conditions d'existence de nature à compromettre leur santé, leur sécurité, leur moralité, leur éducation sans nécessairement être « maltraités ».

La protection de l'enfance s'articule traditionnellement autour de deux volets :

- un volet administratif, axée sur la prévention et l'accompagnement des enfants et de leurs parents pris en charge par les services départementaux de l'aide sociale à l'enfance (ASE) ;
- un volet judiciaire, mobilisant les services de l'État au travers, notamment, des missions dévolues à la Protection judiciaire de la jeunesse (PJJ).

L'aide sociale à l'enfance (ASE)

Le service de l'aide sociale à l'enfance fait partie des services sociaux départementaux et est financé par le conseil général. Son rôle est d'aider les familles en difficulté sur le plan matériel et éducatif.

Il a pour missions principales :

- de prévenir les risques de mise en danger des enfants ;
- de signaler les enfants en danger ou en risque de l'être ;
- de protéger les enfants en danger ;
- d'accompagner toutes les personnes ayant un projet d'adoption (de l'information au jugement).

Les enfants en difficulté peuvent être accueillis au titre de l'ASE :

- soit confiés par leurs parents ;
- soit par une décision judiciaire. Le cadre juridique de l'accueil d'un enfant peut évoluer dans le temps.

L'enfant confié par ses parents

Des parents peuvent être dans l'impossibilité momentanée d'assurer l'éducation et l'entretien de leur enfant pour des raisons qui peuvent être médicales, économiques ou autres, et lorsqu'ils sont sans possibilité de se faire aider par des proches. Ils peuvent alors le confier temporairement au service de l'ASE. Durant l'accueil de l'enfant, les parents conservent à son égard tous les droits et obligations liés à leur autorité parentale. Ils peuvent donc décider de son retour chez eux à tout moment. Ils doivent être associés à toutes les décisions concernant l'enfant, telles que son orientation scolaire.

L'enfant confié par décision judiciaire

Différents magistrats peuvent prendre des décisions relatives à la protection de l'enfance selon les situations.

- Enfants confiés au service de l'ASE par le juge des enfants au titre de l'assistance éducative : le juge des enfants peut décider de retirer un enfant de son milieu familial lorsque sa santé, sa sécurité ou sa moralité sont en danger. Il peut décider de le confier au service de l'ASE en prenant une ordonnance aux fins de placement provisoire (OPP) d'une durée de six mois ou un jugement d'une durée ne dépassant généralement pas deux ans (mais pouvant aller au-delà depuis l'instauration de la loi du 5 mars 2007 réformant la protection de l'enfance). Il peut préciser les conditions de visite et d'hébergement des parents. Les parents continuent d'exercer sur leur enfant les droits et obligations liés à leur autorité parentale et donnent un avis sur toute décision le concernant. Seul le juge peut décider du retour de l'enfant dans sa famille.
- La délégation d'autorité parentale : le juge aux affaires familiales peut déléguer les droits d'autorité parentale des mineurs au service de l'ASE, soit avec l'accord des parents, soit en raison de leur désintérêt pour leurs enfants. Les parents conservent le droit de consentir à l'adoption, au mariage et à l'émancipation de leur enfant. Le service de l'ASE exerce tous les droits et obligations liés à l'autorité parentale à l'égard du mineur.
- La tutelle sociale : la tutelle est ouverte lorsque les parents sont dans l'incapacité d'exercer leur autorité parentale : décès, absence, éloignement. Le service de l'ASE exerce tous les autres droits et obligations liés à l'autorité parentale à l'égard du mineur, sauf celui de consentir à l'adoption, au mariage et à l'émancipation, exercé par le juge des tutelles.

L'enfant pupille de l'État

Les pupilles de l'État sont des mineurs placés sous la responsabilité du président du conseil général pour lesquels l'autorité parentale est exercée par le préfet, tuteur, assisté d'un conseil de famille des pupilles de l'État. Les enfants pupilles de l'État sont juridiquement adoptables. Le tuteur et le conseil de famille sont consultés avant toute décision relative au lieu et au mode de placement du pupille. Ils sont également compétents pour effectuer le choix des futurs adoptants. Ils sont chargés du suivi de la situation des pupilles à chaque moment important de leur vie, ainsi que de la gestion de leurs biens.

La loi du 5 mars 2007 réformant la protection de l'enfance

La loi du 5 mars 2007 réformant la protection de l'enfance, dite loi n 2007-293 du 5 mars 2007, est une loi capitale mais qui reste méconnue des professionnels de terrain car elle fut masquée par une autre loi, promue le même jour, et qui fit grand bruit : la loi réformant la prévention de la délinquance (loi n 2007-297).

Afin de répondre aux situations de danger pouvant toucher les enfants, la loi 2007-293 affirme trois objectifs :

- Donner la priorité au volet « prévention » du dispositif de protection enfance en accompagnant les enfants et leur famille dans les étapes importantes de leur vie et en détectant les situations de danger, de mauvais traitements ou de difficultés rencontrées par les parents dans l'éducation de leurs enfants. L'intervention des techniciens de l'intervention sociale et familiale (TISF) au domicile, mandatés par le conseil général, fait, notamment, partie de cette orientation (art. L. 112-3).
- Améliorer et redéfinir le dispositif d'alerte, de signalement et d'évaluation des risques de danger, notamment par une meilleure articulation entre le volet administratif (ASE) et le volet judiciaire (procureur de la République).
- Enfin, diversifier les modes d'intervention et d'accompagnement des enfants et de leur famille.

La loi 2007-293 réformant la protection de l'enfance comporte plusieurs éléments essentiels.

Les textes de loi font apparaître un nouveau vocabulaire : on ne parle plus systématiquement de « signalement » mais de transmission d'information(s) préoccupante(s). Le terme de « signalement » n'intervient que si l'on s'adresse directement au procureur de la République. Si la transmission se fait auprès de l'ASE, on parle d'information(s) préoccupante(s). L'article 14, modifiant l'article 375 du Code civil, évoque pour la première fois les notions de besoins physiques, intellectuels, sociaux et affectifs.

La notion d'enfant en danger, en risque ou maltraité, a disparu : on évoque désormais l'enfant « en danger ou en risque de l'être ».

Dans l'objectif de développer la prévention, la loi précise l'importance du rôle de la protection maternelle et infantile (PMI) :

- des actions de prévention sont menées en direction de la famille : actions médico-sociales préventives auprès des femmes qui viennent d'accoucher, actions d'accompagnement si cela s'avère nécessaire ;
- des actions de prévention sont réalisées au cours du quatrième mois de grossesse dans l'objectif de repérer les éventuelles difficultés psychologiques ou sociales que pourrait rencontrer la famille.

Afin de désengorger la justice au profit de l'accompagnement social et d'améliorer le dispositif de protection de l'enfance, la loi 2007-293 instaure la création de la cellule opérationnelle départementale de signalement. Cette cellule départementale est le lieu où se centralisent les informations provenant de l'ASE et du parquet et elle est en communication avec les professionnels qui pourraient être confrontés à des situations d'enfants en danger ou en risque de l'être : travailleurs sociaux, Éducation nationale, services de police, procureur de la République, médecins, etc. La mise en place de ces cellules vise à limiter les recours systématiques à la justice et à favoriser l'accompagnement social et éducatif. Seule une situation avérée de danger peut faire l'objet d'un signalement auprès du procureur de la République par le président du conseil général. Le procureur de la République peut être saisi directement, mais de manière exceptionnelle et seulement si la gravité des faits le justifie.

Afin de rendre fonctionnelle cette cellule, la loi a réaménagé le secret professionnel et autorise le secret partagé des professionnels qui, du fait de leur profession ou de leur mission, sont habilités à transmettre des informations préoccupantes.

Au deuxième semestre 2009, à peine la moitié des départements français avait mis en place cette cellule opérationnelle départementale de signalement.

L'intérêt de l'enfant et l'obligation de mettre en place un projet individualisé pour celui-ci sont réaffirmés.

Le texte propose de nouveaux modes d'accompagnement tels que l'accueil alterné pour maintenir les liens avec la famille, l'accueil de 72 heures en cas supposés ou avérés de danger immédiat, l'aménagement du droit de visite par le juge, l'accueil familial spécialisé, etc.

De nouvelles prestations sont proposées aux familles ayant besoin de se faire accompagner dans l'éducation de leurs enfants : l'accompagnement en économie sociale et familiale mené par un technicien de l'intervention sociale et familiale et la mesure d'aide à la gestion du budget, décidée par le juge, confiée à un délégué pendant une durée renouvelable de deux ans lorsque les prestations familiales sont utilisées à d'autres fins que le logement, l'entretien, la santé ou l'éducation de l'enfant.

Article 375 du Code civil (modifié par la loi n° 2007-293 du 5 mars 2007 – art. 14 JO 6 mars 2007)

Si la santé, la sécurité ou la moralité d'un mineur non émancipé sont en danger, ou si les conditions de son éducation ou de son développement physique, affectif, intellectuel et social sont gravement compromises, des mesures d'assistance éducative peuvent être ordonnées par justice à la requête des père et mère conjointement, ou de l'un d'eux, de la personne ou du service à qui l'enfant a été confié ou du tuteur, du mineur lui-même ou du ministère public. Dans les cas où le ministère public a été avisé par le président du conseil général, il s'assure que la situation du mineur entre dans le champ d'application de l'article L. 226-4 du Code de l'action sociale et des familles. Le juge peut se saisir d'office à titre exceptionnel.

Les mesures peuvent être ordonnées en même temps pour plusieurs enfants relevant de la même autorité parentale.

La décision fixe la durée de la mesure sans que celle-ci puisse, lorsqu'il s'agit d'une mesure éducative exercée par un service ou une institution, excéder deux ans. La mesure peut être renouvelée par décision motivée.

Cependant, lorsque les parents présentent des difficultés relationnelles et éducatives graves, sévères et chroniques, évaluées comme telles dans l'état actuel des connaissances, affectant durablement leurs compétences dans l'exercice de leur responsabilité parentale, une mesure d'accueil exercée par un service ou une institution peut être ordonnée pour une durée supérieure, afin de permettre à l'enfant de bénéficier d'une continuité relationnelle, affective et géographique dans son lieu de vie dès lors qu'il est adapté à ses besoins immédiats et à venir.

La loi du 14 mars 2016 relative à la protection de l'enfance

La loi du 14 mars 2016 relative à la protection de l'enfance, dite loi n 2016-297 du 14 mars 2016, vise à compléter la loi du 5 mars 2007 réformant la protection de l'enfance.

Le texte définitif prévoit ainsi un certain nombre de mesures venant compléter la réforme de la protection de l'enfance de 2007 afin de mieux prendre en compte les besoins de l'enfant et d'améliorer la gouvernance nationale et locale de protection de l'enfance. Trois actions viennent étayer ces deux objectifs :

1. Développer la prévention à tous les âges de l'enfant.
2. Améliorer le repérage et le suivi des situations de danger pour pouvoir mieux y répondre.
3. Garantir plus de cohérence et de stabilité dans les parcours des enfants en protection de l'enfance.

Les principales mesurent sont :

- la désignation, dans chaque service départemental de protection maternelle et infantile (PMI), d'un médecin référent pour la protection de l'enfance ;
- l'attribution aux observatoires départementaux de la protection de l'enfance d'une mission supplémentaire pour la formation continue des professionnels de la protection de l'enfance ;
- la réécriture de l'article du code de l'action sociale et des familles relatif au projet pour l'enfant (PPE) afin d'en faire un véritable instrument au service de l'intérêt supérieur du mineur ;
- la possibilité pour l'assistant familial de pouvoir pratiquer, de sa propre initiative, un certain nombre d'actes quotidiens, précisément listés dans le projet pour l'enfant ;
- la réforme de l'adoption simple, afin de lever certains freins juridiques au développement de cette forme d'adoption et de la rendre irrévocable durant la minorité de l'adopté, sauf sur demande du ministère public pour motifs graves ;
- l'extension des cas de ré-adoptabilité aux enfants adoptés et admis en qualité de pupilles de l'État ;
- la systématisation de la désignation par le juge des enfants d'un administrateur ad hoc, indépendant du service de l'aide sociale à l'enfance (ASE), chargé de représenter les intérêts du mineur dans la procédure d'assistance éducative, lorsque ces derniers sont en opposition avec ceux des titulaires de l'autorité parentale ;
- l'ajout dans les missions de l'ASE de veiller à la stabilité du parcours de l'enfant ;
- la responsabilité du président du Conseil départemental de proposer, dans l'intérêt de l'enfant, un accompagnement du parent auquel il est restitué un enfant né sous le secret ou devenu pupille de l'État ;
- la réforme de la procédure de la déclaration judiciaire d'abandon.

Les décrets d'application font ainsi apparaître ou précisent :

- La création du Conseil national de la protection de l'enfance (CNPE) : mise en place par l'article 1 de la loi relative à la protection de l'enfant (décret 2016-1284 du 29 septembre 2016) est chargé de proposer au gouvernement les orientations nationales de la politique de protection de l'enfance, de formuler des avis sur toute question s'y rattachant et d'en évaluer la mise en œuvre.

- La mise en œuvre des actions de prévention en direction de l'enfant et de sa famille : l'article 2 de la loi relative à la protection de l'enfant (décret 2016-1248 du 22 septembre 2016) prévoit l'établissement par le président du Conseil départemental d'un protocole avec les différents responsables institutionnels et associatifs amenés à mettre en place des actions de prévention en direction de l'enfant et de sa famille. Le protocole définit les modalités de mobilisation et de coordination de ces responsables autour de priorités partagées.
- L'évaluation de la situation d'un mineur à partir d'une information préoccupante : l'article 9 de la loi (décret 2016-1476 du 28 octobre 2016) précise les modalités de l'évaluation de la situation d'un mineur et de l'ensemble des mineurs au domicile à partir d'une information préoccupante.
- Conditions de l'accueil durable et bénévole d'un enfant par un tiers : l'article 13 de la loi (décret 2016-1352 du 10 octobre 2016) permet au président du Conseil départemental de confier à un tiers un enfant pris en charge par l'aide sociale à l'enfance (ASE), si tel est l'intérêt de l'enfant. Le décret précise les conditions de cet accueil. Il précise les finalités de cet accueil, définit les précautions à prendre avant d'y recourir, et les modalités d'accompagnement, de suivi et de contrôle du tiers.
- Attribution d'un pécule au jeune majeur ou au mineur émancipé.
- L'article 19 de la loi (décret 2016-1375 du 12 octobre 2016) prévoit l'attribution à ces jeunes d'un pécule correspondant aux montants des allocations de rentrée scolaire qui leur sont dues afin de soutenir les jeunes majeurs à la sortie d'un dispositif de placement judiciaire.
- Définition du référentiel du projet pour l'enfant.
- L'article 21 de la loi (décret 2016-1283 du 28 septembre 2016) définit le contenu du projet pour l'enfant établi pour tout enfant bénéficiant d'une mesure administrative ou judiciaire de protection de l'enfance.
- Conditions d'accueil et d'évaluation des mineurs non accompagnés.
- L'article 48 de la loi (décret 2016-840 du 24 juin 2016) concerne les mineurs privés de la protection de leur famille. Chaque président du Conseil départemental doit transmettre au ministre de la justice le nombre de mineurs privés de la protection de leur famille dans son département. Le ministre de la Justice fixe alors les objectifs de répartition des accueils de ces mineurs entre les départements, en fonction de critères démographiques et d'éloignement géographique.

La Protection judiciaire de la jeunesse (PJJ)

La PJJ a été créée pour appliquer l'ordonnance du 2 février 1945, qui institue un droit pénal spécifique pour les mineurs. Les travailleurs sociaux de la PJJ mettent en œuvre les mesures éducatives décidées par le juge des enfants.

La Protection judiciaire de la jeunesse intervient en relais des juridictions spécialisées en direction de trois catégories de jeunes :

- les jeunes délinquants jugés, en fonction de leur âge et de la gravité de leurs actes, par des juges (juge des enfants, tribunal des enfants ou cour d'assises des mineurs) ;

- les mineurs en danger confrontés à un environnement social sensible (défaut de soins, carences parentales, mauvais traitements, absentéisme scolaire, etc.) ; les articles 375 et suivants du Code civil permettent au juge d'ordonner des mesures d'assistance éducative. Le juge doit s'efforcer de recueillir l'adhésion de la famille à la décision envisagée et de maintenir le mineur dans son milieu familial en apportant aux parents aides et conseils. C'est lui, également, qui décide le retrait du mineur de son milieu familial pour le confier à un tiers (personne ou établissement) ;
- les jeunes majeurs de moins de 21 ans confrontés à des difficultés particulières d'insertion sociale.

Au 1er février 2006, la PJJ compte 335 structures publiques spécialisées.

- **Les services éducatifs auprès du tribunal des enfants** (SEAT) accueillent les jeunes et les familles en difficulté, proposent toute mesure de protection appropriée et assurent le suivi des mesures en milieu ouvert.
- **Les foyers et les centres d'action éducative** accueillent des jeunes, délinquants ou en danger, nécessitant une prise en charge éducative en hébergement. Certains de ces centres se sont spécialisés afin de s'adapter aux besoins de mineurs dits « difficiles ». C'est le cas des centres éducatifs renforcés (CER) pour mineurs ayant besoin de rompre avec leur environnement et des centres de placement immédiat (CPI) pour jeunes délinquants ayant besoin d'un accompagnement rapproché.
- **Les centres éducatifs fermés** (CEF), créés dans le cadre de la loi n 2002-1138 d'orientation et de programmation pour la justice du 9 septembre 2002 accueillent des mineurs délinquants placés sous contrôle judiciaire exécutant un sursis avec mise à l'épreuve ou faisant suite à une libération conditionnelle.

Les deux tiers des jeunes suivis par la PJJ, essentiellement au titre de l'assistance éducative des mineurs en danger, sont pris en charge par le secteur privé constitué d'associations habilitées et en partie financées par l'État. Le tiers restant intègre des structures relevant du secteur public de la PJJ.

La loi du 5 mars 2007 relative à la prévention de la délinquance

La loi du 5 mars 2007 relative à la prévention de la délinquance a suscité de vives polémiques à propos de ses principes réformateurs de l'ordonnance de 1945 sur l'enfance délinquante, de son volet pénal durcissant les sanctions prévues contre les mineurs délinquants ainsi que du partage des informations entre les professionnels de l'action sociale, les maires et les présidents des conseils généraux.

Par cette loi, le maire devient l'animateur de la politique de prévention de la délinquance et le coordinateur de sa mise en œuvre.

- L'article 8 de la loi définit le cadre dans lequel les informations peuvent être transmises entre professionnels de l'action sociale, et au maire et au président du conseil général.
- Le maire devient destinataire de données scolaires notamment en matière d'absentéisme, d'exclusion temporaire ou définitive des élèves.
- Le maire devient président du « conseil pour les droits et devoirs », dont l'objectif est d'entendre une famille, de l'informer de ses droits et devoirs envers l'enfant et d'étudier, avec la famille, les mesures d'aide à l'exercice de l'autorité parentale.

- Le maire peut saisir le juge des enfants si une mesure justifie d'une mesure judiciaire d'aide à la gestion du budget familial.
- Enfin, le maire propose la mise en place d'un accompagnement individualisé au travers d'actions de conseil et de soutien à la fonction éducative. En cas de refus, le maire doit saisir le président du conseil général pour la mise en place d'un contrat de responsabilité parentale.

Sur le plan pénal, la loi durcit les sanctions prévues contre les mineurs délinquants, marquant ainsi une rupture avec les principes fondateurs de l'ordonnance de 1945.

La procédure de comparution immédiate s'adapte aux mineurs avec présentation devant le juge des enfants aux fins de jugement. « L'excuse de minorité » ne constitue plus une circonstance atténuante pour les mineurs de plus de 16 ans, notamment en cas d'atteintes aux personnes ou si les faits reprochés ont été commis en état de récidive légale.

b. Les politiques en direction des personnes dépendantes

La loi du 11 février 2005 pour l'égalité des droits et des chances, la participation et la citoyenneté des personnes handicapées

La loi n 2005-102 pour l'égalité des droits et des chances, la participation et la citoyenneté des personnes handicapées, votée le 11 février 2005, réforme la loi d'orientation en faveur des personnes handicapées du 30 juin 1975 et vise à garantir l'égalité des droits et des chances pour les personnes handicapées et assurer à chacun la possibilité de choisir son projet de vie. Composé de 101 articles, la loi donne lieu à la rédaction de plus de 80 textes d'application. Sans vouloir présenter l'ensemble des articles, nous allons ici établir une présentation synthétique et fournir les repères essentiels de cette loi.

Les toutes premières lignes de la loi donnent une définition légale du handicap en s'inspirant, pour partie, de la classification de l'OMS. L'article 2 stipule que :

> « Constitue un handicap, au sens de la présente loi, toute limitation d'activité ou restriction de participation à la vie en société subie dans son environnement par une personne en raison d'une altération substantielle, durable ou définitive d'une ou plusieurs fonctions physiques, sensorielles, mentales, cognitives ou psychiques, d'un polyhandicap ou d'un trouble de santé invalidant. »

Il y a trois principes généraux guidant la politique publique concernant les personnes handicapées.

- Le principe de solidarité et d'égalité de traitement (non-discrimination) par l'accès au droit commun. L'article L. 114 du Code de l'action sociale et des familles stipule :

> « Toute personne handicapée a droit à la solidarité de l'ensemble de la collectivité nationale, qui lui garantit, en vertu de cette obligation, l'accès aux droits fondamentaux reconnus à tous les citoyens ainsi que le plein exercice de sa citoyenneté. L'État est garant de l'égalité de traitement des personnes handicapées sur l'ensemble du territoire et définit des objectifs pluriannuels d'actions. »

- Le principe de compensation. L'article L. 114 du Code de l'action sociale et des familles stipule :

> « La personne handicapée a droit à la compensation des conséquences de son handicap quels que soient l'origine et la nature de sa déficience, son âge ou son mode de vie. Cette compensation consiste à répondre à ses besoins, qu'il s'agisse de l'accueil de la petite enfance, de la scolarité, de l'enseignement, de l'éducation, de l'insertion professionnelle, des aménagements du domicile ou du cadre de travail nécessaires au plein exercice de sa citoyenneté et de sa capacité d'autonomie, du développement ou de l'aménagement de l'offre de service, permettant notamment à l'entourage de la personne handicapée de bénéficier de temps de répit, du développement de groupes d'entraide mutuelle ou de places en établissements spécialisés, des aides de toute nature à la personne ou aux institutions pour vivre en milieu ordinaire ou adapté, ou encore en matière d'accès aux procédures et aux institutions spécifiques au handicap ou aux moyens et prestations accompagnant la mise en œuvre de la protection juridique régie par le titre XI du livre Ier du Code civil. Ces réponses adaptées prennent en compte l'accueil et l'accompagnement nécessaires aux personnes handicapées qui ne peuvent exprimer seules leurs besoins. »

- Le principe d'accessibilité. L'article L. 114-2 du Code de l'action sociale et des familles stipule :

> « [...] l'action poursuivie vise à assurer l'accès de l'enfant, de l'adolescent ou de l'adulte handicapé aux institutions ouvertes à l'ensemble de la population et son maintien dans un cadre ordinaire de scolarité, de travail et de vie. Elle garantit l'accompagnement et le soutien des familles et des proches des personnes handicapées. »

En outre, dans un principe de participation et de proximité, la loi met en œuvre la création des maisons départementales des personnes handicapées (MDPH) (voir plus bas le paragraphe concerné).

Les principaux objectifs de la loi du 11 février 2005 sont au nombre de cinq.

1. Garantir aux personnes handicapées le libre choix de leur projet de vie. Pour cela, la loi :

- affirme le principe d'un projet de vie comme donnée première et rénove en conséquence le système d'évaluation de la situation de handicap en prenant en compte les aspirations de la personne, ses aptitudes et capacités ;
- distingue clairement les moyens d'existence (revenus) et le financement de la compensation des conséquences du handicap ;
- crée la prestation de compensation du handicap permettant de mettre en œuvre des aides humaines, techniques, animalières, l'aménagement de locaux ou véhicules, ou l'acquisition de produits liés au handicap.

2. Viser une meilleure participation à la vie sociale par diverses mesures touchant à :

- la scolarité des enfants et adolescents handicapés, l'enseignement supérieur ;
- l'emploi des personnes handicapées, une accessibilité généralisée du cadre de vie et de l'espace public, notamment bâtiment et transport.

3. Placer la personne handicapée au cœur des dispositifs en simplifiant et rénovant les dispositifs antérieurs et, pour cela, en créant la maison départementale des personnes handicapées (MDPH) dans laquelle se trouvera un « guichet unique » : la commission des droits et de l'autonomie des personnes handicapées (CDAPH).

4. Rénover l'architecture des instances en charge du pilotage de la politique publique par :

- la création de la Caisse nationale de solidarité pour l'autonomie (CNSA) ayant une double mission d'allocation de ressources et d'expertise des divers plans et aspects contribuant à la politique publique à destination des personnes handicapées ;
- l'élaboration de schémas nationaux d'actions prioritaires ;
- l'élaboration de programmes interdépartementaux d'accompagnement des handicaps et de la perte d'autonomie (PRIAC) ;
- la gestion opérationnelle des dispositifs de proximité, confiée aux départements (schéma départemental, MDPH, prestation de compensation).

5. Abolir progressivement les barrières administratives d'âge jusque-là existantes qui différencient les enfants de 0 à 20 ans, les adultes de 20 à 60 ans et les personnes de plus de 60 ans. À savoir : extension aux enfants, dans un délai de trois ans après la parution de la loi, de la prestation de compensation, soit février 2008 ; suppression dans les cinq ans de tout critère d'âge en matière de compensation du handicap et de prise en charge des frais d'hébergement d'établissement, soit février 2010.

Résumé des titres de la loi du 11 février 2005

La loi n 2005-102 du 11 février 2005 est rédigée en huit « titres » :

Titre Ier (articles 1 à 3) : Dispositions générales

Titre II (articles 4 à 10) : Prévention, recherche et accès aux soins

Titre III (articles 11 à 18) : Compensation et ressources

Chapitre Ier : Compensation des conséquences du handicap (articles 11 à 15)

Chapitre II : Ressources des personnes handicapées (articles 16 à 18)

Titre IV (articles 19 à 54) : Accessibilité

Chapitre Ier : Scolarité, enseignement supérieur et enseignement professionnel (articles 19 à 22)

Chapitre II : Emploi, travail adapté et travail protégé (articles 23 à 40)

Implication dans les dynamiques institutionnelles

- Section 1 : Principe de non-discrimination (articles 23 à 25)
- Section 2 : Insertion professionnelle et obligation d'emploi (articles 26 à 36)
- Section 3 : Milieu ordinaire de travail (art. 37)
- Section 4 : Entreprises adaptées et travail protégé (articles 38 à 40)

Chapitre III : Cadre bâti, transports et nouvelles technologies (articles 41 à 54)

Titre V (articles 55 à 70) : Accueil et information des personnes handicapées, évaluation de leurs besoins et reconnaissance de leurs droits

Chapitre Ier : Caisse nationale de solidarité pour l'autonomie (articles 55 à 63)

Chapitre II : Maisons départementales des personnes handicapées (articles 64 à 70)

Titre VI (articles 71 à 80) : Citoyenneté et participation à la vie sociale

Titre VII (articles 81 à 94) : Dispositions diverses

Titre VIII (articles 95 à 101) : Dispositions transitoires

Les maisons départementales des personnes handicapées (MDPH)

La loi du 11 février 2005 crée un lieu unique destiné à faciliter les démarches des personnes handicapées : la maison départementale des personnes handicapées (MDPH). La MDPH offre, dans chaque département, un accès unifié aux droits et prestations prévus pour les personnes handicapées. Elle « exerce une mission d'accueil, d'information, d'accompagnement et de conseil des personnes handicapées et de leur famille ainsi que de sensibilisation de tous les citoyens aux handicaps ».

La MDPH a sept missions principales[1].

- Elle informe et accompagne les personnes handicapées et leur famille dès l'annonce du handicap et tout au long de son évolution.
- Elle met en place et organise l'équipe pluridisciplinaire qui évalue les besoins de la personne sur la base du projet de vie et propose un plan personnalisé de compensation du handicap.
- Elle assure l'organisation de la commission des droits et de l'autonomie des personnes handicapées (CDAPH) et le suivi de la mise en œuvre de ses décisions, ainsi que la gestion du fonds départemental de compensation du handicap.
- Elle reçoit toutes les demandes de droits ou prestations qui relèvent de la compétence de la CDAPH.
- Elle organise une mission de conciliation par des personnes qualifiées.
- Elle assure le suivi de la mise en œuvre des décisions prises.
- Elle organise des actions de coordination avec les dispositifs sanitaires et médico-sociaux et désigne en son sein un référent pour l'insertion professionnelle. Elle met en place un

1. Source : ministère de la Santé et des Solidarités (8 février 2007).

numéro téléphonique pour les appels d'urgence et une équipe de veille pour les soins infirmiers.

La commission des droits et de l'autonomie des personnes handicapées (CDAPH)

Les commissions des droits et de l'autonomie des personnes handicapées (CDAPH), créées par la loi n 2005-102 du 11 février 2005, résultent de la fusion des commissions techniques d'orientation et de reclassement professionnel (COTOREP) et des commissions départementales d'éducation spéciale (CDES).

Les CDAPH sont donc compétentes pour :

- se prononcer sur l'orientation de la personne handicapée et les mesures propres à assurer son insertion scolaire, professionnelle et sociale ;
- désigner les établissements ou les services correspondant aux besoins de l'enfant ou de l'adolescent ou concourant à la rééducation, à l'éducation, au reclassement et à l'accueil de l'adulte handicapé et en mesure de l'accueillir ;
- l'attribution, pour l'enfant ou l'adolescent, de l'allocation d'éducation de l'enfant handicapé et, éventuellement, de son complément ;
- l'attribution de la carte d'invalidité (CIN) ;
- l'attribution de l'allocation aux adultes handicapés (AAH) et du complément de ressources ;
- l'attribution de la prestation de compensation ;
- reconnaître la qualité de travailleur handicapé (RQTH) ;
- statuer sur l'accompagnement des personnes handicapées âgées de plus de 60 ans hébergées dans les structures pour personnes handicapées adultes.

La loi n° 87-157 du 10 juillet 1987 en faveur de l'emploi des travailleurs handicapés

La loi n 87-157 du 10 juillet 1987 a mis en place une obligation d'emploi des travailleurs handicapés et assimilés pour tous les établissements de 20 salariés et plus dans la proportion de 6 % de l'effectif total de leurs salariés (art. L. 323-1).

Les bénéficiaires de cette loi sont les suivants (art. L. 323-3) :

- travailleurs handicapés reconnus par la CDAPH ;
- victimes d'accidents du travail ou de maladie professionnelle ayant une incapacité partielle permanente, au moins égale à 10 % et titulaires d'une rente versée par un organisme de sécurité sociale ;
- titulaires d'une pension d'invalidité d'un régime de sécurité sociale (à condition que cette invalidité réduise des 2/3 leur capacité de travail ou de gain) ;
- anciens militaires titulaires d'une pension d'invalidité ;
- veuves et orphelins de guerre ;
- épouses d'invalides internés pour le service de guerre ;
- sapeurs-pompiers volontaires blessés dans l'exercice de leurs fonctions.

Un employeur peut s'acquitter de son obligation d'emploi :

- en embauchant directement des personnes visées par la loi du 10 juillet 1987 ;
- en faisant appel aux établissements de travail protégé (l'entreprise ne peut alors être exonérée de son obligation d'emploi que dans la limite de 50 % ; art. L. 323-8-1) ;
- en concluant des accords de branche, entreprise ou d'établissement comportant au moins deux des quatre plans suivants : plan d'embauche, plan d'insertion et de formation, plan d'adaptation aux mutations technologiques, plan de maintien dans l'entreprise en cas de licenciement ;
- en versant une contribution dite « volontaire » calculée sur l'effectif de l'entreprise et pouvant aller de 300 à 500 fois le SMIC horaire par unité manquante (art. L. 323-8-2) à l'Association nationale de gestion du fonds pour l'insertion professionnelle des personnes handicapées (AGEFIPH).

La loi du 5 mars 2007 portant réforme de la protection juridique des majeurs

L'ensemble de la population française bénéficie de droits civils et de droits civiques.

Les droits civils désignent l'ensemble des prérogatives attachées à la personne. Cet ensemble comprend notamment le droit au respect de la vie privée et de la vie familiale, au respect du domicile et au respect de sa correspondance, le droit à l'image, le droit à la liberté et à la sûreté, le droit d'aller et venir, le droit à la liberté de pensée, de conscience et de religion, le droit à la liberté d'expression, à la liberté de réunion et à la liberté d'association, le droit au mariage et le droit de fonder une famille.

Les droits civiques sont les droits accordés par une nation à ceux qui vivent sous ses lois. Les droits civiques, acquis à la majorité ou par naturalisation, sont les droits tels que le droit de vote, d'élection et d'éligibilité, le droit de faire partie d'un conseil de famille, d'être tuteur (si ce n'est de ses propres enfants), curateur, subrogé tuteur ou conseil judiciaire, le droit d'enseigner et d'être employé dans tout établissement d'instruction à titre de professeur, maître ou surveillant, etc.

Lorsqu'une personne est porteuse d'une altération de ses facultés mentales et/ou corporelles nécessitant qu'elle soit représentée de manière continue dans tous les actes de la vie courante, et ce à sa demande, à la demande de ses enfants ou ascendants, à la demande de ses frères et sœurs ou encore par un curateur (une demande de curatelle pouvant précéder une demande de tutelle), un juge des tutelles peut demander que l'exercice des droits de citoyen soit soumis à condition et nécessite l'aide d'une tierce personne. Les mesures mises en place visent à protéger la personne et ses biens.

La loi définit trois régimes principaux destinés à assurer la protection des majeurs.

- **La sauvegarde de justice**. Cette mesure constitue un régime provisoire. Une telle mesure peut être instituée préalablement à l'organisation d'un régime de protection durable, mise en œuvre pour le majeur atteint d'une altération provisoire de ses facultés personnelles. Le majeur sous sauvegarde de justice conserve l'exercice de ses droits, il agit lui-même mais il ne peut ni divorcer, ni se séparer de son conjoint.
- **La curatelle**. Cette mesure constitue un régime d'assistance. Elle permet de protéger le majeur qui a seulement besoin d'être assisté et contrôlé dans les actes les plus importants de la vie civile. Le majeur protégé reste le principal moteur des actes réalisés. Mais

en imposant la double signature du majeur protégé et du curateur pour la réalisation des actes importants, ce régime permet d'éviter tout dérapage ou influence malhonnête. Il existe deux régimes de curatelle.

– La curatelle simple, où le majeur ne perd pas sa capacité civile. Elle permet de protéger le malade qui « sans être hors d'état d'agir lui-même, a besoin d'être conseillé ou contrôlé dans les actes de la vie civile ».

– La curatelle renforcée, qui ne prive pas le majeur protégé de ses droits civiques et politiques mais où le curateur exerce les mêmes pouvoirs que le gérant de tutelle.

- **La tutelle**. Cette mesure constitue un régime de représentation. Il permet de protéger le majeur qui doit être représenté de façon continue dans la plupart des actes de la vie civile. Il permet au tuteur de réaliser seul les actes de la vie civile pour le compte du majeur protégé (outre le droit de vote) : il gère les biens, fait valoir les droits et défend les intérêts du majeur protégé sous tutelle. Celui-ci ne pouvant contrôler l'activité du tuteur, ce contrôle est assuré par le juge des tutelles, dont l'accord préalable est nécessaire pour tous les actes importants.

La réforme de la protection juridique des majeurs

Les différents régimes de protection étant présentés, nous allons nous attarder sur les principaux points du texte de la loi 2007-308 du 5 mars 2007, entrée en vigueur le 1er janvier 2009, portant réforme de la protection juridique des majeurs, appelée depuis 1968 « protection des majeurs incapables ».

Les évolutions de la démographie, marquées par le vieillissement de la population, ont provoqué une hausse importante des mesures de protection juridique, et notamment des mises sous tutelle. Afin de garantir les droits des personnes dépendantes et d'éviter tout « abus », le législateur a manifesté sa volonté de faire évoluer cette loi.

Les principaux points du texte de loi sont :

- La mise sous tutelle (la personne perd tous ses droits et doit être représentée dans tous les actes de la vie civile) ou sous curatelle (la personne conserve des droits mais doit se faire conseiller et contrôler par un curateur) n'est possible que si une altération des facultés est constatée par un certificat médical circonstancié. Sont ainsi supprimés les motifs de « prodigalité, intempérance ou oisiveté » qui, jusque l'instauration de la nouvelle loi, pouvaient constituer des motifs de mise sous tutelle par un juge des tutelles.
- Un « mandat de protection future » est créé. Il est possible par ce mandat de prévoir les modalités de l'éventuelle protection future du majeur incapable, notamment en désignant à l'avance qui sera chargé de veiller sur ses intérêts et sa personne en cas de besoin. Cette possibilité s'ouvre également aux parents d'un enfant handicapé qui pourront ainsi organiser sa prise en charge après leur mort ou lorsqu'ils deviendraient eux-mêmes incapables. Ce mandat s'appliquerait dès que l'altération des capacités est médicalement constatée, sans qu'un juge n'ait à intervenir.
- Les droits de la personne protégée sont renforcés : la personne est obligatoirement entendue lors de la procédure de mise sous tutelle. Les mesures prises devront être révisées tous les cinq ans. Les décisions en matière de santé et de logement seront prises par la personne concernée (dans la mesure de ses possibilités), le tuteur n'ayant sur ces sujets qu'un rôle d'information et d'aide.

- Des comptes rendus réguliers des actes effectués pour le compte de la personne sous tutelle seront obligatoires.
- Les tuteurs et curateurs extérieurs à la famille (mandataires judiciaires) seront soumis à des règles communes de formation, de contrôle, d'évaluation et de rémunération. C'est la personne protégée qui subviendra, dans la mesure de ses moyens, aux frais occasionnés par sa protection. Si nécessaire, la rémunération des mandataires pourra être assurée par un financement public.
- La tutelle aux prestations sociales est supprimée (elle concernait les personnes en difficulté, incapables de gérer leurs ressources mais ne présentant pas d'altération de leurs facultés mentales). Un dispositif d'accompagnement social, veillant notamment au paiement du loyer, la remplace.

La loi « travail » du 8 août 2016 « relative au travail, à la modernisation du dialogue social et à la sécurisation des parcours professionnels »

Les objectifs de la loi « travail » (loi n 2016-1088 du 8 août 2016) également appelée « loi El Khomri » sont de sécuriser les parcours professionnels et de garantir un accompagnement et un suivi sur le long terme du salarié et de l'employeur. Elle renforce ainsi le compte personnel d'activité qui devient le capital des travailleurs et donne à tous les actifs le droit universel à la formation tout au long de la vie, indépendamment de leur statut. Cette loi a permis la mise en place du compte pénibilité, du compte personnel de formation (CPF) et du compte engagement citoyen (pour les indépendants et les non-salariés).

Cette loi concerne ainsi toutes les personnes en âge de travailler (à partir de 16 ans) en milieu ordinaire mais aussi celles avec des difficultés récurrentes ou en projet d'insertion en milieu ordinaire (jeunes, travailleurs en ESAT).

Elle a permis la généralisation de la garantie jeunes réservée aux jeunes de 16 à 25 ans qui vivent hors du foyer de leurs parents ou au sein de ce foyer sans recevoir de soutien financier de leurs parents, qui ne sont ni étudiants, ni en formation, ni en emploi, versée sous conditions de ressources.

2 Les politiques sociales transversales

a. La politique de la ville

La politique de la ville comprend l'ensemble des actions visant à lutter contre les phénomènes d'exclusion des populations urbaines défavorisées dans les quartiers dits « en crise ». Elle comprend des mesures législatives et réglementaires dans le domaine de l'action sociale et de l'urbanisme.

Le principe de la politique de la ville est d'obliger les différents départements ministériels à coopérer entre eux, mais implique également un partenariat entre l'État et les collectivités territoriales (régions, départements, communes ou regroupements de communes) concernées. L'État intervient alors dans le cadre de contrats conclus avec les communes et les acteurs locaux : contrats de ville, contrats urbains de cohésion sociale. Les actions entreprises reposent sur une cartographie préalable du territoire urbain, qui identifie les quartiers devant faire l'objet d'aides : les zones urbaines sensibles.

Les axes prioritaires de la politique de la ville sont de quatre ordres :

- l'habitat, le cadre de vie et l'intégration urbaine ;
- l'activité et l'emploi ;
- le renforcement des services publics dans les quartiers dits « en crise » ;
- la prévention de la délinquance et la sécurité.

Repères historiques et juridiques

Les années 70 : les prémisses

1973 Arrêt de la construction des grands ensembles et parution de la circulaire du 21 mars 1973 relative aux formes d'urbanisation dites des « grands ensembles » et à la lutte contre la ségrégation sociale par l'habitat (circulaire dite « Barres et tours » ou encore « Guichard »).

1976 Arrêté du 24 août 1976 instituant le Fonds d'aménagement urbain (FAU).

Fonds d'aide financière à l'aménagement des centres des villes et de leurs quartiers.

1977 Parution de la circulaire du 3 mars 1977 relative au Fonds d'aménagement urbain et au groupe interministériel « Habitat et vie sociale ».

Lancement des premières opérations « Habitat et vie sociale » liant la réhabilitation des grandes cités HLM à un accompagnement social.

Les années 80 : l'émergence d'une politique de la ville

1981 Premières émeutes urbaines dans le quartier des Minguettes à Vénissieux et à Vaulx-en-Velin.

Décembre : circulaire du ministère de l'Éducation nationale instituant les zones d'éducation prioritaires (ZEP).

1983 Le 21 juillet, instauration par Pierre Mauroy, Premier ministre du gouvernement de François Mitterrand, du Conseil national de prévention de la délinquance : décret n 83-459 du 8 juin 1983 portant création d'un Conseil national et relatif aux conseils départementaux et communaux de prévention de la délinquance.

Mise en place du nouveau dispositif de développement social des quartiers (DSQ).

1984 Signature de 148 conventions de développement social des quartiers, inscrites au contrat de plan « État-région » (1984-1989).

Création d'un Comité interministériel pour les villes (CIV) (décret n 84-561 du 16 juin 1984).

Le FSU (fonds social urbain) remplace le FAU.

1986 Création de la Commission nationale de développement social des quartiers (CNDSQ) (décret du 6 février 1986).

Création du Comité national de liaison des régies de quartier.

1988 Création du Conseil national des villes (CNV) et de la délégation interministérielle à la ville et au développement social urbain (DIV), qui fusionne le CNPD, la CNDSQ et Banlieues 89 (décret n 88-1015 du 28 octobre 1988).

La DIV est chargée de mettre en œuvre « des actions d'évaluation, de communication et de formation, elle participe à la définition de programmes de recherche et apporte son concours à des actions de coopération internationale. Elle contribue à animer les organismes et les équipes qui interviennent notamment dans le développement social des quartiers et dans la prévention de la délinquance et de la toxicomanie. Elle suscite la mise en œuvre de nouvelles modalités d'actions concertées, qui peuvent prendre notamment la forme contractuelle, entre l'État, les collectivités territoriales et leurs partenaires locaux. »

1989 Instauration officielle du Conseil national des villes (CNV) par le Premier ministre, Michel Rocard, le 7 février.

Circulaire n 3465/SG du 22 mai 1989 relative au programme d'action de la politique de la ville (dite « circulaire Rocard »).

Démarrage du Xe Plan (1989-1993) : signature de 296 conventions de « développement social des quartiers » (DSQ), de 136 conventions de quartiers et d'environ 130 conventions ville-habitat (circulaires des 4 février et 22 mai 1989).

Lancement par la Caisse des dépôts d'un « programme développement solidarité » en faveur des quartiers (prêt projet urbain).

Les années 90 : structuration fonctionnelle de la politique de la ville

1990 Loi Besson visant à la mise en œuvre du droit au logement (loi n 90-449 du 31 mai 1990).

Nouveaux incidents dans les banlieues lyonnaises, à Vaulx-en-Velin.

Nomination, pour la première fois, le 21 décembre, d'un ministre chargé de la politique de la ville, Michel Delebarre, ministre d'État.

1991 En janvier, nomination de 13 sous-préfets chargés de mission pour la politique de la ville.

Création de la dotation de solidarité urbaine (DSU) (loi n 91-429 du 13 mai 1991 sur la solidarité financière) visant à renforcer la solidarité financière entre communes.

Lancement des premiers « grands projets urbains » (GPU) au CIV le 25 juillet.

1993 Signature des premiers plans locaux d'insertion par l'économique (PLIE).

1994 En juin, signature des 214 contrats de ville (période 1994-1998).

Le 28 octobre, création de 185 postes FONJEP (Fonds de coopération de la jeunesse et de l'éducation populaire).

1995 Création du FIV (Fonds interministériel d'intervention pour la ville) pour la gestion interministérielle des crédits déconcentrés de la politique de la ville.

Premières zones de redynamisation urbaine et de revitalisation rurale (loi n 95-115 du 4 février 1995 d'orientation pour l'aménagement et le développement du territoire [LOADTT]).

1999 Loi n 99-533 du 25 juin 1999 d'orientation pour l'aménagement et le développement durable du territoire et portant modification de la loi n 95-115 du 4 février 1995 d'orientation pour l'aménagement et le développement du territoire (loi Voynet).

Le 14 octobre, publication de la circulaire Bartolone sur la négociation des contrats de ville 2000-2006 et signature du premier contrat de ville.

Le 14 décembre, le CIV présente 50 grands projets de ville (GPV), qui succèdent ainsi aux grands projets urbains (GPU), et 30 opérations de renouvellement urbain (ORU).

Les années 2000 : l'apparition des contrats d'objectifs

2000 Loi n 2000-1208 du 13 décembre 2000 relative à la solidarité et au renouvellement urbain (loi SRU) qui réaffirme l'obligation faite aux communes de disposer d'au moins 20 % de logements sociaux.

2003 Loi n 2003-710 du 1er août 2003 d'orientation et de programmation pour la ville et la rénovation urbaine (loi Borloo). Le Titre I vise à réduire les inégalités sociales et territoriales et fixe, pour la première fois, des objectifs de résultat aux politiques publiques dans six grands domaines. Il fait obligation à l'État et aux collectivités locales (article 4) de rendre compte de l'évolution de la situation des ZUS (création d'un Observatoire national des zones urbaines sensibles [ONZUS] chargé de remettre un rapport annuel au Parlement). Le Titre II présente le programme national de rénovation urbaine (PNRU) et crée l'Agence nationale pour la rénovation urbaine (ANRU) ; 200 000 logements à détruire, 200 000 logements à construire, 200 000 logements à réhabiliter.

La loi d'orientation et de programmation pour la ville et la rénovation urbaine du 1er août 2003 visait la réduction en cinq ans des inégalités entre les ZUS. Il apparaît, dans le rapport annuel, publié le 30 novembre 2009 par l'ONZUS, que le bilan est « nuancé » : entre 2003 et 2008, le taux de chômage en ZUS a légèrement diminué (de 17,2 % en 2003 à 16,9 % en 2008), mais est resté très supérieur à celui des autres quartiers situés dans la même agglomération (7,7 %). De même, le taux de réussite des élèves de ZUS au brevet des collèges est passé de 67,2 % en 2004 à 71,9 % en 2008, mais l'écart de réussite entre ces collégiens et les autres s'est accru (il est passé de 9,9 points en défaveur des ZUS à 12,1 points). Enfin, en 2007, un tiers de la population des ZUS (33,1 %) vivait en dessous du seuil de pauvreté (908 euros mensuels), contre 12 % au niveau national.

2005 Le plan de cohésion sociale (loi n 2005-32 du 18 janvier 2005 de programmation pour la cohésion sociale). Le plan de cohésion sociale se décline en trois volets : mobilisation pour l'emploi, accès au logement, égalité des chances. Création de 750 équipes de réussite éducative (ERE) afin de mieux accompagner les enfants en grande difficulté au sein des ZUS et des établissements situés dans des zones ou réseaux d'éducation prioritaire.

2006 Loi n 2006-396 du 31 mars 2006 pour l'égalité des chances. Création de l'Agence nationale pour la cohésion sociale et l'égalité des chances (ACSE). Cet établissement public, qui reprend la structure du Fonds d'action et de soutien pour l'intégration et la lutte contre les discriminations (FASILD), est chargé de mettre en œuvre des programmes opérationnels de développement social en faveur des habitants des quartiers sensibles, antérieurement suivis par la DIV. Il est en charge également de la mise en place du service civil volontaire et de la lutte contre l'illettrisme.

2009 Dans le cadre de la mise en œuvre de la révision générale des politiques publiques (RGPP), la DIV s'est transformée en Secrétariat général du comité interministériel des villes en mai 2009. La gouvernance de la politique de la ville est depuis fondée sur trois instances :

- une instance de consultation : le Conseil national des villes (CNV), dont les attributions sont renforcées ;
- une instance de décision : le Comité interministériel des villes qui se réunit au moins une fois par semestre, sous la présidence du Premier ministre ou du ministre chargé de la ville ;
- une instance de préparation et d'exécution : le Secrétariat général du comité interministériel des villes.

2018 Plan gouvernemental de revitalisation des centres-villes baptisé « Action cœur de ville ». Ce plan décidé et amorcé en décembre 2017 doit permettre la redynamisation sociale et commerciale des centres-villes de 222 villes de taille moyenne dont la liste fut annoncée le 27 mars 2018. Chaque convention repose sur 5 axes structurants :

- de la réhabilitation à la restructuration : vers une offre attractive de l'habitat en centre-ville ;
- favoriser un développement économique et commercial équilibré ;
- développer l'accessibilité, la mobilité et les connexions ;
- mettre en valeur les formes urbaines, l'espace public et le patrimoine ;
- fournir l'accès aux équipements et services publics.

b. La loi du 5 mars 2007 instituant le droit au logement opposable (loi DALO)

Le droit au logement constitue un droit fondamental qui fut légiféré dès le 22 juin 1982 par la loi Quilliot, puis par la loi Mermaz le 6 juillet 1989. La loi Besson du 31 mai 1990 (loi n 90-449) définit les conditions de mise en œuvre du droit au logement et affirme :

> « Garantir le droit au logement constitue un devoir de solidarité pour l'ensemble de la nation. Toute personne ou famille éprouvant des difficultés particulières, en raison notamment de l'inadaptation de ses ressources ou de ses conditions d'existence, a droit à une aide de la collectivité pour accéder à un logement décent et indépendant et s'y maintenir. »

Toutefois, cette loi constituait, jusqu'au 5 mars 2007, plus une obligation de moyens qu'une obligation de résultat. Les trop faibles résultats obtenus dans le domaine de la construction de logements sociaux ont conduit le Gouvernement, sur la base des travaux du Haut Comité pour le logement des personnes défavorisées, présidé par Xavier Emmanuelli, à franchir un pas supplémentaire en inscrivant dans la loi un droit opposable au logement garanti par l'État.

Cette loi comporte 75 articles divisés en plusieurs chapitres, relatifs aux thèmes suivants :

- Les dispositions relatives à la garantie du droit au logement.
- Le contentieux du droit au logement.
- Les dispositions en faveur de la cohésion sociale.
- La domiciliation.
- Les accueillants familiaux employés par des personnes morales de droit public ou de droit privé.

La loi poursuit trois objectifs fondamentaux :

1. L'objectif général est de faire garantir par l'État le droit au logement de toute personne qui, résidant sur le territoire français de façon régulière et stable, n'est pas en mesure d'accéder par ses propres moyens à un logement décent et indépendant ou de s'y maintenir.
2. Par un recours dit « à l'amiable », ouvrir la possibilité de saisir sans délai la commission départementale de médiation aux personnes prioritaires, à savoir :

- le demandeur de bonne foi dépourvu de logement, menacé d'expulsion sans relogement, hébergé ou logé temporairement dans un établissement ou un logement de transition, logé dans des locaux impropres à l'habitation ou présentant un caractère insalubre ou dangereux (art. R. 441-14-1 du Code de la construction et de l'habitation) ;
- le demandeur logé dans des locaux manifestement suroccupés ou ne présentant pas le caractère d'un logement décent, s'il a au moins un enfant mineur, s'il présente un handicap ou s'il a en charge une personne handicapée ;
- toute personne qui, sollicitant l'accueil dans une structure d'hébergement précaire, n'a reçu aucune proposition adaptée en réponse à sa demande (art. L. 441-2-3-III du Code de la construction et de l'habitation).

La commission départementale de médiation, composée de représentants des organismes bailleurs, de représentants des associations de locataires, de représentants d'associations ayant pour objet le logement des personnes défavorisées, désigne les demandeurs déclarés prioritaires dont la demande de logement doit être satisfaite en urgence. Elle examine également le cas des personnes sollicitant un accueil dans une structure adaptée (foyer d'accueil, résidence sociale…).

3. Ouvrir un recours devant le juge administratif, on parle alors de recours contentieux, à toute personne dont la demande de logement n'a pas reçu une réponse correspondant à ses besoins et ses capacités, dès lors que cette demande a été regardée comme prioritaire et urgente par la commission de médiation. Le recours devant la juridiction administrative est dirigé contre l'État : le juge peut ordonner sous astreinte le logement, le relogement ou l'accueil dans une structure adaptée et condamner l'État à payer une astreinte. Cette procédure contentieuse ouverte aux catégories prioritaires serait élargie à partir du 1er janvier 2012 à toutes les personnes remplissant les conditions donnant droit à un logement social et n'ayant reçu aucune offre après un délai « anormalement long ».

Par ces incitations et les autres dispositions de la loi, la loi DALO vise clairement à développer l'offre d'hébergement et de logement : un amendement adopté au Sénat augmente le nombre de logements sociaux à construire entre 2005 et 2009, le portant à 591 000 au lieu des 500 000 prévus dans la loi de cohésion sociale du 18 janvier 2005. La loi renforce l'obligation pour les communes et les groupes intercommunaux de créer des places d'hébergement d'urgence. Les communes de plus de 3 500 habitants (plus de 1 500 en Île-de-France) appartenant à une communauté de plus de 50 000 habitants sont soumises à l'obligation de compter au moins 20 % de logements sociaux, ce qui étend l'obligation de 20 % de logements sociaux à 250 communes supplémentaires.

Les textes de référence

Loi n 2007-290 du 5 mars 2007 instituant le droit au logement opposable et portant diverses mesures relatives à la cohésion sociale.

Décret n 2007-295 du 5 mars 2007 instituant le comité de suivi de la mise en œuvre du droit au logement opposable.

Circulaire n DGAS/1A/LCE/2007/90 du 19 mars 2007 relative à la mise en œuvre d'un principe de continuité dans la prise en charge des personnes sans abri.

Décret n 2007-1677 du 28 novembre 2007 relatif à l'attribution des logements locatifs sociaux, au droit au logement opposable et modifiant le Code de la construction et de l'habitation.

Les sites internet utiles

- Le site du ministère du Logement, de l'égalité des territoires et de la ruralité : www.territoires.gouv.fr
- Le site de l'Agence nationale d'information sur le logement (ANIL) : www.anil.org
- Le site de l'Union sociale pour l'habitat (USH) : www.union-habitat.org
- Le site de l'Agence nationale de l'habitat (ANAH) : www.anah.fr

Les compétences traitées

- Établir une relation professionnelle avec les partenaires :
  - savoir se présenter et présenter son service ;
  - savoir accueillir ;
  - savoir adapter son mode de communication aux différents partenaires.
- Situer son action dans le cadre des missions de l'institution et de son projet :
  - connaître le cadre juridique et les missions de l'institution ;
  - connaître le projet institutionnel et/ou associatif ;
  - savoir identifier les différents acteurs ;
  - savoir établir avec ces acteurs les relations nécessaires et justifiées par la mission confiée.
- Veille professionnelle : s'informer et se former pour faire évoluer ses pratiques :
  - savoir prendre en compte les évolutions des problèmes sociaux ;
  - savoir capitaliser les expériences professionnelles ;
  - savoir prendre de la distance par rapport à ses pratiques professionnelles ;
  - savoir actualiser ses connaissances professionnelles ;
  - savoir assurer une fonction de tutorat pour la formation des futurs professionnels.

4 Cours

Accompagnement de l'élaboration d'une posture professionnelle : le secret professionnel, l'obligation de discrétion professionnelle

Le secret professionnel est à distinguer de l'obligation de discrétion professionnelle. En effet, le non-respect du secret professionnel est un délit, alors que le non-respect de l'obligation de discrétion professionnelle est passible d'une sanction administrative.

Le secret professionnel est défini dans le Code pénal. La loi punit « [...] d'un an d'emprisonnement et de 15 000 euros d'amende [...] la révélation d'une information à caractère secret par une personne qui en est dépositaire, soit par état ou par profession, soit en raison d'une fonction ou d'une mission temporaire » (art. 226-13). Le secret professionnel vise à protéger la vie privée et l'intimité de l'usager, contraint parfois de révéler à un professionnel (médecin, assistante sociale) des informations confidentielles.

On peut être astreint au secret professionnel par état, par profession ou encore, en raison d'une fonction ou d'une mission temporaire :

- Par état : sont astreints au secret professionnel par état des assistants de service social (art. L. 411-3 du Code de l'action sociale et des familles), les infirmières et les puéricultrices (art. L. 4314-3 du Code de la santé publique), les médecins (et donc les psychiatres), les pharmaciens (art. R. 5015-5 du Code de la santé publique) et les masseurs-kinésithérapeutes (art. L. 4323-3 du Code de la santé publique).
- Par profession : cette astreinte concerne les agents de l'aide sociale à l'enfance (art. L. 221-6 Code de l'action sociale et des familles), de la protection maternelle et infantile (art. L. 2112-9 du Code de la santé publique), des hôpitaux publics (art. L. 1110-4 du Code de la santé publique), des « membres des conseils d'administration des centres communaux ou intercommunaux d'action sociale, ainsi que toute personne dont ces établissements utilisent le concours et les membres des commissions d'admission » (art. L. 133-5 Code de l'action sociale et des familles).
- En raison d'une fonction ou d'une mission temporaire, tels que les assesseurs du tribunal pour enfants, les écoutant du 119 « Allô enfance en danger » (art. L. 226-9 du Code de l'action sociale et des familles), etc.

Les moniteurs éducateurs, comme les éducateurs spécialisés (sauf s'ils sont des agents de l'aide sociale à l'enfance) ne sont pas soumis au secret professionnel mais seulement à la règle de discrétion. Dans une jurisprudence qui a fait date, la chambre criminelle de la Cour de cassation s'est prononcée le 4 novembre 1991 selon les termes suivants :

> « Le secret professionnel ne peut être opposé à la justice que par ceux qui sont, en raison de leur profession ou de leur état, des confidents nécessaires ; tel n'est pas le cas des éducateurs de jeunes délinquants ou inadaptés,

> ou éducateur de prévention [...] ; si ces personnes sont incontestablement tenues à une grande discrétion [...], elles n'en sont pas moins soumises à la loi [...]. »

Mais cette loi, dans sa volonté de préserver les informations à caractère secret aux professionnels soumis au secret, restreint l'accès des dossiers (des enfants, des familles, par exemple) aux professionnels non soumis au secret, si ces dossiers contiennent des informations confidentielles (revenus, de santé, etc.), dans l'objectif de préserver l'intimité et la vie privée des usagers.

Pour autant, les usagers sont à même de décider eux-mêmes de livrer à un professionnel ou à une équipe des informations confidentielles qu'ils jugent utiles de partager. Il appartient aux professionnels de faire le tri des informations dont ils sont dépositaires afin de ne révéler à l'équipe que les informations qu'ils jugent strictement nécessaires à l'accomplissement de leur mission.

Pour les professionnels soumis au secret, le secret professionnel n'est pas une obligation de se taire car il peut y avoir obligation de dire. En effet, les professionnels participant aux missions de l'aide sociale à l'enfance sont « tenus de transmettre sans délai au président du conseil général, ou responsable désigné par lui, toute information nécessaire pour déterminer les mesures dont les mineurs et leur famille peuvent bénéficier » (art. L. 221-6 du Code de l'action sociale et des familles). L'article 226-14 prévoit que « l'article 226-13 n'est pas applicable dans les cas où la loi impose ou autorise la révélation du secret », ajoutant que « le signalement aux autorités compétentes effectuées dans les conditions prévues au présent article ne peut faire l'objet d'aucune sanction disciplinaire ». Il apparaît, de fait, que si la loi autorise souvent, elle n'impose jamais : l'article 434-1 et 434-3 du Code pénal, qui pénalise le non-signalement de crimes ou de personnes vulnérables en danger, ne concerne pas « les personnes astreintes au secret dans les conditions prévues par l'article 226-13 ».

La loi Perben II du 9 mars 2004, « portant adaptation de la justice aux évolutions de la criminalité », rappelle que le secret professionnel ne peut pas être opposé à la police ou à la justice et donne désormais clairement aux enquêteurs le droit de procéder à des réquisitions, même préliminaires, auprès des organismes sociaux, fiscaux bancaires, etc. Ces organismes ne pourront pas opposer le secret professionnel pour refuser de remettre les documents intéressant l'instruction.

L'obligation de discrétion professionnelle, nous l'avons dit, n'entraîne aucune sanction pénale et peut entraîner, dans le cadre d'un non-respect, une sanction disciplinaire. En cas de litige, l'usager ne peut donc porter plainte. Il ne peut que saisir l'autorité dont dépend la personne qui n'a pas respecté la règle de discrétion. C'est l'autorité qui décidera de sanctionner ou non la personne incriminée.

Néanmoins, l'usager peut entamer une procédure civile pour obtenir réparation du préjudice que le manque de discrétion professionnelle lui a fait subir, à condition de pouvoir prouver ces préjudices.

Les compétences traitées

- Établir une relation professionnelle avec les partenaires :
  - savoir se présenter et présenter son service ;
  - savoir accueillir ;
  - savoir adapter son mode de communication aux différents partenaires.
- Veille professionnelle :
  - s'informer et se former pour faire évoluer ses pratiques ;
  - savoir prendre en compte les évolutions des problèmes sociaux ;
  - savoir capitaliser les expériences professionnelles ;
  - savoir prendre de la distance par rapport à ses pratiques professionnelles ;
  - savoir actualiser ses connaissances professionnelles ;
  - savoir assurer une fonction de tutorat pour la formation des futurs professionnels.

5 Méthode
Épreuve 1 : « Composition sur le cadre institutionnel et la position du moniteur éducateur »

1 Compétences évaluées

Cette première épreuve, organisée par l'établissement de formation, appelée « Composition sur le cadre institutionnel et la position du moniteur éducateur » vise à évaluer les compétences du candidat suivantes :

- situer son action dans le cadre des missions de l'institution et de son projet ;
- s'informer et se former pour faire évoluer ses pratiques (veille professionnelle).

La compétence « situer son action dans le cadre des missions de l'institution et de son projet » se réfère aux activités suivantes :

- connaître le cadre juridique et les missions de l'institution ;
- connaître le projet institutionnel et/ou associatif ;
- savoir identifier les différents acteurs ;
- savoir établir avec ces acteurs les relations nécessaires et justifiées par la mission confiée.

La compétence « s'informer et se former pour faire évoluer ses pratiques (veille professionnelle) » se réfère aux activités suivantes :

- savoir prendre en compte les évolutions des problèmes sociaux ;
- savoir capitaliser les expériences professionnelles ;
- savoir prendre de la distance par rapport à ses pratiques professionnelles.

2 Objectif de l'épreuve

Vérifier les capacités du candidat à se déterminer et à se positionner de façon argumentée dans les dynamiques institutionnelles.

3 Type d'épreuve

L'annexe II de l'arrêté du 20 juin 2007 relatif au diplôme d'État de moniteur éducateur stipule que l'épreuve de « Composition sur le cadre institutionnel et la position du moniteur éducateur » est une « Évaluation d'un écrit sur le repérage du cadre institutionnel et la position du moniteur éducateur par rapport aux missions de l'institution à partir d'une expérience de terrain (stage ou exercice professionnel) ».

4 Modalités de l'épreuve

L'annexe II de l'arrêté du 20 juin 2007 relatif au diplôme d'État de moniteur éducateur stipule que l'épreuve de « composition sur le cadre institutionnel et la position du moniteur éducateur » est une « épreuve organisée par l'établissement de formation en fonction de son projet pédagogique ».

On comprend ici que les textes législatifs laissent une large part de liberté aux centres de formation quant aux modalités de l'épreuve. Cependant, les compétences auxquelles se réfèrent cette épreuve ainsi que les activités restent les mêmes quels que soient le centre de formation ou la région. Pour toutes ces raisons, il est essentiel que le moniteur éducateur en formation se réfère au cadre qui lui est fourni par le centre de formation où il effectue sa formation.

Nous observons deux modalités différentes d'une région à l'autre et/ou d'un centre de formation à l'autre :

- une composition sur table de 1 h 30 à 2 heures ;
- une composition rédigée en dehors du centre de formation.

La composition fait généralement 6 à 10 pages suivant les modalités choisies.

5 À quel moment de la formation ?

Le moment de la certification n'est pas précisé par les textes, le choix est donc laissé aux centres de formation en fonction de leur projet pédagogique. Néanmoins, cette épreuve et la détermination de la note école se déroulent à l'issue des enseignements du DC 4, soit en fin de formation.

La composition donne lieu, le plus souvent, à une double correction par des correcteurs compétents sur les contenus du DC 4.

6 Le contenu de la composition sur le cadre institutionnel et la position du moniteur éducateur

Quand il est rédigé en dehors du centre de formation, l'écrit présenté doit répondre aux normes rédactionnelles en vigueur :

- interligne 1,5 ;
- police standard (Arial, Times New Roman, Courier…) de corps 12.

Parce qu'elle est rédigée à l'issue des enseignements portant sur le DC 4, la composition porte généralement sur le lieu de formation pratique (ou stage) de deuxième année.

Nous l'avons dit, la forme et les modalités peuvent varier d'un centre de formation et/ou d'une région à l'autre. Néanmoins, afin de fournir au lecteur un minimum de repères, nous proposons ici un cadre à cette composition, généralement suivi par les centres de formation en travail social.

Présentation de la composition

Cette composition présente deux parties distinctes.

Dans un **premier temps**, il s'agit de présenter le **cadre institutionnel** et notamment :

a) de repérer le cadre réglementaire et juridique, les autorités de tutelle ainsi que le financement, les missions et les objectifs de l'institution ;

b) de présenter la population, en termes de problématiques et/ou de pathologies, de dispositifs d'accueil et d'admission ainsi que l'équipe d'encadrement et les partenaires de l'institution.

Dans un **deuxième temps**, il s'agit de **présenter la mission et le rôle du moniteur éducateur** au sein de l'institution et de l'équipe éducative à partir de son référentiel de compétences et la spécificité de sa fonction de moniteur éducateur au sein de l'équipe éducative et à travers les différentes actions éducatives mises en œuvre en faveur de la population.

Enfin, une **conclusion** vise à présenter les enseignements et les acquis tirés de cette expérience de formation pratique (stage) par rapport au parcours de formation de l'étudiant **dans le cadre de ce domaine de compétences (DC 4)**.

Les critères d'évaluation des correcteurs de la composition sur le cadre institutionnel et la position du moniteur éducateur sont alors les suivants.

- Repérage et précision des éléments de présentation de l'établissement :
  - précision sur l'assise juridique et l'environnement réglementaire ;
  - précision des missions et objectifs de l'établissement ;
  - repérage des problématiques et/ou pathologies des personnes accueillies ;
  - présentation de l'équipe d'encadrement ainsi que les partenaires de l'institution.
- Présentation du rôle du moniteur éducateur dans le cadre de l'institution :
  - positionnement du moniteur éducateur à partir de sa mission, son rôle et son référentiel de compétences au sein de l'institution et au sein de l'équipe d'encadrement ;
  - pertinence et richesse de la réflexion posée sur le travail d'équipe, sur les pratiques et les actions socioéducatives et à partir de la fonction spécifique du moniteur éducateur.
- Conclusion : pertinence des enseignements et des acquisitions.
- L'expression écrite :
  - respect de la commande ;
  - structuration de la réflexion, qualité de l'écrit.

En résumé

L'épreuve du DF/DC 4 de composition sur le cadre institutionnel et le positionnement du moniteur éducateur constitue la moitié de la note de certification du DF/DC 4. Les modalités de cette composition varient d'un centre de formation et/ou d'une région à l'autre : l'étudiant doit se référer au projet pédagogique de son centre de formation pour en connaître les modalités précises. Néanmoins, parce que cette composition s'appuie sur l'expérience de la formation pratique (stage), généralement de deuxième année, l'étudiant moniteur éducateur doit recueillir les données tout au long de celle-ci. La réflexion sur le positionnement de moniteur éducateur au sein de l'équipe doit s'appuyer clairement sur le référentiel de compétences et d'activités liées au DC 4. La qualité de l'expression écrite est un élément qui ne doit, en aucun cas, être négligé.

6

Méthode
Épreuve 2 : « Épreuve écrite sur les dynamiques institutionnelles »

1 Compétences évaluées

Cette seconde épreuve, organisée par le recteur et se déroulant en centre d'examen, appelée « Épreuve écrite sur les dynamiques institutionnelles », vise à évaluer les compétences du candidat suivantes :

- établir une relation professionnelle avec les partenaires ;
- s'informer et se former pour faire évoluer ses pratiques (veille professionnelle).

La compétence « établir une relation professionnelle avec les partenaires » se réfère aux activités suivantes :

- savoir se présenter et présenter son service ;
- savoir accueillir ;
- savoir adapter son mode de communication aux différents partenaires.

La compétence « s'informer et se former pour faire évoluer ses pratiques (veille professionnelle) » se réfère aux activités suivantes :

- savoir prendre en compte les évolutions des problèmes sociaux ;
- savoir capitaliser les expériences professionnelles ;
- savoir prendre de la distance par rapport à ses pratiques professionnelles.

2 Objectif de l'épreuve

Épreuve terminale : connaissance des politiques sociales, des cadres juridiques et institutionnels de l'action sociale.

3 Type d'épreuve

L'annexe II de l'arrêté du 20 juin 2007 relatif au diplôme d'État de moniteur éducateur stipule que « l'épreuve écrite sur les dynamiques institutionnelles » est une « étude d'une situation proposée au candidat relative aux politiques sociales et aux cadres juridiques et institutionnels (20 lignes maximum). Les principaux axes de réponses attendus sont indiqués au candidat (cadres réglementaires, partenaires identifiés, incidences financières, buts poursuivis etc.). Le candidat aura le choix entre deux situations proposées ».

4 Modalités de l'épreuve

L'annexe II de l'arrêté du 20 juin 2007 relatif au diplôme d'État de moniteur éducateur stipule que « l'épreuve écrite sur les dynamiques institutionnelles » est une « épreuve écrite d'une durée de 1 h 30 ».

Il s'agit d'une épreuve terminale qui a lieu à l'issue de la formation (ou du DF 4 pour les candidats suivant un parcours partiel) et au centre d'examen du rectorat.

Cet écrit est corrigé par un correcteur.

Cette épreuve est coefficient 1.

5 Les sujets de l'épreuve

Les sujets portent sur une situation permettant un travail relatif aux politiques sociales, au cadre institutionnel et leurs mises en application dans les pratiques éducatives du moniteur éducateur.

Les réponses du candidat comprennent plusieurs parties :

- la compréhension des données institutionnelles, juridiques et politiques de la situation. Le candidat doit reformuler la situation de manière à montrer qu'il en a compris les enjeux institutionnels, juridiques et politiques ;
- les descriptions des démarches engagées en tenant compte des cadres légaux, réglementaires ou institutionnels et des partenaires concernés.

L'ensemble de l'écrit doit être abordé à partir de la place du moniteur éducateur et doit mettre l'accent sur le lien entre le cadre juridique et l'accompagnement éducatif. Le moniteur éducateur doit faire apparaître des connaissances professionnelles actualisées.

Les critères d'évaluation du jury de l'épreuve écrite sur les dynamiques institutionnelles sont les suivants :

- capacité à faire part de connaissances professionnelles et à les mobiliser ;
- capacité à identifier les acteurs et partenaires selon la situation proposée ;
- capacité à comprendre la situation proposée et argumenter ses réponses en référence au cadre légal en vigueur ;
- clarté et cohérence de l'écrit.

En résumé

L'épreuve écrite sur les dynamiques institutionnelles du DF/DC 4 constitue la moitié de la note de certification du DF/DC 4. Cette épreuve se réfère aux cadres législatifs, juridiques et institutionnels. Elle implique une maîtrise de ces cadres. S'agissant d'une épreuve écrite, il est important que le candidat soit vigilant à bien répondre à la question qui lui est posée : les échecs peuvent être induits, outre une méconnaissance du sujet, par des hors sujets. Le candidat, ayant le choix entre deux sujets, doit se laisser le temps de choisir le sujet qu'il maîtrise le mieux. La qualité de l'expression écrite est un élément qui ne doit, en aucun cas, être négligé.

7

Pour aller plus loin
Bibliographie

Alfoldi F. (2020), *Évaluer en protection de l'enfance*, 5e éd., Paris, Dunod.

Bauduret J.-F. (2017), *Institutions sociales et médico-sociales : de l'esprit des lois à la transformation des pratiques*, 2e éd., Paris, Dunod.

Berger M. (2014), *L'échec de la protection de l'enfance*, Paris, Dunod.

Biheng Martinon L.-M. (2017), *DC4 DEASS Implication dans les dynamiques partenariales, institutionnelles et interinstitutionnelles*, Paris, Dunod.

Billet M. (2018), *DEME – Épreuves de certification DC1 à 4 – Annales corrigées – Session 2019,* Paris, Vuibert.

Billet M., Fustos É., Bergeron G. (2022), DEME – DC4 Implication dans les dynamiques institutionnelles, Paris, Vuibert.

Bouquet B. (2017), *Éthique et travail social*, 3e éd., Paris, Dunod.

Camberlein Ph. (2019), *Politiques et dispositifs du handicap en France*, 4e éd., Paris, Dunod, coll. « Maxi fiches ».

Camberlein Ph. (2011), *Le dispositif de l'action sociale et médico-sociale en France*, 3e éd., Paris, Dunod.

Dréano G. (2015), *Guide de l'éducation spécialisée*, 5e éd., Paris, Dunod.

Gourvil J., Kaiser M. (2013), *Se former au développement social local,* Paris, Dunod.

Jaeger M. (2017), *Guide du secteur social et médico-socicl,* coll. « Guides Santé Social », 10e éd. Paris, Dunod.

Join-Lambert M.-T. *et al.* (2014), *Politiques sociales*, 3e éd. Paris, Presses de Sciences Po/Dalloz-Sirey.

Lebrun P.-B, Derville G. (2020), *La Protection de l'enfance*, 4e éd., Paris, Dunod, coll. « Aide-mémoire ».

Lebrun P.-B. (2011), *La Responsabilité civile et pénale des travailleurs sociaux*, Paris, Territorial Éditions, coll. « Dossiers d'experts ».

Löchen V. (2018), *Comprendre les politiques sociales en France*, 6e éd., Paris, Dunod.

Naves P., Defalvard H. *et al.* (2006), *Économie politique de l'action sociale*, Paris, Dunod.

Naves P. *et al.* (2007), *La Réforme de la protection de l'enfance. Une politique publique en mouvement*, Paris, Dunod.

Peroz J.-D. (2014), *DC4 DEES DEME Implication dans les dynamiques partenariales, institutionnelles et interinstitutionnelles*, Paris, Dunod.

Peroz J.-D. (2018), *Aide-mémoire - Les politiques sociales en France*, 3e éd., Paris, Dunod.

Priou J, Demoustier S. (2019), *Institutions et organisation de l'action sociale et médico-sociale*, 5e éd. Paris, Dunod, coll. « Maxi fiches ».

Rayssiguier Y., Huteau G. (dir.) (2018), *Politiques sociales et de santé. Comprendre et agir,* 3e éd., Rennes, EHESP.

Rose C., Valette C., Gassier J. (2019), *Je réussis le DEME – DF1 à 4, Paris*, Elsevier Masson.

Rosenczveig J.-P., Verdier P., Daadouch C. (2016), *Le secret professionnel et travail social et médico-social*, 6e éd., Paris, Dunod, coll. « Santé Social ».

Rouzel J. (2018), *Le Travail d'éducateur spécialisé. Éthique et pratique*, 4e éd., Paris, Dunod.

Rullac S., Alayrangues G. (2013), *Je prépare le diplôme d'État d'éducateur spécialisé*, Paris, Dunod.

Rullac S. (dir.) (2014), *DC4 DEES Implication dans les dynamiques partenariales, institutionnelles et interinstitutionnelles*, coll. « Itinéraires Pro », Paris, Vuibert.

Verdier P., Noé F. (2013), *L'aide sociale à l'enfance*, Paris, Dunod.

Sujet 1

Annales de l'épreuve écrite sur les dynamiques institutionnelles

Académie du groupement Est

Sujet n° 1

Céline est âgée de 16 ans et est atteinte d'une déficience mentale. Elle est très attachée à ses parents. Suite à leur déménagement, elle est accueillie en institut médico-éducatif (IME). Son arrivée est difficile tant pour les parents que pour la jeune fille. Céline est malgré tout très dynamique. D'emblée, elle est en demande de contact avec l'équipe et les autres résidants.

En tant que moniteur éducateur au sein de l'IME, vous êtes amené à l'accueillir et à lui présenter l'établissement, son organisation, ses modalités de fonctionnement (horaires du lever, des repas, du coucher…) et de prise en charge individualisée.

Questions

1. L'IME est soumis dans la prise en charge de Céline au respect des droits de l'usager.

- Quelle loi a établi ces droits et quels sont les droits que cet établissement d'accueil doit respecter en référence à cette loi ?
- Par quels moyens/outils le moniteur éducateur peut participer auprès de Céline à la mise en œuvre et au respect des droits inscrits dans cette loi ?

2. Dans le cadre de l'accueil et de l'accompagnement de Céline, comment, en tant que moniteur éducateur, pourriez-vous mettre en œuvre des préconisations de cette loi au sein de l'IME ?

Corrigé

Question 1

L'IME est une institution soumise à la loi du 2 janvier 2002. De par la loi, l'usager est au cœur du dispositif. À cet égard, l'institution doit respecter des droits envers les usagers.

Les droits principaux sont les suivants :

- droit au respect de la dignité, de l'intégrité, de l'intimité, de la vie privée, de la sécurité de la personne accueillie ;
- droit à l'accompagnement individualisé ;
- droit à l'information ;

- droit à la participation ;
- droit à la confidentialité ;
- droit à la participation à la vie collective de la structure.

Les principaux moyens/outils :

- le livret d'accueil ;
- la charte des droits et libertés de la personne accueillie ;
- le règlement de fonctionnement ;
- le contrat de séjour ;
- le projet individuel ;
- le conseil de la vie sociale.

Barème de notation : 8 points.

Question 2

Le respect du droit à la dignité, l'intégrité, l'intimité, la vie privée, la sécurité de Céline. Le candidat va s'appuyer sur le travail du moniteur éducateur au quotidien avec elle : respect de son espace privé (frapper avant d'entrer dans sa chambre, respect de son espace et de son temps de parole, respect de son intimité pendant la toilette, respect de son autonomie au sein de l'institution et à l'extérieur en adaptant les moyens et les réponses mis en place…).

Barème de notation : 12 points.

Sujet n° 2

Vous êtes moniteur éducateur et vous exercez dans un foyer départemental de l'enfance, établissement public dans lequel intervient une équipe pluriprofessionnelle et dont les missions principales sont l'accueil, l'observation et l'orientation des mineurs confiés. Sur une unité, une enfant de 10 ans est admise sur ordonnance de placement provisoire. Sa mère a été hospitalisée en urgence et aucun relais familial n'a pu être trouvé. À son arrivée, la mineure manifeste une forte anxiété.

Question 1

- Quelle est la loi fixant le cadre actuel du dispositif de l'enfance ?
- À quel article du Code civil doit-on faire référence dans cette situation ?

Question 2

Identifiez les partenaires institutionnels et interinstitutionnels devant être mobilisés pour accompagner et évaluer la situation de la mineure : justifiez votre réponse.

Corrigé

Question 1

- La loi du 5 mars 2007 qui réforme la protection de l'enfance.
- Article 375 du Code civil.

Barème de notation : 8 points.

Question 2

L'équipe pluridisciplinaire du foyer, qui aura procédé à l'accueil de la mineure, à sa prise en charge et à son observation (équipe éducative, psychologue…).

Le service de l'ASE qui devra rencontrer la mère dès que cette dernière sera en mesure d'être rencontrée et la mineure (droit à l'accompagnement et à la participation au projet qui la concerne).

Le service de l'ASE devra tenter de contacter d'autres membres de la famille et en priorité le père.

Les acteurs de la protection judiciaire : la protection judiciaire a visé à supprimer le danger en permettant l'accueil de la mineure alors que la mère n'était pas en situation de répondre.

L'école (importance de la scolarisation, importance de pouvoir contacter le service, si besoin, en l'absence du détenteur de l'autorité parentale).

On peut s'attendre à ce que le candidat interroge la notion de danger dans cette situation d'urgence.

Barème de notation : 12 points.

Sujet 2

Annales de l'épreuve écrite sur les dynamiques institutionnelles

Académie d'Aix – Marseille

Situation n° 1

Alex, 40 ans, réside dans un foyer de vie. Il est porteur d'un handicap, plus particulièrement d'une déficience intellectuelle légère. Les parents d'Alex sont décédés. De fait, il bénéficie d'une mesure de protection assurée par une association tutélaire.

Alex vous a manifesté son mécontentement, en tant que « référent » de sa situation, de voir le surveillant de nuit entrer dans sa chambre à 22 heures, dès sa prise de service.

En effet, depuis la fugue d'un résidant, il a été signifié au veilleur de pointer la présence des résidants lors de ses « rondes », et le veilleur se conforme aux nouvelles directives.

Questions

1. Définissez le cadre administratif et réglementaire du foyer de vie.
2. Citez et développez les mesures concernant la protection des majeurs.
3. Comment garantir, ou justifier le droit des usagers ?

Corrigé

Dans les réponses aux questions, le candidat devra apporter des connaissances et des éléments de compréhension du cadre institutionnel et de la mission à travers la situation évoquée.

Question 1

Foyer de vie ou foyer occupationnel

Ces deux types d'établissements relèvent des dispositions réglementaires relatives aux établissements sociaux et médico-sociaux (loi de janvier 2002). Ils ont la particularité d'accueillir des personnes adultes dont le handicap ne permet pas ou plus d'exercer une activité professionnelle, y compris en milieu protégé (structure spécialisée). Ces personnes bénéficient cependant d'une autonomie suffisante pour se livrer à des occupations quotidiennes : activités ludiques, éducatives ainsi qu'une capacité à participer à une animation sociale.

Elles sont, par conséquent, notablement moins dépendantes que les personnes accueillies en maisons d'accueil spécialisées (MAS) ou en foyer d'accueil médicalisé (FAM).

Les foyers de vie fonctionnent en majorité en internat, tandis que les foyers occupationnels sont en principe des structures d'accueil de jour.

L'admission se fait sur orientation de la commission des droits et de l'autonomie des personnes handicapées (CDAPH).

La demande est à retirer et à déposer au moyen d'un formulaire disponible à la maison départementale des personnes handicapées (MDPH).

Le candidat pourra faire référence aux fondements des grands principes de la loi de janvier 2002.

Question 2

Le candidat pourra évoquer trois mesures de protection aux majeurs vulnérables.

- **La mesure de tutelle** est la mesure de protection juridique qui prive le plus l'individu de l'exercice de ses droits civils tout en accordant la protection la plus complète. La personne se trouve en effet totalement déchargée de la gestion de ses biens, laquelle est confiée à un représentant légal. La tutelle s'adresse donc aux personnes qui ne peuvent agir par elles-mêmes et doivent donc être représentées de façon continue dans les actes de leur vie.
- **La curatelle** se distingue nettement de la mesure de tutelle dans le sens où elle ne repose pas sur un mécanisme de représentation, mais correspond à une mesure d'assistance et de conseil du majeur. La curatelle ne prive donc que partiellement le majeur protégé de sa capacité juridique.
- **La sauvegarde de justice** est le régime de protection juridique le plus léger. Elle concerne les situations ou le majeur, atteint d'une altération provisoire de ses facultés, a besoin d'être protégé dans les actes de la vie civile, et ce jusqu'à ce qu'il retrouve ses facultés ou fasse l'objet d'une mesure plus contraignante de type tutelle ou curatelle.

Le « plus », si le candidat l'évoque, consistera à développer la loi du 5 mars 2007 portant réforme de la protection juridique des majeurs, qui réorganise la protection des personnes vulnérables en affichant clairement la volonté de respecter davantage leurs droits. La loi crée le mandat de protection future, qui permet à chacun de désigner la personne chargée de pourvoir à ses intérêts en cas de besoin. Pour prévenir l'ouverture d'une curatelle ou d'une tutelle, la loi instaure un dispositif social en amont, avec la nouvelle mesure administrative d'accompagnement social personnalisé (MASP), mise en œuvre par les départements (la mise en application est effective depuis janvier 2009).

Question 3

Le droit des usagers est un droit s'inscrivant dans le Code de l'action sociale et des familles.

Par exemple, le règlement de fonctionnement établi dans le cadre du conseil de vie sociale peut ou doit réaffirmer le respect des droits et obligations, notamment concernant l'intimité : les résidants ont droit au respect de leur intimité à tout moment de la journée (toilettes, changes, frapper avant d'entrer dans les chambres…).

Pour rappel, article L. 311-3 du Code de l'action sociale et des familles :

- L'exercice des droits et libertés individuels est garanti à toute personne prise en charge par des établissements et services sociaux et médico-sociaux. Dans le respect des dispositions législatives et réglementaires en vigueur, lui sont assurés : le respect de sa dignité, de son intégrité, de sa vie privée, de son intimité et de sa sécurité.

- L'attitude du professionnel : le professionnel gardera en toutes circonstances, dans ses gestes et dans ses paroles, la distance et la retenue nécessaires à une relation éducative, évitant ainsi toute ambiguïté dans ses rapports avec les personnes qui lui sont confiées.

Situation n° 2

La maison d'enfants à caractère social (MECS) « Bleu Horizon » est un établissement de l'association « Soleil d'hiver » dont la mission consiste à prendre en charge des mineurs au titre de la protection de l'enfance, tant administrative que judiciaire.

La MECS organise une soirée en montagne pour leurs usagers, tous confiés par l'aide sociale à l'enfance en accord avec leurs représentants légaux. L'activité prévoit une marche « facile » pendant quelques heures ainsi que la dégustation d'un pique-nique confectionné par la cuisine.

Aimé N., Bianca D. et Romane P., âgés de 8 ans, sont accompagnés par Nico T. et Bernard C., tous deux moniteurs éducateurs.

Après avoir marché durant trois heures, Bernard C. décide de faire une pause bien méritée dans une prairie à proximité d'un magnifique chalet de montagne. Alors que les trois enfants jouent dans l'herbe, les deux moniteurs éducateurs s'assoupissent au soleil.

Cependant, la petite Romane P. subtilise le briquet de Nico T. durant son sommeil et met le feu au chalet qui est totalement détruit.

Le propriétaire du chalet, Pat B., estime son préjudice à 200 000 euros.

Après plusieurs mois de vaines tergiversations avec les assurances, Pat B. décide d'obtenir, en justice, réparation de son préjudice.

Questions

1. Après avoir présenté les différents régimes de responsabilité applicables à la situation, indiquez le plus « favorable » pour la victime.
2. Puis, précisez les risques encourus par les moniteurs éducateurs.
3. Enfin, cernez les responsabilités de Romane P.

Corrigé

Question 1

Deux thèmes sont abordés dans cette situation : d'une part, celui des responsabilités juridiques dans le travail social puis, d'autre part, celui de la responsabilité pénale des mineurs (dernière question).

L'étudiant doit d'abord préciser les conditions de la responsabilité (Y a-t-il un responsable ?). Elles sont au nombre de trois : une faute, un préjudice et un lien de causalité.

Puis, il convient d'aborder les régimes de responsabilité (Qui est responsable ?). Il en existe cinq.

1. La responsabilité du fait personnel
2. La responsabilité du fait des choses
3. La responsabilité des parents du fait de leurs enfants
4. La responsabilité des employeurs du fait de leurs subordonnés
5. La responsabilité générale du fait d'autrui

En l'espèce, le plus « favorable » pour la victime est celui de la responsabilité des employeurs du fait de leurs subordonnés. Dans ce cas, ce sont les employeurs qui sont responsables des dommages causés par leurs subordonnés.

Question 2

Le régime général de responsabilité du fait d'autrui (art. 1384 du Code civil) est également intéressant dans la mesure où ce sont les structures qui ont en charge l'encadrement des personnes qui sont responsables des dommages causés par celles-ci.

Dans ce cas, les moniteurs éducateurs peuvent encourir des sanctions de la part de leur employeur allant d'un simple blâme à un licenciement pour faute par manque de vigilance. Le niveau de la sanction est fonction d'autres préjudices antérieurs causés par ces salariés moniteurs éducateurs.

Question 3

Quant à la dernière question, elle concerne la responsabilité pénale d'un mineur. Celle-ci s'analyse au regard de sa capacité de discernement et de son âge. Par l'arrêt Laboube de 1956, la Cour de cassation a précisé que, pour être condamné par une juridiction pénale, même à une simple mesure éducative, le mineur doit avoir compris et voulu son acte, il doit avoir agi « avec intelligence et volonté ».

Pour la sanction, le mineur âgé de moins de 10 ans (l'âge de Romane) ne peut se voir infliger que des mesures éducatives (remarque : à ne pas confondre avec les « mesures d'assistance éducative » de l'article 375 du Code civil).

Il existe cinq mesures éducatives.

1. La remise à parents
2. L'admonestation
3. La médiation-réparation
4. La liberté surveillée
5. Le placement

Sujet 3

Annales de l'épreuve écrite sur les dynamiques institutionnelles

Académie de Toulouse – région Occitanie

Situation n° 1

Vous êtes moniteur éducateur au sein d'un Centre d'Hébergement et de Réinsertion Sociale (CHRS). Depuis un mois, Jérémy traîne souvent autour des permanences de jour et petit à petit passe la porte pour venir de plus en plus régulièrement. Un jour, autour d'un café, Jérémy se confie. Âgé de 20 ans, cela fait 2 ans qu'il a quitté le domicile familial et qu'il erre. Même s'il semble un peu alcoolisé, son discours est cohérent. Il dit être trop fatigué et souhaite manger, se loger, se soigner et travailler…

Questions

1. Quelles sont les lois qui régissent les CHRS ?
2. Quels services et partenaires sont à votre disposition pour accompagner Jérémy dans un parcours d'insertion sociale ?
3. Quels sont les actions éducatives et les accompagnements prioritaires à engager dans cette situation ?

Corrigé

Question 1

Compétence de l'état les CHRS relèvent de la solidarité nationale. La création de ce type de structure est donc soumise à une autorité préfectorale. Les missions sont « l'accueil, l'hébergement, l'accompagnement et l'insertion sociale des personnes ou familles connaissant de graves difficultés en vue de les aider à accéder ou à retrouver leur autonomie personnelle et sociale » (art. L. 312-1 du CASF, al. 8).

La loi du 29 juillet 1998 relative à la lutte contre les exclusions a élargi les missions des structures d'accueil désormais appelées « centres d'hébergement et de réinsertion sociale ». Les CHRS ne sont plus cantonnés à une fonction d'hébergement puisqu'ils peuvent développer des services ou des activités dans le domaine de l'insertion professionnelle. Ainsi, les CHRS peuvent accueillir dans des ateliers de production des personnes qui ne sont plus forcément hébergées.

Cette loi présente deux orientations fondamentales.

- Un traitement des exclusions : la loi affirme la complexité et la diversité des processus d'exclusion qu'elle entend combattre (perte d'emploi ou de logement, problèmes de santé, familiaux, financiers). De ce fait, le champ couvert par la loi d'orientation inclut l'emploi et la formation, le logement, la santé, l'éducation et la culture, la protection sociale, le surendettement, la citoyenneté, le sport, les vacances, les loisirs ou encore les transports.

- L'accès aux droits fondamentaux : la loi considère que le problème des personnes en difficulté n'est pas de disposer de nouveaux droits mais d'avoir effectivement accès aux droits fondamentaux existants. L'essentiel des dispositions vise donc à créer les conditions et les procédures par lesquelles cet accès aux droits sera mieux garanti dans chacun des domaines de la vie pour les personnes les plus fragilisées par les mutations de la société.

Les CHRS, comme tout établissement médico-social, relève de la loi n 2002-2 du 2 janvier 2002 rénovant l'action sociale et médico-sociale qui garantit aux usagers des droits.

Question 2

Les services et partenaires :

- Service Intégré d'Accueil et d'Orientation – SIAO – participant régulièrement aux commissions, et à différents temps de travail d'échange et de partenariat avec les autres établissements ;
- Pôle emploi, Mission locale ou les acteurs de l'insertion professionnelle ;
- Les bailleurs sociaux et associations liées au logement pour la recherche de logements ;
- Santé, services médicaux, CPAM pour faciliter l'accès aux droits.
- Associations de loisirs, culturelles ou sportives.

Question 3

Les éléments de réponse ne sont pas exclusifs. Les candidats pourront, en fonction de leur expérience de stage ou de leur pratique, aborder d'autres actions adaptées à cette situation.

En fonction des motivations de Jérémy et de son implication dans les démarches, plusieurs types d'actions peuvent être envisagés :

- le renforcement du lien social en utilisant les activités quotidiennes comme support relationnel et d'apprentissage de la vie en société ;
- un accompagnement dans les démarches d'accès au logement ;
- un travail sur l'estime de soi par des rencontres régulières et en trouvant les relais nécessaires pour aborder son mal-être ;
- un accompagnement sur la gestion d'un budget ;
- un accompagnement à la découverte du monde du travail par les démarches auprès des partenaires pour des stages et une formation ou pour des chantiers d'insertion ;
- un accompagnement pour obtenir un système de protection sociale et pour entreprendre une démarche de soins et une demande de CMU ;
- l'accompagnement et le suivi au quotidien (donner des repères, rassurer, autonomie…) ;
- le renseignement sur ses droits (2002, CMU…) ;
- le travail de réflexion avec l'équipe et l'élaboration et le suivi du projet individualisé.

Situation n° 2

Daniel est un jeune homme âgé de 28 ans. Il travaille en ESAT et vit en foyer d'hébergement. Daniel semble totalement épanoui dans son travail qui lui plaît beaucoup et pour lequel les moniteurs d'atelier qui l'encadrent sont très satisfaits, non seulement Daniel répond aux contraintes mais il est également force de propositions et d'initiatives. Toutefois, un élément qui le chagrine l'amène à venir vers vous, son moniteur éducateur référent au foyer d'hébergement. Il vous confie donc son bien-être au travail mais son envie bien réfléchie d'évoluer et de s'autonomiser en intégrant un appartement dans le secteur ordinaire. Il se sent capable et est certain que ses parents seront prêts à l'y aider.

Questions

1. Dans un premier temps, définissez le cadre et les missions d'un foyer d'hébergement. Présentez ensuite le cadre et les missions d'un ESAT.
2. Quels aides, services ou dispositifs pourraient être proposés à Daniel afin de répondre à son projet en toute sécurité ?
3. Quelles propositions d'accompagnement mettriez-vous en place en tant que ME référent ?

Corrigé

Question 1

Les ESAT et les foyers d'hébergement sont des établissements du secteur médico-social qui relèvent de la loi n 2022-2 du 2 janvier 2002 rénovant l'action sociale et médico-sociale, et de la loi n 2005-102 du 11 février 2005 sur l'égalité des droits et des chances, la participation et la citoyenneté de la personne handicapée.

L'orientation en ESAT, décidée par la Commission des droits et de l'autonomie des personnes handicapées (CDAPH), vaut reconnaissance de la qualité de travailleur handicapé. Les ESAT (établissements et services d'aide par le travail) permettent à une personne handicapée d'exercer une activité dans un milieu protégé, si elle n'a pas acquis assez d'autonomie pour travailler en milieu ordinaire.

Un ESAT n'est pas une entreprise mais une structure offrant aux travailleurs handicapés des activités professionnelles et un soutien médico-social et éducatif proposé par des moniteurs d'atelier ou des éducateurs techniques spécialisés.

Il accueille le travailleur handicapé dont les capacités de travail ne permettent de travailler ni dans une entreprise ordinaire ni dans une entreprise adaptée. Il doit mettre en place des actions de maintien des acquis et faciliter l'accès à l'autonomie de la personne accueillie, conformément à son projet de vie.

Pour être accueillie en ESAT, une personne handicapée doit remplir des conditions spécifiques liées à son âge et à son handicap.

Le travailleur handicapé orienté par la CDAPH en ESAT perçoit une rémunération comprise entre 55 % et 110 % du SMIC horaire, dans la limite de la durée légale de 35 heures de travail par semaine.

Les foyers d'hébergement pour travailleurs handicapés sont destinés à l'hébergement et à l'entretien des adultes handicapés qui exercent une activité pendant la journée, en milieu ordinaire, en entreprise adaptée ou en milieu protégé (ESAT), et qui ont besoin d'un accompagnement dans les actes de la vie quotidienne. Cet hébergement est donc conditionné par leur activité et prend donc fin en même temps que l'activité s'arrête, que ce soit pour raison de départ à la retraite, de réorientation ou autre. Une équipe de travailleurs sociaux en assure l'encadrement le soir et le week-end tels que des Éducateurs spécialisés, des moniteurs éducateurs ainsi que des accompagnants éducatifs et sociaux.

Le fonctionnement de ces établissements peut varier au niveau de la formule d'hébergement (pouvant aller du bâtiment spécifique avec la chambre de chacun et des communs comme la restauration aux petits groupes de logements autonomes mais rapprochés jusqu'à des appartements diffus dans l'habitat ordinaire) et de l'encadrement, qui peut laisser une part plus ou moins importante à l'autonomie sociale. Ils peuvent être de statut public ou privé.

En fonction de son projet de vie, c'est la Commission des droits et de l'autonomie des personnes handicapées (CDAPH) qui décide d'une orientation dans un foyer d'hébergement.

Les frais sont principalement à la charge du bénéficiaire. Sa contribution est déterminée en fonction de ses ressources par le président des services du département ou le préfet du département au moment de sa prise en charge. Néanmoins, un minimum de revenus est laissé à la disposition de l'hébergé.

Question 2

Si aujourd'hui Daniel se trouve dans un foyer d'hébergement de forme traditionnelle (c'est-à-dire où chacun a sa chambre avec des communs), il serait possible de lui proposer plusieurs étapes à son projet et de commencer par intégrer un foyer logement plus autonome (c'est-à-dire composé de studios mais à proximité d'autres travailleurs du même ESAT). Cette étape pourrait servir de tremplin avant d'accéder à un logement dans le secteur ordinaire où Daniel se retrouverait seul. Ce tremplin lui permettrait de repérer quels sont ses potentiels et ses difficultés, s'il en a, afin de les travailler avant de se retrouver en totale autonomie.

Au-delà de cette étape, que ce soit dans un foyer d'hébergement autonome ou dans un appartement en milieu ordinaire, un suivi par un SAVS (service d'accompagnement à la vie sociale) ou SAMSAH (service d'accompagnement médico-social pour adulte handicapé) suivant les difficultés de Daniel dans les gestes du quotidien pourra lui être proposé. Cela lui permettra d'être accompagné dans la gestion de son budget, l'entretien de son appartement ainsi que ses sorties de courses, de loisirs ou encore médicales. S'il a besoin d'aide dans le soin tel que l'accompagnement à la toilette, le SAMSAH sera davantage conseillé. Pour cela, envisagez les démarches auprès de la MDPH car une décision de la CDAPH est nécessaire.

Il sera important de faire le point avec sa famille sur la gestion de ses biens financiers et envisager s'il a besoin d'un dispositif de protection de ses biens tel qu'une mesure de tutelle (représentation) ou de curatelle (assistance) comme le prévoit la loi du 5 mars 2007 relative à la protection juridique des majeurs.

Il faudra informer Daniel de ses droits à la majoration pour la vie autonome (MVA) qui est une aide qui vient en complément de l'AAH pour les personnes handicapées qui occupent un logement indépendant.

De plus, si Daniel doit intégrer un appartement qui a besoin d'aménagement, il sera possible de demander une PCH (prestation de compensation du handicap) en déposant un dossier à la MDPH (maison départementale de la personne handicapée) qui passera en Commission (CDAPH) pour décision.

Question 3

Suite à la confidence de Daniel, le ME devra s'assurer, dans une posture éthique, que ce dernier est d'accord pour que son projet soit présenté et travaillé en équipe. Après plusieurs rencontres auprès des différents professionnels de l'équipe, que ce soit des éducateurs, le psychologue et le chef de service, il viendra le moment d'évaluer en équipe et avec Daniel si ce projet reste d'actualité et s'il semble atteignable. Dans ce cas, en qualité de ME référent, il vous appartiendra de proposer que ce projet soit inscrit sur le projet personnalisé de Daniel afin que l'équipe l'accompagne à le réaliser comme le préconise la loi 2002-2.

Par ailleurs, il sera important de donner la place à la famille afin de l'associer au projet de leur fils pour qui cela semble important et conformément avec le repère n 3 de l'ANESM qui invite à respecter les relations des usagers avec leurs proches.

Il pourra être proposé à Daniel d'intégrer un studio tremplin toujours géré par le foyer d'hébergement ou d'envisager directement un appartement diffus dans le secteur ordinaire. En tant que ME, vous proposerez alors à Daniel de faire le point avec lui de ce qui lui semble faisable aisément dans cette nouvelle vie et de ce qu'il redoute avec un peu ou beaucoup d'appréhension. Faire le point sur ce qu'un tel projet implique permettra de lui donner des repères et d'être à ce moment-là dans une fonction d'étayage. Vous pourrez alors proposer des projets éducatifs en lien avec ses zones d'inquiétude afin de permettre sa progression en termes d'apprentissage, de le valoriser et de le rassurer sur ses capacités.

Les projets éducatifs susceptibles de lui être proposés peuvent s'inscrire autour :

- d'ateliers de cuisine puisqu'il devra se préparer ses repas, s'il venait à vivre seul ;
- d'ateliers concernant l'entretien de l'appartement afin que son lieu de vie puisse être sécurisant et répondre aux normes d'hygiène ;
- de sorties pour anticiper les trajets pour accéder de son domicile à l'ESAT ;
- de sorties en ville à visée citoyenne et socialisante ;
- autres… (cela n'est pas exhaustif).

Il sera important de l'informer ainsi que sa famille des démarches à effectuer auprès de la MDPH pour demander en lien avec son projet de vie le bénéfice d'un accompagnement à domicile par un SAVS ou SAMSAH, pour lesquels une décision DCAPH est nécessaire. En tant que ME référent vous pourrez proposer un courrier à intégrer dans le dossier afin d'appuyer sa demande.

En qualité de ME référent, il vous reviendra de faire régulièrement le point avec Daniel pour vérifier avec lui qu'il est toujours engagé dans ce projet en étant vigilant de lui laisser la possibilité de dire non sans remettre en question ses capacités.

Ces pistes de travail et d'accompagnement ne sont pas exhaustives. Toute proposition est à retenir à condition d'être argumentée dans le sens du bien-être de Daniel.

Sujet 4

Annales de l'épreuve écrite sur les dynamiques institutionnelles

Académie de Paris-Créteil-Versailles

Sujet n° 1

Vous travaillez dans un IMPRO (institut médico-professionnel) et vous préparez la sortie de Lucien, jeune homme de 18 ans qui présente une déficience intellectuelle légère.

Il a découvert des ateliers préprofessionnels et s'est particulièrement bien investi dans ceux de cuisine et de jardinage. Suite à ces expériences, il souhaite être orienté vers un établissement et service d'aide par le travail (ESAT) spécialisé dans les espaces verts.

La famille n'adhère pas à son projet professionnel, sachant qu'aucun ESAT correspondant à celui-ci ne se trouve à proximité du domicile familial.

Questions

1. Énoncez les missions de l'ESAT.
2. Quels sont les dispositifs juridiques qui vont guider l'accompagnement de ce jeune ?
3. Comment la question de l'hébergement peut-elle être résolue ? Avec qui ?

Corrigé

Question 1

Missions de l'ESAT :

- permettre à des personnes qui, momentanément ou durablement, se trouvent dans l'incapacité d'assurer un poste en atelier protégé ou dans le milieu ordinaire de travail, d'accéder à une vie professionnelle ;
- mettre en œuvre des actions d'entretien des connaissances, de maintien des acquis scolaires et de formation professionnelle ;
- mettre en œuvre des actions éducatives d'accès à l'autonomie et d'implication dans la vie sociale ;
- permettre un passage vers le milieu ordinaire.

Barème de notation : 5 points.

Question 2

Dispositifs juridiques

Loi de 2002-2 (4 points) :

- projet individualisé tenant compte du choix de l'usager ;
- travail avec la famille sur le projet individualisé.

Loi de février 2005 (4 points) :

- appellation des ESAT ;
- CDAPH (commission des droits et de l'autonomie des personnes handicapées) qui remplace la COTOREP :
  - orientation de la personne handicapée ;
  - reconnaissance du statut de travailleur handicapé avec les droits que cela ouvre.

Barème de notation : 8 points.

Question 3

Résolution de la question de l'hébergement :

- contacter des foyers d'hébergement proches des ESAT en lien avec l'assistante sociale de l'établissement ;
- solliciter la famille ;
- contacter la MDPH.

Barème de notation : 4 points.

3 points pondèrent l'évaluation formelle du devoir de candidat en évaluant :

- qualité de l'expression ;
- clarté des propos ;
- orthographe ;
- utilisation du vocabulaire professionnel ;
- structure de l'exposé.

Sujet n° 2

André, 17 ans, est entré à l'IMPRO il y a trois ans, après une 5e SEGPA. Le dossier fait état d'une déficience intellectuelle légère caractérisée par des troubles du langage (niveau d'élocution très limité, difficultés de compréhension mais capacités d'analyse et d'abstraction). Il est l'aîné d'une fratrie de trois enfants. Sa mère est au foyer et son père manutentionnaire.

André entretient de bonnes relations avec sa famille qui semble chaleureuse et attentive. Ses parents sont toutefois très effacés, sur un mode passif.

Après des essais dans différents ateliers, il a choisi une formation en horticulture dans laquelle il montre de bonnes capacités. André est un garçon agréable, respectueux des autres. Il s'investit bien dans les activités scolaires et de loisirs. Il s'inscrit bien dans la réalité, notamment en ce qui concerne l'argent. Le niveau scolaire en mathématiques et en français est correct. Des difficultés persistent dans le domaine de la communication : timide et réservé, il s'exprime peu. Peu ouvert sur l'extérieur, il a besoin d'être encouragé et stimulé. Il reste également influençable.

Au terme de cette période, l'équipe pluridisciplinaire se réunit afin de faire un bilan et de proposer à André un projet d'orientation professionnelle. Deux propositions sont formulées : un apprentissage avec des mesures d'accompagnement ou une orientation en ESAT.

Questions

1. Quel est le texte de loi de référence en matière de scolarité et d'orientation professionnelle pour les personnes handicapées ? Citez au moins trois grands principes liés à cette loi.
2. Quels sont d'après vous les partenaires susceptibles de favoriser la mise en œuvre du projet d'orientation ? Énoncez au moins deux d'entre eux. Quels arguments allez-vous apporter pour mieux impliquer ces partenaires ?

Corrigé

Question 1

1 point pour nommer la loi du 11 février 2005.

3 points par grand principe.

Les principes sont :

a) Les maisons départementales des personnes handicapées (MDPH)

Les MDPH exercent, dans chaque département, une mission d'accueil, d'information, d'accompagnement et de conseil des personnes handicapées et de leurs proches, d'attribution des droits ainsi que de sensibilisation de tous les citoyens.

b) La scolarité

Tout enfant porteur de handicap a le droit d'être inscrit en milieu ordinaire, dans l'école la plus proche de son domicile.

c) L'emploi

La loi réaffirme l'obligation d'emploi d'au moins 6 % de travailleurs handicapés pour les entreprises de plus de 20 salariés. Par ailleurs, elle renforce les sanctions et les étend aux employeurs du secteur public.

d) Le droit à compensation

En établissement, comme à domicile, les personnes handicapées peuvent prétendre à une prestation de compensation couvrant les besoins en aide humaine, technique ou animalière, l'aménagement du logement ou du véhicule, en fonction du projet de vie formulé par la personne handicapée.

e) L'accessibilité

Les bâtiments et les transports doivent être mis en accessibilité dans un délai de dix ans maximum.

Question 2

5 points par partenaire cité.

Ces partenaires peuvent être : la MDPH, l'ESAT, le CFA (centre de formation d'apprentis), les parents d'André, le foyer d'hébergement…

Les arguments vont porter sur les compétences acquises d'André ainsi que son souhait d'exercer le métier d'horticulteur.

Sujet 5

Annales de l'épreuve écrite sur les dynamiques institutionnelles

Académie de Lyon – région Auvergne-Rhône-Alpes

Situation n° 1

Vous travaillez au sein d'un ITEP enfants. Vous êtes référent de Kévin, âgé de 12 ans, accueilli à l'ITEP depuis cinq ans. Kévin a l'âge limite d'accueil à l'ITEP enfants. Il faut penser à une orientation adaptée pour lui. Une synthèse est organisée.

L'enseignante spécialisée constate des progrès importants cette année sur le plan scolaire. Une éventuelle inclusion est pourtant difficilement envisageable. Kévin bénéficie d'un soutien thérapeutique et paramédical au CMP afin de travailler sur son histoire, son manque de confiance et d'estime. Les professionnels font état de difficultés relationnelles avec ses pairs et avec les adultes. En outre, l'acceptation du cadre et de la frustration doit encore être travaillée avec Kévin. L'an dernier, les parents de Kévin ont sollicité auprès du Conseil Départemental la mise en place d'une aide éducative à domicile afin de les soutenir dans la prise en charge de leur fils lorsqu'il est à domicile. Kévin dort deux nuits par semaine à l'ITEP. Ces temps à l'ITEP se déroulent bien. Il est également plus calme à la maison.

Au vu des progrès scolaires de Kévin, les parents souhaitent que leur fils soit orienté l'an prochain en SEGPA et que l'accueil en ITEP prenne fin. Les professionnels proposent une orientation en ITEP ados au vu des difficultés relationnelles et de comportement encore bien présentes chez Kévin. En qualité de référent éducatif, vous constatez que Kévin est inquiet et que ses troubles s'intensifient depuis peu. Il est en difficulté pour émettre des choix personnels concernant son orientation.

Questions

1. Analysez la situation présente et identifiez la problématique.
2. Quels cadres et dispositifs législatifs encadrent l'accueil en ITEP ?
3. En tant que ME, quel accompagnement éducatif proposez-vous ?
4. Quels partenaires vous semblent pertinents à mobiliser et avec quels objectifs précisément ?

Corrigé

Question 1

Kévin est accueilli en ITEP depuis cinq ans. Il doit être orienté en fin d'année. Malgré des progrès sur le plan scolaire, il est encore trop en difficulté pour intégrer un établissement scolaire dans le milieu ordinaire, y compris la SEGPA, ce que veulent pourtant ses parents. Kévin est inquiet de ne pas savoir où il sera l'an prochain et sent les désaccords des adultes qui l'entourent, ce qui accentue ses troubles. Il s'agira d'évoquer avec lui ses projets, ses envies, et de travailler en étroite collaboration avec ses parents, à la mise en œuvre de l'orientation qui semble la plus adaptée à Kevin, en tenant compte de l'avis de tous les professionnels qui accompagnent la famille.

Question 2

La loi 2002-2 du 2 janvier 2002 rénovant l'action sociale et médico-sociale promeut l'exercice des droits et libertés fondamentales. Elle place la personne accompagnée au cœur du dispositif en prenant en compte les droits des personnes et de leur entourage. Pour ce faire, elle a mis en place sept outils (le livret d'accueil, la charte des droits et libertés de la personne accueillie, le contrat de séjour ou le document individuel conclu entre l'enfant, ses parents et l'établissement, la personne qualifiée, le conseil de la vie sociale, le règlement de fonctionnement, le projet d'établissement ou de service).

Le décret du 6 janvier 2005 qui crée les ITEP (art. D. 312-59-1 « Les instituts thérapeutiques, éducatifs et pédagogiques accueillent les enfants, adolescents ou jeunes adultes qui présentent des difficultés psychologiques dont l'expression, notamment l'intensité des troubles du comportement, perturbe gravement la socialisation et l'accès aux apprentissages. Ces enfants, adolescents et jeunes adultes se trouvent, malgré des potentialités intellectuelles et cognitives préservées, engagés dans un processus handicapant qui nécessite le recours à des actions conjuguées et à un accompagnement personnalisé tels que définis au II de l'article D. 312-59-2. ») occupe une place centrale et exceptionnelle puisqu'il fait de l'ITEP le seul établissement médico-social qui ne relève plus des annexes XXIV et qui dispose de son propre cadre législatif et de sa propre réglementation.

La circulaire du 14 mai 2007 sur les conditions d'organisation et de fonctionnement des ITEP précise : « La mission centrale des ITEP est d'amener l'enfant concerné à un travail d'élaboration psychique, en accompagnant son développement singulier au moyen d'une intervention interdisciplinaire, qui prenne en compte la nature des troubles psychologiques et leur dynamique évolutive. »

La loi du 1er février 2005 sur l'égalité des droits et des chances, la participation et la citoyenneté des personnes handicapées introduit entre autres le principe de l'inclusion et de la participation sociale ainsi que le droit à la citoyenneté pour toute personne handicapée. Pour faire un lien avec le sujet, rappelons que cette loi est à l'origine de la création des MDPH (maisons départementales des personnes handicapées) où siègent les CDAPH (commission des droits et de l'autonomie des personnes handicapées) qui orientent notamment les enfants et adolescents comme Kévin en ITEP.

Question 3

- Prévoir des temps individuels avec Kévin qui lui permettent d'évoquer ses craintes ;
- L'aider au travers de médiations et activités à identifier les émotions qui le traversent ;
- L'aider à poursuivre ses progrès scolaires en étant très en lien avec l'enseignante spécialisée ;
- Le préparer à une orientation, c'est-à-dire à un départ de l'institution vers une autre.

Question 4

- Prévoir des rencontres avec les parents (en présence du chef de service, du psychologue et de l'infirmière de l'ITEP, du travailleur social qui exerce l'AED) afin d'échanger sur Kévin ;
- Croiser les regards qu'ils peuvent poser sur Kévin, parler de leurs observations quand il est au domicile et quand il est à l'ITEP ;
- Proposer d'autres orientations possibles qui fédèrent les parents et les professionnels afin que Kévin se sente moins inquiet (SEGPA avec SESSAD, ITEP ados sans nuitées, DITEP avec service ambulatoire) ;
- Solliciter le travailleur social qui exerce l'AED pour qu'il évoque l'avenir scolaire de Kévin avec les parents (accompagnement pour visiter un collège avec SEGPA, rencontre avec une équipe pédagogique de SEGPA, visite d'un ITEP ados avec service ambulatoire), et être en lien régulier avec lui afin d'avoir les informations pertinentes concernant le comportement de Kévin au domicile ;
- Solliciter les professionnels du CMP afin qu'ils soient particulièrement vigilants au comportement de Kévin, et les informer de tout événement dans le quotidien de l'enfant.

Le maillage partenarial doit être en mesure d'identifier les besoins et les souhaits de Kévin, d'y répondre tout en tenant compte de l'avis et des attentes des parents car l'orientation scolaire est une prérogative de l'autorité parentale.

Attention

La question de la protection de l'enfance n'est pas le cœur de ce sujet, donc le jury n'attend pas de développements sur cette thématique.

Situation n° 2

Vous êtes moniteur(trice)-éducateur(trice) au sein d'une maison d'enfants à caractère social (MECS) qui accueille des enfants confiés par le conseil départemental, ou sur décision de justice. Vous êtes référent de Natacha, qui a 8 ans. Elle est accueillie depuis quelques semaines au foyer suite à une information préoccupante émanant de l'école, du fait d'une scolarisation trop irrégulière et d'un comportement inadapté de la mère (oublis de Natacha à l'école). Celle-ci semble très attachée à sa fille, mais manifestement très fragile, comme en attestent ses fréquents séjours en hôpital psychiatrique.

Natacha est une enfant éveillée, qui se confie à vous et qui parle souvent de sa maman. Elle évoque parfois avec une certaine tristesse l'absence de son père, dont elle n'a plus de nouvelles depuis le divorce de ses parents, il y a quelque temps.

Le jugement de placement indique que la mère de Natacha conserve un droit de visite qui doit être déterminée avec l'ASE, dans le cadre d'une médiatisation. En tant que référent(e) de Natacha, vous participerez à la mise en œuvre du projet pour l'enfant (PPE).

Questions

1. Vous analyserez la situation au regard des politiques sociales et indiquerez le cadre juridique en vigueur dans cette situation.

2. Vous identifierez les partenaires qui peuvent être mobilisés dans la situation de la jeune Natacha et préciserez les missions de chacun.

3. An qualité de ME, et en lien avec vos missions, développez votre positionnement éducatif et la manière dont vous allez accompagner Natacha et sa mère dans l'élaboration du PPE.

Corrigé

Question 1

Natacha est placée au MECS par décision du JE, suite à IP. On peut faire l'hypothèse que la mère de l'enfant s'est opposée à l'accueil provisoire (placement administratif avec accord parental). Cela justifier le recours au judiciaire.

La situation présentée s'inscrit dans le champ de la protection de l'enfance, et le cadre juridique est le suivant :

- article 375 du CC relatif à la notion de danger et qui justifie la mesure de placement judiciaire ;
- loi du 5 mars 2007 relative à la protection de l'enfance : rappel du parcours de l'information préoccupante ;
- loi du 14 mars 2016 relative à la protection de l'enfance ;
- principes de la loi 2002-2 relative aux droits des usagers inscrit à l'article L. 311-3 du CASF.

Question 2

- L'éducateur référent de l'enfant à l'ASE afin d'envisager les droits de visite de la mère conformément au jugement de placement et en lien avec le JE ;
- Les enseignants de l'école où est scolarisée Natacha afin de faire le point sur sa scolarisation et éventuellement envisager les difficultés engendrées par la séparation d'avec la maman ;
- Le psychologue de l'équipe ou le CMP afin d'envisager un étayage au regard de la situation de séparation et d'absence ;
- Le Service social de l'hôpital ou séjourne la maman pour avoir des nouvelles et rassurer Natacha.

Question 3

Dans le cadre des missions d'accueil au sein de la MECS, le moniteur éducateur accompagne au quotidien l'enfant qui est confiée à la structure éducative, en lien avec l'équipe.

Ce quotidien se décline sur des temps précis qui peuvent faire l'objet du projet personnalisé pour l'enfant (PPE), tels que le suivi de la scolarisation, l'orientation sur l'extérieur via des activités extrascolaires.

En tant que référent, le ME a pour mission d'accompagner l'enfant dans ses activités du quotidien (école, activités sportives…), en concertation avec l'équipe de la MECS et en partenariat avec les éducateurs référents de l'ASE.

Soutenu par l'équipe éducative, il aura pour tâche de faire le lien avec l'école afin d'évaluer les capacités de l'enfant à s'inscrire dans un parcours scolaire.

Natacha fait face à des difficultés particulières du fait de son jeune âge et de la séparation d'avec sa maman, dont elle semble très proche. Celle-ci semble fragile et fait régulièrement des séjours en hôpital psychiatrique. Le ME aura le souci de s'assurer que l'enfant comprenne la situation et qu'elle se sente en sécurité et en confiance au sein de la structure.

Du fait de la mission autour de la parentalité, le ME, avec l'équipe et le référent de l'ASE, aura le souci de travailler sur le lien mère-enfants. Aussi, le ME veillera à son intégration au sein du foyer afin d'éviter le piège de la solitude et de l'isolement. Il sera à l'écoute de ses besoins et facilitera l'échange avec l'enfant.

84174 - (I) - OSB 80° -267- BLP - MPN

DUPLIPRINT
733, rue Saint-Léonard, 53100 MAYENNE
OF : 2975455E
Dépôt légal : août 2022

Imprimé en France